○“十二五”国家重点图书出版规划项目
○国家“十一五”社科基金规划项目

新型城镇化

——流动人员子女适应性研究

黄爱玲　等著

东南大学出版社
·南京·

图书在版编目(CIP)数据

新型城镇化：流动人员子女适应性研究/黄爱玲等著. —南京：东南大学出版社，2014.9

ISBN 978-7-5641-5126-3

Ⅰ. ①新… Ⅱ. ①黄… Ⅲ. ①流动人口—教育—研究—中国 Ⅳ. ①G52

中国版本图书馆CIP数据核字(2014)第181662号

本书系获得国家社会科学基金“十一五”规划2010年度教育学一般立项的课题《流动人员子女城市生活适应性与学习适应性研究》(课题批准号为BHA100060)，本专著是课题的系列研究成果之一。

新型城镇化:流动人员子女适应性研究

出版发行:东南大学出版社
社　　址:南京四牌楼2号　邮编:210096
出 版 人:江建中
责任编辑:刘庆楚
网　　址:http://www.seupress.com
经　　销:全国各地新华书店
排　　版:南京星光测绘科技有限公司
印　　刷:南京玉河印刷厂
开　　本:700mm×1000 mm　1/16
印　　张:17.75
字　　数:338千字
版　　次:2014年9月第1版
印　　次:2014年9月第1次印刷
书　　号:ISBN 978-7-5641-5126-3
定　　价:58.00元

本社图书若有印装质量问题，请直接与营销部联系。电话:025—83791830

目　　录

第一章 绪 论

第一节 研究背景

一、问题提出

近三十多年来，中国改革开放的成果为世界瞩目，社会形态逐渐发生变化。尤其近几年来随着改革开放和社会主义市场经济体制的逐步发展，中国社会正处于一种由乡村社会向城镇社会的转型时期，越来越多的流动人员流入城市或小城镇。长期以来，由于计划经济形成的城乡壁垒，我国的农民一直处于劳动力过剩状态，农村和城市的经济发展、人民的生活水平有很大的差距。改革开放后，随着城市化、城镇化进程的不断加快，社会主义市场经济体制的建立和完善，我国逐渐由计划经济走向市场经济，这种传统的城乡壁垒一旦被打破，就导致越来越多的农村人口涌向城市而产生“民工潮”现象。

近两次的全国人口普查表明，中国流动人员的数量和规模不断扩大。大规模的人口流动迁移是我国工业化、城镇化进程中最显著的人口现象。2013 年 6 月 27 日晚中央电视台财经频道报道，迄今为止我国约有 2.6 亿的流动人口从农村流向城市，这其中三千六百万流动人口是以家庭为单位从乡村流向城市。我国的城镇化建设已经成为近期主要的工作任务。

2010 年 6 月，国家人口和计划生育委员会流动人口服务管理司发布了《中国流动人口发展状况报告》，报告披露：中国流动人口已达到 2.11 亿。而他们的背后则是多达 1 500 万的随迁子女，这意味着每 8 个城镇儿童中就有一个是流动儿童。流动人口家庭在流入地的平均成员数为 2.3 人；流动人口举家迁移和长期居留趋势明显，流动人口在流入地平均居留时间接近 5 年。携家属（配偶、子女、父母）一同流动的占 66.4%。未来的 30 年，还将有 3 亿农村人口进入城镇，并且人口继续向沿海、沿江、沿线聚集。[1]

全国人口普查的结果表明，截至 2010 年 11 月，中国总流动人口达 12 107 万，其中有 19.37%的流动儿童不超过 18 周岁，达 1 982 万；而其中 868 万为正在接受义务教育的 6—14 岁儿童，占成年流动人口的 40%以上。[2] 第六次人口普查结果表明，居住地与户口地分离且已离开户口地达半年以上的人口为 26 139 万人，其中有 3 996 万人为市辖区内人户分离，较第五次人口普查结果增长了 81.03%[3]，这些数据表明，流动人员近年来迅猛增长，主要原因是我国长期以来的城乡发展不均衡而导致劳动力由乡村到城市的大面积转移迁徙。

表 1 - 1　第六次人口普查部分地区跨省流动人口状况

地区	2010 年外省流动人口(万人)	2000 年外省流动人口(万人)	流动人口增加数(万人)	流动人口增长率(%)
天津市	299.17	87.3	211.87	242.69
北京市	704.5	256.8	447.7	174.34
上海市	897.7	346.49	551.21	159.08
福建省	431.36	214.53	216.83	101.7
广东省	3 128.16	2 105.41	1 022.75	48.58
浙江省	1 182.4	859.87	322.53	37.51

根据各省 2010 年第六次人口普查主要数据公报，如表 1 - 1 所示，比较 2010 年天津、北京、上海、福建、广东、浙江各省级行政区的跨省流动人口，最多是广东省，达 3 128.16 万人，增加规模接下来依次为浙江、上海、北京、福建和天津。[4]

根据 2010 年第六次全国人口普查结果显示，居住地与户口登记地所在的乡镇街道不一致且离开户口登记地半年以上的人口为 26 139 万人，其中市辖区内人户分离的人口为 3 996 万人，不包括市辖区内人户分离的人口为22 143 万人。同 2000 年人口普查相比，居住地与户口登记地所在的乡镇街道不一致且离开户口登记地半年以上的人口增加 11 700 万人，增长 81.03%；其中不包

〔1〕 国家人口和计划生育委员会流动人口服务管理司编. 中国流动人口发展报告 2011[M]. 北京：中国人口出版社，2011：9.

〔2〕 段成荣，梁宏. 我国流动儿童状况[J]. 人口研究，2004(1)：54.

〔3〕 李春英. 解读中国人口报告数据[J]. 地理教育，2011(7)：42.

〔4〕 邹湘江. 基于“六普”数据的我国人口流动与分布分析[J]. 人口与经济，2011，189(6)：23 - 27.

括市辖区内人户分离的人口增加 10 036 万人，增长 82.89%。这主要是多年来中国农村劳动力加速转移和经济快速发展促进了流动人口大量增加。[1]

近年来，我国人口大规模流动迁移最突出的现象是人户分离。如图 1-1 所示，2011 年，全国人户分离的（居住地和户口登记地所在乡镇街道不一致且离开户口登记地半年以上的）人口为 2.71 亿，比上年增加 977 万人；其中，流动人口（人户分离人口中不包括市辖区内人户分离的人口）为 2.30 亿，比上年增加 828 万人。[2]

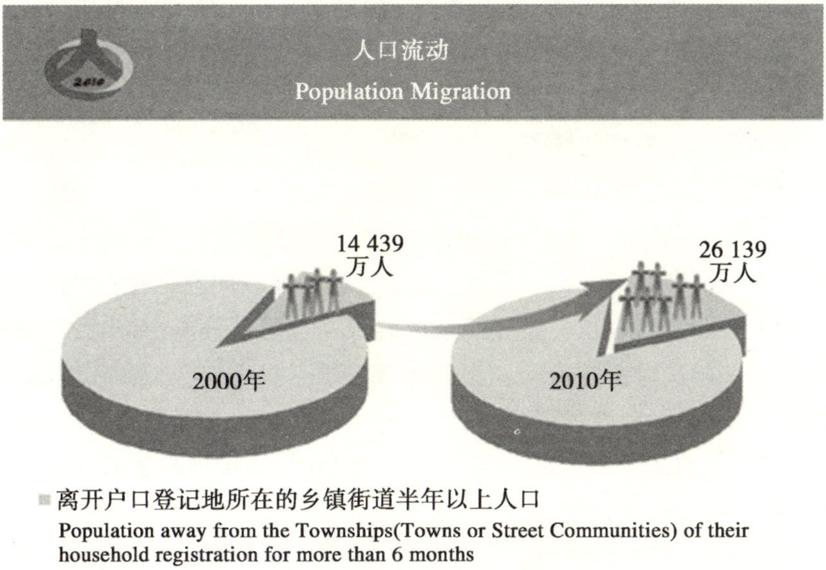

图 1-1　第五次和第六次全国人口普查流动人口图

第六次全国人口普查数据显示，2010 年我国流动人口数量达 2.6 亿人，占全国人口总量的 16.5%。近三年来，我国流动人口规模以每年一千万的速度增长。未来 30 年，还将有 3 亿农村人口进入城镇。在这些流动人口中，儿童的数量也达到了不容忽视的规模。我们根据第六次人口普查的数据，“0—14 岁人口占 16.60%”，初步计算出 0—14 岁的非市辖区人户分离的儿童数量为 3 657.7 万人。更为详细的数据可以参考蔡昉主编的《中国人口与劳动问

〔1〕 第六次全国人口普查主要数据发布[EB/OL]. 中华人民共和国国家统计局网站 http://www.stats.gov.cn/zgrkpc/dlc/yw/t20110428_402722384.htm. 2011 年 4 月 28 日.

〔2〕 2011 年我国人口总量及结构变化情况[EB/OL]. 中华人民共和国国家统计局网站 http://www.stats.gov.cn/tjfx/jdfx/t20120118_402779722.htm. 2012 年 1 月 18 日.

题报告》:"关于城市流动儿童的规模和结构,目前还缺乏详细的测算。我们同样利用2005年全国1%人口抽样调查的抽样数据,将年龄在0～17周岁的跨县(市、区)迁移到城镇的人口定义为城市流动儿童,并将抽样数据进行加权后,计算出中国城市流动儿童相当于城市本地儿童数量的10.42%,城市流动儿童占城市流动人口总数的12.55%。2005年中国总人口为13.08亿,儿童占全部人口的比例为25.82%,因此测算出当年度中国城市0～17周岁流动儿童的数量为1 212万,其中14周岁以下流动儿童873万。在全部城市流动儿童中,农村流动儿童占78.74%,农村流动儿童占进城农村流动人口的12.59%。城市流动儿童的年龄结构如下:0～5周岁组占28.17%,6～11周岁组占30.17%,12～14周岁组占13.73%,15～17周岁组占27.93%。其中,正在接受义务教育的城市流动儿童约500万。"[1]

大量的流动人口影响了社会人口状况的分布,流动人员及其子女面临很多适应过程的困难。大量农民工从农村走入城市并为城市的建设发展做出了巨大的贡献,但其子女在学习和生活上会遇到许多问题。有些农民工选择将子女留在农村老家,这类留守儿童就会长期与父母分离;有些父母将子女带在身边,跟随父母不断流动。流动儿童需要不断适应一个新环境,但是由于中国传统的户籍制度,流动儿童与当地儿童在某些方面有所不同,流动儿童和其他非流动儿童相比较,存在着许多不利因素,特别是流动人员子女心理成长与学习、教育问题。

从农村流向城市的流动人员及他们的子女,在流入城市的初期一般很难真正地融入城市,而只能生活在城市的边缘,接受着新兴的生活模式;但他们又脱离了农村,离开了他们原有的生活环境,被动地按照新生活秩序生活。由于流动儿童的特殊处境,与其他非流动儿童相比,他们一般会面临更多在适应和融合方面的困难。流动人口是随着中国城市化进程而产生的,所以流动儿童也会长期存在。为了帮助流动儿童更好地适应城市的生活环境,尽快融入城市生活和学习活动,有必要对其城市生活适应性、学习适应性的心理发展特点和规律做深入研究,分析影响流动儿童适应性的因素与条件,探讨如何采取有效的教育教学手段、教育管理措施,提高流动儿童的适应性。

---

[1] 蔡昉主编.中国人口与劳动问题报告[M].北京:社会科学文献出版社,2009:44.

二、研究目的

本课题的总研究目的是：

1. 构建流动儿童适应性、城市生活适应性、学习适应性的理论，建立流动儿童适应性的系统性结构模型；

2. 探讨流动儿童城市生活适应性、学习适应性的关系及影响因素；

3. 编制流动儿童城市生活适应性、学习适应性的心理问卷；

4. 探讨流动儿童城市生活适应性与其他变量的关系；

5. 探讨流动儿童学习适应性与其他变量的关系；

6. 分析流动儿童语文学习适应性的特点并构建有效教学模式；

7. 调查了解流动儿童教育教学的现状、存在问题并提出教育对策；

8. 提出促进流动儿童适应性的学校文化建设与管理对策。

第二节 研究意义

本课题研究具有很强的理论意义和实践意义。

一、研究的理论意义

1. 具有理论探索研究创新的价值。本课题研究，试图构建具有中国特色的流动儿童适应性（主要是指城市生活适应性和学习适应性）的理论和内在机制的系统性架构，丰富流动儿童适应性问题（尤其是城市生活适应性和学习适应性）研究的内涵，拓宽研究的广度，拓深研究的深度。通过探究流动儿童城市生活适应性和学习适应性的心理发展动力、心理发展机制及影响因素，为进一步充实、丰富发展心理学的理论作出积极贡献。

2. 丰富发展心理学的研究内容。本课题研究，运用定量研究与质性研究相结合的方式，厘清城市生活适应性和学习适应性的概念内涵，澄清学界对这两个概念及其维度结构的重叠、交叉或混淆，分析影响流动儿童适应性的因素与条件，把握流动儿童适应性与诸多前因变量和结果变量之间的关系，丰富了发展心理学的研究内容。鉴于国内外研究对城市生活适应性和学习适应性概念界定的不一致，本课题研究拟通过运用心理学、教育学的科学研究方法，编制流动儿童城市生活适应性、学习适应性的心理问卷或心理量表，重新对城市生活适应性、学习适应性的概念进行界定，丰富国内外城市生活适应性、学习适应性理论的内容，同时也对城市生活适应性、学习适应性这个研究主题起到促进作用。

3. 拓展教育学、学校管理学、家庭教育学的理论研究深度。本课题研究，提出具有很强针对性的流动儿童学校适应性语文教学模式，学校文化建设的内容和运行模式，拓展了课程教学论、学校管理学、教育学、家庭教育学的理论研究深度和广度。流动儿童从原居住地的农村流入城市，他们大多数人原来的学习基础比较差，教育资源薄弱，教育条件、师资力量都比城市更差。如何根据他们的实际能力和学习状况选择行之有效的教学模式，采用生动活泼的教学方法和教学手段，这就需要引导流动儿童在学习态度、学习习惯、学习方法、学习策略方面作出调整，学校改革课堂教学、改进学校管理的措施，创设良好的学校文化氛围，是提高他们适应性的重要途径和手段。家长与学校密切配合，改变传统的家庭教育的概念，创设宽松的家庭教育氛围，运用正确的家庭教育的方法，是提高他们适应性的重要补充。本课题研究成果能够拓展教育学、学校管理学、家庭教育学的理论研究深度与广度。

二、研究的实践意义

1. 为政府职能部门制定相关政策提供科学依据。通过分析流动儿童的城市生活适应性、学习适应性情况，唤起国家政府、教育职能部门、社会和家庭对流动儿童城市生活适应性、学习适应性问题的关注，有利于政府以更加客观的态度去认识和关注流动人员子女的问题，制定相应的政策来解决流动人员子女的城市融合问题，并提高流动儿童的教育效果。家庭教育要更好地配合学校教育、社会教育，以提高流动儿童的文化素质和适应性，减少流动人员子女生活、学习的后顾之忧，让流动人员安心工作，提高工作效率，更好地建设社会。

2. 建立有针对性的教学模式、教学手段和辅导帮助，促进流动儿童学习适应性。我们只有深入了解流动人员子女的适应性特征和内在机制，特别是在生活和学习适应性方面的困难，采取有针对性的教学模式和教学手段，消除学生的不适应状态，才能更好地融入学校生活和学习之中，从而为他们今后的学习和生活打下良好的基础。

3. 有助于深入了解流动儿童的心理发展特点与规律，提高心理健康水平，以促进他们快乐成长。本课题研究考察了流动儿童在各种陌生环境或者逆境环境下的心理发展状况及其与其他心理学变量的关系，探讨影响流动儿童适应性的影响因素，这些研究结果有助于流动儿童的家长、学校教师以及教育主管部门准确把握他们的心理发展特点和轨迹，从而对他们的心理健康发展问题进行有效的干预，最终促进流动儿童健康快乐成长。

4. 促进社会稳定和实现教育公平。本研究结论从理论、实践研究层面都为促进社会稳定、教育公平做出积极的有益尝试，有明显的社会意义。流动儿童与其父母也是社会群体的一部分，要建设和谐社会，就要做好流动人口管理工作。流动儿童作为流动人口中的一个特殊群体，流动儿童的教育也是流动人口工作的一部分。这不仅与《教育法》的实施及“弱势群体”教育公平的实现相关，还涉及能否顺利建设真正的和谐社会。解决流动儿童的教育，直接影响到经济建设和社会的稳定。流动儿童跟随父母来到陌生的城市，若缺乏正确的学校教育和家庭教育，其后果：一是流动儿童将来成为社会不稳定的因子；二是流动儿童继续成为流动人口，无法融入当地社会，由于文化素质的低下，劳动力无法提高，继续从事社会底层工作，恶性循环形成流动人口阶层。政府不仅要长期继续改革，还要根据当前的实际问题作出相应的教育管理对策，解决好流动儿童的教育管理问题。因此探讨流动儿童的教育管理问题，有助于社会稳定和实现教育公平。

第三节　研 究 思 路

本研究的总体研究思路和技术路线为：在国内外文献综述的基础上，通过开放式问卷调查和调查访谈，并且与心理学专家、中小学的一线任课教师进行讨论，分析考察流动儿童城市生活适应性和学习适应性的特点及其内部结构，初步确定其结构维度，编制流动儿童城市生活适应性和学习适应性的问卷，分别对两个问卷实施两次以上试测（初测和再测），最终形成正式问卷，对正式问卷的信度、效度指标进行心理测量学标准的考察；考察获得良好指标后，再对流动儿童城市生活适应性和学习适应性两者间的关系及其影响因素进行具体分析，深入探讨流动儿童城市生活适应性、学习适应性与其他诸多心理学变量之间的相互关系，从而全面把握流动儿童的适应性状况和内在关系。

在调查的基础上，研究者与本课题的实验学校（几所选定的小学和中学作为课题研究的合作学校）开展合作研究。学校根据流动儿童的实际能力、学习基础、适应性的不同程度，建立有针对性、体现个别化差异的教学模式，通过教学手段、教育管理措施作为干预，学校文化环境为促进手段，引导学生尽快适应城市生活，学会学习、掌握学习，融入城市生活。

鉴于此，本研究设计的研究思路如下：

1. 理论探索和结构维度架构。首先通过文献综述，通过开放式问卷调查，以及与流动儿童及其任课老师、心理学专家、学校教育专家的深度会谈，探讨建立流动儿童城市生活适应性与学习适应性的结构维度，提出理论架构，建构流动儿童适应性的系统性结构模型。

2. 编制调查问卷和量表。在以上结构维度的基础上，编制流动儿童城市生活适应性与学习适应性的问卷，并进行初测和再测，最终形成流动儿童城市生活适应性与学习适应性正式问卷，对正式问卷进行其信度和效度的检验，并做验证性因素分析，以确定正式问卷的有效性。

3. 研究流动儿童适应性的内在关系。通过相关分析来了解流动儿童的城市生活适应性与学习适应性的关系；城市生活适应性与其他心理变量的关系；学习适应性与其他心理变量的关系，并做进一步的逐步多元回归分析。

4. 运用科学统计工具实证分析。运用路径分析的方法来检验，探讨哪些心理学的变量会对流动儿童的城市生活适应性、学习适应性起完全中介作用，或者是部分中介作用。

5. 尝试实施有针对性、体现个别化差异的流动儿童教学模式。在实验基地的合作学校开展教学改革实验。学校根据流动儿童特点，改革教学方法和教学手段，实行分层次教学，以教学促学习，用引导促适应，让团体带个体，促进流动儿童尽快融入城市生活和学习。

6. 创设团结友爱、平等和谐的班级文化环境和学校组织文化氛围，实施有效管理。通过改革教育管理手段和管理机制，提倡互帮互助、团结友爱、互相关心的学校文化氛围，让流动儿童在流入城市感到家乡般的温暖，促进流动儿童尽快适应城市生活与学习生活。

因此，根据本课题总体的研究设计，针对流动儿童的适应性特点，确定研究过程如下：

第一阶段：调查研究，了解情况。

课题组成员分别到福州、厦门、泉州晋江、宁德福鼎、杭州、温州、浙江苍南等省、市、地二十多所学校，到流动人员比较集中的中学、小学调查，与学校教师、学生、家长深入访谈，召开座谈会，与学生做一对一的个别访谈，了解流动儿童城市生活适应性和学习适应性的一般状况和存在的突出问题，掌握第一手的翔实材料。

第二阶段：梳理文献，建构理论。

收集整理文献资料。通过查阅研究文献，了解国外、国内关于流动儿童适应性及相关领域的研究动态和新进展，并对国内外学者的研究成果及不同学术观点做梳理、归纳和概括。研究者初步建构关于流动人员子女，即流动儿童的适应性，尤其是在城市生活适应性和学习适应性方面的理论假设及系统性结构；并对两份心理问卷的维度结构做理论假设和建构。

第三阶段：编制问卷，施测验证。

通过文献查阅、多次进行半结构访谈及发放开放式问卷，收集并编制研究调查问卷的项目，编制《流动儿童学习适应性问卷》、《流动儿童城市生活适应性问卷》，先后抽取福建、浙江等省、市、地二十多所中学、小学，合计近10 260名学生作为研究被试，深入探索流动儿童城市生活适应性、学习适应性的状况及其与其他诸多心理学变量之间的关系。

第四阶段：教改实验，实证探讨。

确定本课题研究的合作实验学校，尝试教学改革实验。合作实验学校的任课教师通过采用"树—养—学—促"（小学）、"推—拉—牵—引"（中学）的以教促学的教学模式，运用启发式教学，实施课堂教学改革，尤其是针对小学、中学的语文课堂教学改革，探索提高流动儿童语文适应性的教学改革方法和途径。通过三年多的教学改革和追踪研究，做大量的实证调查和质性访谈，来了解教学改革的效果，发现存在的问题以期后续研究继续改进。

第五阶段：成果汇总，概括总结。

研究者针对以上四个阶段研究中获得的调查数据、访谈结果、教改实验的效果做综合性的研究成果汇总、梳理和理论总结。通过对研究所获得的调查数据做统计分析处理，分析流动儿童城市生活适应性和学习适应性及影响因素之间的关系，探讨它们与前因变量、结果变量之间的相互关系，提出促进流动儿童适应性的教育管理措施和教学模式，促使流动儿童学习方式的转变、教师教学观念的革新和课堂教学方法的改革、教学模式的尝试实施，以及在校园文化管理方面的教育管理手段和形式内容的创新，建立一套行之有效的促进流动儿童适应性的理论和实践。

第四节　研究方法

本课题研究主要采用文献法、访谈法、心理测量法、调查法、个案研究法、教育实验法。

1. 文献法。也称历史文献法，即搜集、分析与归纳、整理研究文献，通过现有的相关文献，从中提取信息，形成对事实的科学认识，来达到对研究对象的了解，以达到研究目的的一种方法。本研究在分析前人研究的基础上，分析和整理相关理论和结论，并通过分析、论证文献，以确定研究目标、研究对象、研究设计和研究的可行性。本课题研究广泛收集国内外文献资料，并作充分梳理、概括。其中，国外的资料主要来源于网络文献，还有相关已经发表的研究文献；国内的资料主要来源于中国期刊网上的论文。在中国期刊网上的检索项中以“流动儿童”、“农民工”、“农民工子女教育”、“流动儿童教育”、“农民工子女学校”等词为检索词，查询出从 1994—2010 年，中国期刊网共收录了 220 篇相关研究文献。还借助数字化图书馆和“google”及“百度”等搜索引擎获得网络资源，通过“人大复印资料”和“全国报刊索引”了解最新的研究成果和研究动态，从而比较全面地获得流动人员子女、农民工子女教育的研究进展。

2. 访谈法。又称晤谈法，指研究者通过采用结构性、半结构性或开放性访谈提纲，与受访者面对面地交谈，了解受访者心理与行为的一种研究方法。本研究在确定流动人员子女学习适应性、生活适应性的研究内容中，通过多次访谈，明确流动人员子女(即流动儿童)的学习适应性、城市生活适应性的相关问题，为进一步研究奠定基础。

3. 心理测量法。是指按照心理统计学和心理测量学的一系列标准和方法，设计问卷或量表，通过发放问卷，对问卷结果进行分析、归纳、综合的一种方法。本研究中通过初测问卷，对学习适应性、城市生活适应性及其他相关主要变量进行探索性因素分析；通过正式问卷发放，对回收的问卷数据进行验证性因素分析、独立样本 T 检验、方差分析和回归分析等。

4. 调查法。调查法是科学研究中最常用的方法之一，它是有目的、有计划、有系统地搜集有关研究对象现实状况或历史状况的材料的一种方法。它综合运用历史法、观察法或者谈话、问卷、个案研究、测验等科学方法，对教育对象进行有计划的、周密的和系统的了解，并对调查搜集到的大量资料进行分析、综合、比较、归纳，从而为人们提供规律性的知识和结论。本研究将对福州市、厦门市、福州闽侯县、宁德福鼎县、杭州市、温州市等地招收流动儿童较为集中的几个公办中小学及农民工子弟学校的学生及家长进行问卷调查，对学校教师做调查访谈，收集信息和数据。

5. 个案研究法。个案研究法是针对研究对象中的某一特定对象，加以调查分析，了解其特点及形成过程和规律的一种研究方法。个案研究有三种基本类型：(1) 个人调查，即对组织中的某一个人进行调查研究；(2) 团体调查，即对某个组织或团体进行调查研究；(3) 问题调查，即对某个现象或问题进行调查研究。本研究以福建省福州市、厦门市、杭州市等地招收流动儿童较为集中的几个公办、私立的中小学校为个案单位，对学校的历史、环境等状况作了深入调查研究，收集个案信息和一些有说明性的数据。在流动儿童的群体中，发现和描述问题的现象和发展趋向，对调查问题进行分析综合，进一步论证研究假设，获得有价值性的研究结论的一种研究方法。

6. 教育实验法。是指在学校日常教育教学过程中，教育者根据教育目标，通过适当地创设教育情境或者适当控制一定的教育条件、教育手段，引发学生的心理和行为改变，从而分析、判断并把握学生心理行为发展特点与规律，引导学生的心理行为反映，实现教育目标的一种教育科学研究方法。教育实验法一般有两种类型：(1) 纵向追踪实验；(2) 横向比较实验。

纵向追踪实验，有点类似于个案研究法，是研究者通过一段时间、乃至于长达几年的教育实验的追踪观察、研究，分析研究教育实验手段对被试的影响作用，以帮助研究者判断通过教育干预手段是否达到原定的教育目标和教育效果。横向比较实验，则是通过实验组和控制组的教育实验比较，通过两种不同教育条件或教育情境环境的设置和控制，引发被试不同的心理和行为反映，研究他们心理发展特点和规律的一种方法。

在本课题研究中，我们在福州、厦门、福鼎、杭州、温州等地市先后选择了近二十所小学、中学作为教育实验的定点合作学校，对流动儿童和非流动儿童做了横向比较研究。在福州仓山区的郭仔小学、福州二十中学等学校做了长达三年多的教育改革实验，通过追踪观察、教育实验研究，以期全面了解流动儿童的适应性状况，探讨教育管理、教学改革手段、学校文化建设对流动儿童适应性的促进作用。

第二章　相关理论与研究文献综述

第一节　涉及本书的主要概念界定

一、适应及适应性

1. 适应

适应的概念最早来源于生物学，尤其是达尔文的进化论。而生物学上认为，生物体随外界环境条件的改变而改变自身的特性或生活方式的能力就是适应。遗传的目的是延续已经适应了的各种机能，是保持生物体的同一性，达到种族的延续。变异的目的是适应外界新的环境变化，适应新的环境。而应对这种新环境的适应是多种多样的，这样就促使了生物多样性。达尔文认为，物种适应主要是通过自然选择实现的，自然选择的实际效果是增强了物种的适应性。[1]

心理学对适应的理解是源于并且高于生物学。虽然传统进化论的适应观影响着心理学界，但是，传统进化论的适应观存在很多明显缺陷。例如，将适应看成是有机体遗传的积累和改变，完全排斥个体层面上的认知因素。[2]

心理学家皮亚杰认为，个体随着生存环境发生变化而调节自身的身心状态来适应这种改变的过程称为适应。皮亚杰的"平衡说"理论认为：适应可以是一种过程，也可以是一种状态。有机体通过顺应（accommodation）和同化（assimilation）两种作用取得与环境的平衡，这种平衡的状态就是适应状态，个体处于"平衡—不平衡—平衡"的动态变化过程就是适应过程。[3]

贾晓波则把适应定义为：个体自我调节，使自己的心理活动和行为方式

〔1〕 达尔文；谢蕴贞，译. 物种起源[M]. 北京：科学出版社，1972：54.
〔2〕 张燕贞. 中学生学习适应与影响因素研究[D]. 华南师范学院，2005.
〔3〕 朱智贤. 心理学大词典[M]. 北京：北京师范大学出版社，1989：618.

更加符合环境变化与自我发展的要求，使个体与环境达到一种平衡。[1] 江光荣认为适应是个体通过不断身体、心理的调整，而保持有效的生存状态的一种过程。

Anderson 认为适应是发生在人与环境之间的动态的相互作用的过程，其目的是为了达到人与自然之间的和谐发展状态。[2] 陶沙认为适应是在脱离原来所处环境，而进入新环境，个体根据新环境提出的要求，通过积极调整心理与行为，有效利用内部自我资源，达成和新环境的协调关系。[3]

综合上面国内外学者的观点，本书作者认为，"适应"在心理学意义上的概念，是指个体通过调节自身，使个体达到环境的要求，是个体与环境因素相互作用、相互匹配的过程。

2. 适应性

生物学意义上的适应性是指生物体对其所处的生态环境所表现出的一种适应能力。

我国学者对适应性做各种描述性或操作性定义的诠释。车文博主编的《心理咨询百科全书》认为，适应性是指个体在社会环境、自然环境变化中，其生存本能随着变化的能力。[4] 张大均(2000)认为：适应性是指个体社会化的过程中，积极改变自身，使自身与环境达到协调的一种能力。[5] 郑日昌在1994 年认为：适应性是个体与周围环境相互作用，或与周围人相互交往的过程中，以积极行为反作用于周围环境而达到平衡的能力。[6] 樊富珉认为，具有较高心理适应性的人，对环境变化有积极的态度，自主调节以保持与环境的协调。[7] 许峰从社会心理学视角看，适应性是个体为达到社会生活适应的一种过程，而形成相对应的心理与行为模式的能力。[8] 林崇德等人(2003)认

---

〔1〕 贾晓波. 心理适应的本质与机制[J]. 天津师范大学学报(社科版)，2001(1)：19－23.

〔2〕 Anderson，L. E. *A new look at an old construct*：*Cross—cultural Adaptation*[J]. International Journal of Intercultural Relations，1994(18)：293－328.

〔3〕 陶沙. 从生命全程发展观论大学生入学适应[J]. 北京师范大学学报(哲学社会科学版)，2000(2)：81－87.

〔4〕 车文博. 心理咨询百科全书[M]. 长春：吉林人民出版社，1991：688.

〔5〕 张大均，冯正直，等. 关于学生心理素质研究的几个问题[J]. 西南师范大学学报(人文社科版)，2000(3).

〔6〕 郑日昌. 中学生心理诊断[M]. 济南：山东教育出版社，1994：222.

〔7〕 樊富珉. 社会现代化与人的心理适应[J]. 清华大学学报(哲学社会科学版)，1996，11(4)：43－48.

〔8〕 许峰. 关于人的适应性培养的社会心理分析[J]. 教育研究与实验，2000(6)：36－40.

为社会适应是指当社会环境发生变化时,个体改变自己的观念、行为方式使之适应所处的社会环境的过程。[1]

鉴于此,本书作者认为,适应与适应性是有区别的:适应是有机体获得与外界环境匹配的一种过程;适应性是指有机体在与外界环境相匹配、相协调过程中表现出来的心理行为特点和生存发展能力,是生物体与环境表现相适合的现象。人类的适应性主要表现为一种社会的适应性,即个体在意识、行为和生理上表现出来的一种适应社会环境的心理倾向性和适应能力。“社会适应”是一个不断变化的过程,是在不断变化的环境中人们所做出的一种行为调适的过程。

总之,适应性是个体积极主动达成个体与环境相互协调的、和谐的、平衡状态的一种倾向性。这种倾向性是个体适应环境与否的标准,是个体与环境达到和谐的必备能力。

二、学习与学习适应性

1. 学习

学习有广义的学习和狭义的学习之分。广义的学习指人和动物在不断的训练和实践中获得,这些经验得到不断强化,使得这些经验产生较持久的行为和心理的变化。而巴甫洛夫认为的学习范围更广,他认为建立了条件反射,就算学习。狭义的学习是专指在学校中学生的学业学习。在学校,学生的学习是在教师的教授下,有计划、有目的、有系统、有组织地进行的,而且主要以掌握间接经验为主。

希尔加德和鲍尔在《学习论》一书中,把学习定义为:在一定情境中的重复经验引起的、对那个情境的行为或行为潜能的变化。不过这种变化是不能根据个体的先天反应倾向、成熟或暂时状态来解释的。加涅则更明确指出:学习是人的能力的变化,这种变化不是仅仅的因为个体生长。学生的学习属于狭义的学习,是一种特殊的认知过程,其学习是在教师教授下进行的认知和行为。朱智贤认为:学习是在教师的指导下有系统、有目的地掌握知识技能和行为规范的行为,是一种社会义务。所以,学习是一个动态的过程,学习强调的是主体的能动性和学习效果的可验性。[2]

---

〔1〕 林崇德,杨治良,黄希庭主编.心理学大辞典(下)[M].上海:上海教育出版社,2003:1068.

〔2〕 朱智贤.儿童心理学[M].北京:人民教育出版社,2003:274.

综合以上观点，我们认同教育心理学家施良方(1994)的观点，给学习下一个比较完整的定义：学习是指学习者因经验而引起的行为、能力和心理倾向的比较持久的变化。这些变化不是因为成熟、疾病或药物引起的，而且也不一定表现出外显的行为。[1]

2. 学习适应性

关于学习适应性定义，学者有不同的诠释和界定：国内研究中大都引自周步成教授(1991)主编的《学习适应性测验手册》上的表述，"学习适应性是个体克服困难，取得较好学习效果的倾向，即学习适应能力"。[2] 其主要因素涉及学习态度、学习技术、学习环境和身心健康等方面。而学者田澜将学习适应性界定为"学生在学习过程中根据学习态度、学习方法、学习环境等学习条件的变化，主动作出身心调整，以达到内外环境平衡并促进学习的一种能力"。[3]

由此可见，学习适应性是个体的一种能力特征，与学习环境的变化有关，并对学生的学业成绩和学习效果具有一定的影响。还有一些研究者，如王滔认为，"学习适应性是指学生个体对学习活动充满热情，根据学习环境、学习内容等方面的变化，不断调整自己的学习计划和学习方式。可以具体地表述为：个体为取得较好的学习成果，努力使自己的心理活动和行为方式符合学习环境变化和自身发展要求，在这一自我调节的过程中所表现出来的一种稳定的能力特征"。[4]

鉴于以上各种表述，本书研究者认为，学习是指人和动物在生活中不断地实践或训练而获得，这种不断得到强化的经验产生比较持久的心理和行为的变化。学习适应性是指根据学习条件的变化，努力调整自我、克服各种困难取得较好学习效果的心理倾向，也是一种在学习过程中对学习内容、学习环境、学习任务等的适应能力，亦即学习适应能力。

因此，我们把学习适应性定义为：个体为了取得自身与学习活动的内外环境的协调，在主动调整自身的过程中所表现出来的一种能力特征，包含学习个体、学习环境与行为改变三个部分。具体而言，学习适应性还表现为个体应当有其内在的心理结构、心理条件和实现过程。一般要经过"适应平衡状态的打破——学习需要动机的产生——学习诱因的作用——自我的积极

[1] 施良方. 学习论[M]. 北京：人民教育出版社，1994：2-5.

[2] 周步成. 学习适应性测验(AAT)手册[M]. 上海：华东师范大学心理学系，1991.

[3] 田澜. 小学生学习适应问题及其教育干预研究[D]. 西南师范大学，2002.

[4] 王滔. 大学生心理素质结构及其发展特点的研究[D]. 西南师范大学，2002.

调整——获得学习效果”这样的一个过程，最后达到学习适应的良好状态。

本书作者认为，学习的过程是个体一种有特色的、主动建构的适应过程，通过学习，学生能够适应社会环境和自然环境的要求，使自我和环境达到一种和谐状态。从适应的意识层面上看，学习是主动适应的意识活动，是为了达到一定适应目的，有目的、主动的适应过程。所以学习是适应的一部分，而学习适应性就是主动适应过程中体现的能够积极主动地达到学习目的的一种倾向性，是个体一种能力的体现。

三、城市生活适应性

1. 生活适应性

广义的生活适应性是指个体为了生存而使自己的行为符合社会要求的适应和努力改变环境以使自己能够获得更好发展的适应，它是一种社会适应。狭义的生活适应性是能够适应新阶段的新生活及其新变化，具体包括新环境的适应能力和生活自理能力。

适应性是指生物体对其所处的生态环境所表现出的一种适应能力。美国学者 Lukash 认为社会适应是指个体与社会环境的交互作用，即融入环境、改造环境、离开环境从而达到社会的和谐。[1] 张锦涛认为社会适应包括内在个人心理和外在社会生活两个层面的内容。聂衍刚认为社会适应行为是个体为了适应外在社会环境、文化的要求和内在身心发展的需要而必须在生活、学习和交往等实际活动中学会、选择和回避的行为。[2]

2. 城市生活适应性与流动儿童城市生活适应性

城市生活适应性概念，是一个时间的、渐进的、活动的过程，即生物体由原来的生活地域迁移到另一个生活地域后所产生的一系列适应的过程。

我国学者对其内涵有不同界定。林崇德、杨治良等人认为城市生活适应是指当城市环境发生变化时，个体改变自己的观念、行为方式使之适应所处的城市环境的过程。[3] 郭良春、姚远、杨变云(2005)指出流动儿童城市适应是指他们在新的环境下主要依靠自身努力实现的社会化和再社会化，它反映

〔1〕 Lukash E I. *Attitudes toward the Social Adaptaion of Creatively Gifled Children in Russia and the United States*. Russian Education and Society, 2007(47): 57 - 70.

〔2〕 聂衍刚. 青少年社会适应行为及影响因素的研究[D]. 华南师范大学, 2005.

〔3〕 林崇德, 杨治良, 黄希庭主编. 心理学大辞典(下)[M]. 上海: 上海教育出版社, 2003: 1068.

出流动儿童对所居住城市的认同程度和融入程度。[1] 刘杨、方晓义、张耀方等(2008)则认为，流动儿童的城市适应包含两个方面，即心理适应和社会文化适应。[2][3] 贾晓波认为社会适应是指为了使自己的行为符合社会要求或使自己能够获得更好的发展的适应。

可见，流动儿童是从外在的行为和内在心理两个层次去适应城市的生活，它具体包括：(1) 心理层面：自我认识、自我评价、生活态度、行为准则、价值观念等；(2) 行为层面：新城市的生活方式、社会交往及逐渐形成的行为习惯等个体对所居住城市的认同、接纳程度和融入程度。

在本课题研究中，狭义的生活适应性是特指流动儿童的城市生活适应性。

综上所述，本书作者认为：生活适应性，就是指个体在面对日常生活环境时，能够积极主动地、有效地通过调整身心状态或改变生活环境，使自身和生活环境协调起来的心理行为反应倾向。

因此，本课题研究中我们把流动儿童的城市生活适应性定义为：流动儿童跟随父母来到新的城市后，对新城市的生活方式、行为准则、行为习惯、价值观念及自我认识等方面的一种认同、接纳程度和融入程度的体现。它反映了流动儿童在这些方面的适应能力。

四、流动人员子女、农民工子女及流动儿童

1. 流动人员子女、农民工子女

我们要准确地界定流动人员子女，即“流动儿童”的内涵和外延，必须先界定“流动人口”、“流动人员”。流动人口也称之为流动人员。人口移动指人口从一个地理位置移动到另一个地理位置。人口移动包括迁移和流动两种，“迁移人口”(Migrant)指人口在移动时户籍也随着人口移动，如升学并迁移户口；而“流动人口”(Floating Population)指人口从某一地理位置迁出，并且迁出有一定时间，但户籍没有随着人口移动而改变，如农民工外出打工。人口流动属于人口移动的一种，和人口迁移既有区别又有联系。[4]

流动人员子女就是指那些跟随父母或其他监护人在原居住地与新城市

---

〔1〕 郭良春，姚远，杨变云. 流动儿童的城市适应性研究——对北京市一所打工子弟学校的个案调查[J]. 青年研究，2005(3)：22 - 31.

〔2〕 方晓义. 流动儿童城市适应标准的研究[J]. 应用心理学，2008，14(1)：77 - 83.

〔3〕 刘杨，方晓义等. 流动儿童城市适应状况及过程——一项质性研究的结果[J]. 北京师范大学学报(社会科学版)，2008(3)：9 - 20.

〔4〕 孟艳俊. 流动儿童社会融合状况的比较研究[D]. 首都经济贸易大学. 2008.

之间流动，但户籍没有随着人口移动而改变的孩子们，也称“流动儿童”。所以本书所提及的“流动儿童”就是特指流动人员子女。

农民工子女就是特指那些父母是流动人员，其父母主要是非经商的、以打工为谋生职业的那部分人员的子女。在我国，农民工已经构成流动人员的主体。他们的子女也称为农民工子女。

2. 流动儿童

1998 年 3 月 2 日国家教委、公安部联合发布的《流动儿童少年就学暂行办法规定》，对流动儿童少年作出了明确界定：指年龄在 6～14 周岁(或 7～15 周岁)，随父母或其他监护人在流入地暂时居住半年以上有学习能力的儿童少年，[1]或称作“流动人口子女”。

根据流动儿童的来源和流动方向，“流动儿童”(Migrant Children)主要包括三类：第一类是从一个城市迁入另一个城市，但其户口没有迁移而保留在出生城市，我们将这部分流动儿童称为“城—城流动儿童”；第二类则是跟随他们的父母或其他监护人由农村迁移到城市，而依然保留着其农业性质的户口，这一类儿童是城市流动儿童的主体，我们称之为“乡—城流动儿童”；第三类是指由一个农村迁移到另一农村的儿童，即“乡—乡流动儿童”，这类儿童在我国不常见。由于我国人口流动的主要方向是由农村到城市，很多农村的儿童就随着他们的父母进城务工经商，所以“乡—城流动儿童”构成了流动儿童的主体。这也是本课题研究的主要研究对象。

我国学者对流动儿童的年龄上限的划定也存在差异。佘凌(2003) 认为流动儿童是指流入城市的流动人口的子女；[2]张亿全(2007)认为流动儿童是指 15 周岁以下的适龄儿童，随父母移居城市上学的进城务工就业的农民子女，与留守儿童相对应。[3] 聂洪辉(2007)认为流动儿童是其居住地与其户籍地不一致的儿童。[4] 陈黎(2006)认为流动儿童是农民工流动的子女或外来人口的子女；[5]马润生(2008)认为流动儿童是指户籍在农村，年龄在 6—14 周岁，在农村生活过一段时间后随父母流入城市并正在城市学校接受九年义

---

〔1〕 郑家裕. 促进城市流动儿童社会融合的政策诉求[J]. 青年探索，2006(4)：17 - 20.

〔2〕 佘凌. 流动人口子女及其教育：概念辩析[J]. 南京人口管理干部学院学报，2003(4).

〔3〕 张亿全，高燕. 外来者的目光——流动儿童城市认知的经验研究[J]. 浙江教育科学，2007(4).

〔4〕 聂洪辉. 新生代农民工及流动儿童的城市融入探析[J]. 四川行政学院学报，2007(6).

〔5〕 陈黎. 流动儿童的“自我”概念形成中的利弊分析[J]. 当代青年研究，2006(11).

务教育、尚未取得城镇户口的在城务工农民工子女。[1] 根据北京社科院韩嘉玲研究员的定义，流动儿童是指那些随父母或亲戚离开户籍所在地，并没有现居住地户籍的18周岁以下的儿童，不包括那些不是以家庭为流动单位的儿童群体。[2] 卢国显(2009)认为，流动儿童主要指6—15周岁，随着父母或其他监护人从农村来到城市并在流入地居住半年以上的有学习能力的儿童少年。[3]

综合以上定义，本书作者将流动儿童作广义的定义：流动儿童是指跟随父母或监护人由乡村移居到城市并且居住半年以上、并在所流入城市居住生活、就读，但尚未取得所流入城市户口的6至17周岁的少年、儿童人口，即特指小学阶段、中学阶段(高三年级学生除外)的流动人员子女。

五、小学流动儿童及初中流动儿童、流动中学生

上述可见，本书研究者对流动儿童做广义和狭义的界定。广义的流动儿童是泛指跟随父母或监护人由乡村移居到城市并且居住半年以上、并在所流入城市居住生活、就读，但尚未取得所流入城市户口的6至17周岁的少年、儿童人口，即特指小学阶段、中学阶段(高三年级学生除外)的流动人员子女。

狭义的流动儿童则是特指某一年龄阶段的流动人员子女。

小学流动儿童是指跟随父母或监护人由乡村移居到城市并且居住半年以上、并在所流入城市居住生活、就读，但尚未取得所流入城市户口的、在小学就读的、6至12周岁的儿童人口。

初中流动儿童是指跟随父母或监护人由乡村移居到城市并且居住半年以上并在所流入城市居住生活、就读，但尚未取得所流入城市户口的、初中阶段的少年人口。

流动中学生是指跟随父母或监护人由乡村移居到城市并且居住半年以上，并在所流入城市居住生活、就读但尚未取得所流入城市户口的、初一到高二阶段的青少年人口。

本课题的研究对象既有广义的流动儿童，也有狭义的流动儿童，具体包

---

[1] 尹苏强，马润生. 城市流动儿童的社会认同困境及对策[J]. 山东省团校学报，2008(1).

[2] 李雅儒，孙文营. 北京市流动人口及其子女教育状况调查研究[J]. 首都师范大学学报，2003(9).

[3] 卢国显. 城市流动儿童的社会融合与政策取向：一个个案研究[J]. 石家庄学院学报，2009，11(5)：5-11.

括6至17周岁的小学流动儿童、初中流动儿童、流动中学生(初一到高二学生)。因截止2013年6月,流动人员子女异地高考的举措尚未全面铺开实施,本书的研究被试不包括高三年级的流动儿童。

第二节　相关理论基础

一、心理学理论基础

1. 皮亚杰的适应观

皮亚杰的适应理论也称为平衡化机制理论。心理学上认为,个体随着生存环境发生变化而调节自身的身心状态来适应这种改变的过程称为适应。这种思想主要来源于皮亚杰,皮亚杰的"平衡说"认为:适应可以是一种过程,也可以是一种状态。有机体通过顺应(accommodation)和同化(assimilation)两种作用取得与环境的平衡,这种平衡的状态就是适应状态,个体处于"平衡—不平衡—平衡"的动态变化过程就是适应过程。[1]

瑞士心理学家皮亚杰认为儿童心理的发展、儿童对外界环境的适应,乃是主体与客体相互作用的结果。儿童心理既不起源于先天的成熟,也不起源于后天的经验,而是起源于主体的动作。这种动作的本质是主体对客体的适应。主体通过动作对客体的适应,乃是儿童心理发展的真正原因。皮亚杰是将人类行为放在其他生物行为的更广泛的关系中来考虑。人的心理被看作是生物适应的延伸,是后者的一种特殊表现。换言之,人的心理或者智力是一种适应环境的手段。

生物学意义上所说的"适应",一般有两层含义:一是指状态,二是指过程。皮亚杰主张要把适应理解为一种动态的平衡过程。在这个过程中有机体被环境不断影响着,但同时有机体产生的变化又增加了有机体与环境之间的相互作用,其结果是更有利于机体的生存。生物体的适应机能又是与其组织机能密切联系着的。它们同为任何生物体的两种机能。生物的组织机能使有机体保持自身的稳定性和一致性,它是维持生物体的完整系统所必需的。[2]

---

〔1〕 朱智贤.心理学大词典[M].北京:北京师范大学出版社,1989:618.

〔2〕 叶浩生.西方心理学的历史与体系[M].北京:人民教育出版社,1998:477.

皮亚杰把生物体物质层次上的组织机能和适应延伸至心理的层次上。他认为这两个层次之间存在着必然的联系。皮亚杰实际上采取的是一种泛化的适应论。他认为适应不仅限于生物界。世界上万物无不存在着联系，联系就是事物之间的相互作用，适应就是事物相互作用的过程与结果。个体的每一个心理的反应，不管指向于外部的动作，还是内化的思维动作，都是一种适应。适应的本质在于取得机体与环境的平衡。皮亚杰认为适应是通过两种形式实现的：一种是同化，就是把外界元素整合于一个正在形成或已经形成的结构之中，以加强和丰富主体的动作。他认为，同化的一般概念不仅适用于有机体活动，而且也适用于行为。同化的结果使结构加强。另一种就是顺应，即同化性的格式和结构受到它所同化的元素的影响而发生改变。换句话说，顺应就是改变主体动作以适应客观变化。个体通过同化和顺应这两种形式来适应环境达到有机体与环境的平衡。如果有机体和环境失去平衡，就需要改变行为重建平衡。这种不断的平衡→不平衡→再平衡的过程，就是适应的过程。〔1〕个体寻求平衡的心理活动就是儿童心理发展的本质和内在发展动因。

皮亚杰认为同化和顺应具有对立统一性的关系。只有同化而没有顺应就谈不上发展，而同化如果没有它的对立面——顺应的存在，它本身也就不能单独存在。二者的动态平衡作用，推动着青少年儿童心理的不断发展。

2. 建构主义的适应观

建构主义的适应观就是主客体相互作用，建立结构，学会学习，获得知识，得到适应。建构主义是认知主义的进一步发展。在皮亚杰和早期的布鲁纳思想中已经有了建构的思想。但是皮亚杰和早期的布鲁纳思想中重点在于解释个体如何使客观的知识结构通过个体与之交互作用而内化为认知结构。而建构主义认为个体的适应过程就是获得知识、学会学习的过程。学生对外界环境的适应是通过建构认知结构来实现的。学生对外界环境和新知识的“接受”是靠学生自己的建构来完成，以他们自己的经验、信念为背景来分析知识的合理性。学生的生活和学习的适应不仅是对知识的理解，而且是对新知识的分析、检验和批判。另外，知识在各种情况下应用并不是简单套用，而是具体情境总有自己的特异性。因此学生获得知识、学会学习不能只满足于教条式的掌握，而是需要不断深化，把握学生在具体生活和学习环境

〔1〕叶浩生.西方心理学的历史与体系[M].北京：人民教育出版社，1998：478.

中的复杂变化，使学习走向“思维中的具体”。

建构主义认为，学生的适应过程就是不断学习、获得知识的过程，这种学习过程不是知识由教师向学生传递，而是学生建构自己知识的过程，学生不是被动的学习吸收者，而是信息意义的主动建构者，这种建构不可能被其他人代替。[1] 学习是主动的过程，是学生个体建构自己知识的过程，他不是被动的刺激接受者，他还要对外界信息做主动的选择和加工，因此不是行为主义所描述的 S→R 过程，学生个体的学习是一种有意义学习的活动。外部信息本身没有意义，意义是学习者通过新旧知识经验反复的、双向的相互作用过程而建构的。其中每个学习者都以自己原有的经验系统为基础对新信息进行编码、建构自己的理解，因为新经验的进入而对原有知识发生调整和改变。因此学习并不是简单的信息积累，它同时包含由于新旧经验的冲突而引发的观念转变和结构重组。学习过程并不简单是信息的输入、存储和提取，而是新旧经验之间的双向的相互作用的过程。

教师的教学能促进学生的这种主动的适应。教师的教学和学校的管理手段不能无视学生的这些经验，不能仅仅从外部给学生强装新知识，而是要引导青少年学生从原有的知识经验中“生长”出新的知识经验。教学不是知识的传递，而是知识的处理和转换。教师不单单是知识的呈现者，而应该重视学生自己对各种现象的理解，倾听他们的看法，洞察他们这些想法的由来，并以此为根据，引导学生丰富或者调整自己的理解，需要师生共同针对某些问题进行探索，彼此交流沟通和质疑，了解彼此的想法，彼此做出调整，以促使学生尽快适应外界新的生活和学习环境。

3. 行为主义的适应观

行为主义的适应观就是强调有机体或人对外界环境的适应，或者学习过程是“刺激——反应”之间的联结。行为主义学者桑代克认为，这种联结的形成是通过盲目的尝试——逐步减少错误——再尝试，这样一个往复过程习得的。[2] 桑代克通过猫对笼子环境的适应、最后顺利跑出笼子的实验，提出行为主义的学习理论：动物对笼子（新环境）的适应，不是根据对笼子性质的理解，而是依照某一种的冲动行事，随着错误反应的逐渐减少，正确反应的逐渐

---

〔1〕 教育部人事司，教育部考试中心. 教育心理学考试大纲[M]. 北京：北京师范大学出版社，2002：52.

〔2〕 教育部人事司，教育部考试中心. 教育心理学考试大纲[M]. 北京：北京师范大学出版社，2002：35.

巩固,最终形成稳定的刺激——反应的联结。

新行为主义学者斯金纳则提出个体的适应与学习是一种操作性条件作用。他的操作性条件作用理论是建立在动物实验的基础之上。机体对外界环境的适应、学会学习实质上是一种反应概率上的变化,而强化是增强反应概率的手段。如果有机体的一个操作(自发的反应)出现以后,有强化刺激尾随,则该操作的概率就增加;已经通过条件作用强化了的操作,如果出现后不再有强化刺激尾随,则该操作的概率就减弱,甚至消失。这就是操作性条件反射的基本过程。斯金纳认为,人的大部分行为都是操作性行为,操作性行为主要受到强化规律的制约。强化也是一种操作,强化的作用就在于改变同类反应在将来发生的概率,而强化物则是一些刺激物。它们的呈现或者撤除能够增加反应发生的概率。强化有正强化(实施奖励)和负强化(撤销惩罚)之分。有机体对外界刺激自发做出某种反应,从而得到正强化物,那么,此类反应发生的概率便增加。这一现象表明了正强化在塑造行为中的重要作用。[1]

同理,流动儿童在城市生活和学习的适应性,也会因为他们从周围环境(学校、老师或者同伴)的刺激反应中获得正强化或者负强化,即通过外界的表扬和批评来塑造他们的心理行为和人格特征。

二、教育学理论基础

1. *教育的性质决定了流动儿童的适应性要通过社会化途径来实现*

教育是促使个体的社会化和社会的个性化的实践活动。“教育是发生在一定社会背景下发生的促使个体的社会化和社会的个性化的实践活动”。[2]个体的社会化是指根据一定社会的要求,把个体培养成为符合社会发展需要的具有一定态度、知识和技能结构的人;社会的个性化是指把社会的各种观念、制度和行为方式内化到需要、兴趣和素质各不相同的个体身上,从而形成他们独特的个性心理结构。这两个过程是互为前提、密不可分的。这个定义强调了教育活动的“动力性”,即教育活动要在个体社会化和社会个性化的过程中起到一种“促进”和“加速”的作用。2006 年我国新义务教育法的颁布,对于广大农村的儿童青少年是利好消息,农村两免一补,学费全免这确实是非

〔1〕 教育部人事司,教育部考试中心. 教育心理学考试大纲[M]. 北京: 北京师范大学出版社,2002: 39.

〔2〕 全国十二所重点师范大学联合编写. 教育学基础[M]. 北京: 教育科学出版社,2002: 4.

常好的。[1] 这项政策的实施保障了所有农村孩子能够借助学校教育实现的个体社会化。

2. 教育公平是我们追求的教育理念之一，教育公平权人人享有

公民受教育权平等是公民的基本人权之一。教育公平是指在特定的社会条件下，人人享有平等的受教育权利和机会，促使自身潜能得到最充分的自由与发展的教育理想。教育公平是国家对教育资源进行配置时所依据的合理性的规范、原则。[2] 教育公平是社会公平的重要组成部分，它包括教育权利、教育机会、教育过程和教育结果的公平，这也是罗尔斯的法律面前人人平等原则、机会均等原则在教育领域的具体体现。[3] 早在 1948 年 12 月 10 日，联合国大会通过了《联合国人权宣言》，宣言就规定了“不论什么阶层，不论经济条件，也不论父母的居住地，一切儿童都有受教育的权利”。20 世纪 60 年代以来，在世界性教育改革浪潮中，教育公平已然成为了“全世界所有国家和所有与教育问题有关的人最关心的问题”。教育家科尔曼提出了关于教育公平观、教育机会均等的研究，对西方教育公平理论研究与实践产生了深远的影响。科尔曼提出：教育机会均等应关注学生的学业成就。科尔曼认为，来自各种经济水平家庭的儿童接受免费的义务教育并不意味着对这些家庭来说教育成本是相同的。科尔曼进行了大量的研究考察，他认为教育机会均等不能局限于平等的投入，应将关注的重心转向学生的学业成就。“学校的责任已从公平地增加与分配它的‘均等’，变为增加学生学业成就的均等。这是一个令人注目的转变，一个必然会对今后的教育实践产生深刻影响的转变”。[4]

我国教育法规定所有适龄儿童和青少年必须接受义务教育，教育公平是教育民主化的原则之一。义务教育是一种基础教育，是对个体发展起点进行调整的起码的“保底教育”。[5] 义务教育水平则是衡量一个国家教育发展水平的重要标志。保障农民工子女的受教育权是一个文明社会践行平等信念的重要方面。对于义务教育范围内的流动儿童，特别是农民工子女应给予平等享受教育的权利，使他们也能享受“国民待遇”，获得公平竞争的共同起点。

---

〔1〕 第 18 次 21 世纪教育沙龙：农民工子女教育权利保障[EB/OL]. http://learning.sohu.com/20070716/n251091136.shtml 2007 年 07 月 16 日.

〔2〕 郭彩琴. 教育公平：内涵和规定性[J]. 江海学刊，2003(3)：101 - 104.

〔3〕 翁文艳. 教育公平与学校选择制度[M]. 北京：北京师范大学出版社，2003：47.

〔4〕 张人杰. 国外教育社会学基本文选[M]. 上海：华东师范大学出版社，2009.

〔5〕 李荣华. 流动人口子女义务教育的实然和应然[J]. 教学与管理，2004(8)：9.

让所有流动儿童，尤其是农民工子女同城市中的孩子一样平等地享有接受教育的机会，让每一个人都能接受合乎社会发展及其身心需要的各种教育，是我们追求的教育理念之一。

三、社会学理论基础

1. 人口流动和迁移是社会变革与经济发展的普遍现象

人类在早期适应自然的过程中，原始游牧部落随季节更替引起的生存条件变化而不断变换生活居住地。这一活动即为人类最早的人口流动现象，它作为一种部落集体活动，贯穿着早期的人类文明。[1] 此后，随着社会的进步和手工业、商业的兴起及城市出现，小型、无中心的多元的人口流动趋势逐渐形成。各国在不同时期都存在着不同规模和流向的人口迁移。而我国的人口流动带有特殊历史阶段的特征。改革开放以来，我国随着经济发展水平的不断提高，从传统社会向现代社会实现了快速转型。随着工业化、城市化进程的加快，市场逐渐成为劳动力资源的配置机制，出现了大规模的人口流动。可见，人口流动问题是我国在转型时期出现的社会现象。根据人口流动的性质分类，人口流动可分为生存型和发展型两种形式。生存型流动是指"人们为了维持自身生存而不得不改变居住地而流入其他地区"，发展型流动则是指"人们为了物质生活和精神生活状况的改善而流动"。[2] 无论哪种形式的分类，都呈现一些流动特点：(1) 流量规模庞大。2011 年我国流动人口已达 2.71 亿。(2) 流动方向集中。农村流向城市，中西部流向东部沿海。(3) 流动单位家庭化。越来越多的外来工携妻带儿地举家迁移流动于各个城市之中。作为一种社会现象，大规模的人口流动打破了社会固有的运行规则，产生了新的社会供求关系，直接传播了文明，使社会逐渐从封闭走向开放。因此，流动人员的出现及其子女的教育问题是社会转型与经济发展的使然，也是我国处在社会转型时期城镇化的必然产物。

2. 流动人员中的农民工子女是社会弱势群体

社会学的原理告诉我们，社会人群是根据经济状况、社会地位、教育程度等条件分层次的。流动人员，尤其农民工是社会弱势群体(social-vulnerable group)。所谓弱势群体是指创造财富、积聚财富能力较弱，就业竞争能力和基

---

〔1〕 杜越，汪利兵，周培植. 城市流动人口子女的基础教育：政策与革新[M]. 杭州：浙江大学出版社，2004：1.

〔2〕 钟水映. 人口流动与社会经济发展[M]. 武汉：武汉大学出版社，2000：4.

本生活能力较差，缺乏经济、政治、文化和社会资源与机会，因而获利的相对程度甚至绝对程度很少且身处困境，未来发展也相当困难的人群。弱势群体的弱势不仅是经济上的，同时也是政治、文化和社会上的。在经济上，弱势群体市场竞争力低、收入低、就业和收入不稳定、生活质量较低、承受力脆弱；在政治上，弱势群体无法有效参与、影响政策的制定，有时甚至成为某些政策的受害者；在文化上弱势群体受教育水平普遍不高，并且缺乏投资教育所必须的经济实力；在社会上，弱势群体往往被其他群体所排斥，合法权益易被侵犯。

公平的教育和努力奋斗可以改变他们的弱势地位，获得平等的发展机会。在常态社会中，社会上的弱势群体把下一代接受良好教育，视为经济上翻身的唯一希望，即"知识改变命运，教育塑造未来"。进城务工者，在流动人口中占据了绝大多数，他们与城市下岗职工、城市低保户、农村失土农民等一起，成为当前中国社会除传统意义上的残障人士之外的主要弱势群体。[1] 农民工进城寻找就业机会和追求更大的经济利益是吸引他们进城的根本原因，能让其子女接受城市化的教育也是利益诱因之一。但由于城乡之间、地区之间发展不平衡，导致了教育机会的不均等。进入到城市中的农民工及其子女是具有"城市人"和"农村人"双重身份的特殊群体，在他们身上最鲜明地体现出中国的城乡差别和工农差别。随着他们在城镇居住时间的变长，他们对生活的满意度渐渐地以流入地的标准为参照。他们强烈地要求自己的权利和地位得到提高，城市公民角色被认同。社会学理论指出，利益被相对剥夺的群体可能对社会产生敌视或仇恨心理。当弱势群体将自己的不如意境遇归因为被获益群体剥夺时，社会就潜伏了冲突的危险，甚至这种敌视和仇恨的指向也会扩散。[2] 因此，为农民工子女提供平等的义务教育的机会，对他们实施正规、合理、公平的教育，有利于体现九年义务教育的公平原则，保持社会的稳定、和谐发展。

---

〔1〕 杜越，汪利兵，周培植．城市流动人口子女的基础教育：政策与革新[M]．杭州：浙江大学出版社，2004：Ⅱ．

〔2〕 邱泽奇．社会学是什么[M]．北京：北京大学出版社，2002：240－255．

四、管理学理论基础

1. *管理的性质特点决定了它是提高流动儿童适应性的重要手段*

管理是人类社会最普遍的现象、最重要的活动之一。中国古代儒家提出的“修身、齐家、治国、平天下”的管理思想既表明了管理由近及远的层次，也说明了人类社会从小到大都需要管理。管就是管人、管物、管财，理是管的过程、管的结果、管的方法，二者结合并渗透在政治、经济、社会、文化和生活等方面。“人类社会活动遇到的基本矛盾就是人们所追求的目标与资源有限的矛盾，这也是管理的基本矛盾”。[1] 管理的意义就在于如何处理好组织、目标、资源和效率这些要素。其中组织是管理活动的场所，目标是管理活动的方向，资源是管理活动的依靠，效率是管理活动所要追求的结果。[2] 管理的性质特点决定了它是提高流动儿童适应性的重要手段。

2. *教育管理是协调教育资源的过程，能实施教育公平*

管理是人类社会最基本的现象之一，其具有计划、组织、领导、控制和创新的五种基本职能。[3] 教育是一种社会现象，人们在教育领域所从事的管理活动，便构成了教育管理活动。所谓教育管理，就是指各级教育行政部门和各类学校管理者在教育情境及问题的限定下，通过计划、组织、领导和评价等活动，以达成教育目的的连续历程。[4] 把管理与教育管理的内涵结合起来，教育管理过程是把构成教育活动的各种要素集合起来，按各种教育活动的性质和发展规律的要求进行合理组合，使之变成有组织、有系统的状态，并设计出便于指挥调控的工作程序，合理地组合人、财、物的最佳结构，充分发挥各种要素之间的积极相关作用，以最小的代价，争取获得最大的教育效益。

教育管理本身不是目的，而只是一种手段，其目的归根到底是保障全体公民的受教育权利，并为实现国家的教育理念，促进社会教育事业的发展创造条件。[5] 首先，教育的发展要依赖于许多条件，诸如政治条件、经济条件、文化条件、地理条件等。其次，有效的管理可以合理协调教育资源。国家愈

---

〔1〕 刘志坚，徐北妮. 管理学——原理与案例[M]. 广州：华南理工大学出版社，2002：1－3.

〔2〕 吴志宏，冯大鸣，周嘉方. 新编教育管理学[M]. 上海：华东师范大学出版社，2005：4.

〔3〕 周三多，陈传明，鲁明泓. 管理学——原理与方法（第四版）[M]. 上海：复旦大学出版社，2005：12.

〔4〕 黄兆龙. 现代教育管理哲学[M]. 南宁：广西教育出版社，1992：3.

〔5〕 吴志宏，冯大鸣，周嘉方. 新编教育管理学[M]. 上海：华东师范大学出版社，2005：9－10.

大，各地的差异性也愈大，教育实施的主客观基础也就愈不一致，这就需要通过有效的教育管理活动来协调教育的发展。流动儿童从教育资源贫乏地区流入到教育资源丰富的城市，需要依靠教育管理、教学管理手段解决协调问题。通过有效的管理，对教育资源进行合理的规划和利用，才能达到事半功倍的效果，落实教育公平权。

3. 学校组织的特点决定了学校文化环境能促进流动儿童的适应性

学校是一种特殊组织。在学校管理过程中，追求效率与效果不是学校管理的唯一目的或根本目的，学校是一个培养人的特殊场所，承担着教书育人的责任与任务。它是“有目的、有计划、有组织地进行系统教育的机构”。[1]首先，学校作为一种社会组织，它具备了人类社会一切组织所共有的特征。其次，学校是一个特殊的环境，它是为追求一定的教育目标和教学效果而设置的。它把不同风俗、不同信仰，甚至是不同种族的孩子聚集在一起，向他们提供一个共同的文化知识背景，将一定社会的规范、信念、道德习俗及传统传达给学生，并要求学生遵循和发扬。再次，学校组织提供了校园文化环境，为流动儿童尽快消除疏离感，融入城市生活和学校学习生活，提供了宽松活泼的学校组织氛围，能促进流动儿童适应性。

第三节　国内外相关文献综述

国内外学者在流动儿童适应性、学习适应性、生活适应性领域做了较广泛、深入的研究。

第一部分　学习适应性的研究综述

一、学习适应性的影响因素

学习适应性的影响因素分为内部因素和外部因素两种。内部因素主要包括学生的个体差异、认知结构、学习策略、学习态度、学习兴趣、学习动机因素等。外部因素主要包括家庭、学校与社会因素。

1. 内部因素

个体差异影响了学习适应性。年龄、性别等方面的个体差异是影响学习

〔1〕 吴志宏.中小学管理比较[M].上海：上海教育出版社，1998：3.

适应性的重要因素。年级也是学习适应性差异的重要影响因素。不同年龄的学生在心理和生理上都有不同的表现。Peter Muris(1985)等人提出"学生的生理和心理发展经历童年期、少年期、青年初期,学习适应性也随此发展而发展。青春期阶段,男生与女生对待学习内容上与关注学习对象上的差异,形成了性别上的学习适应性的差异"。[1] 在我国,学生的生理和心理发育经历童年期、少年期、青年初期,经历这些阶段学生的生理功能的不断完善、心理发展不断成熟,学习适应性也随生理和心理的发展而变化发展。性别差异对学习适应性的影响,是有争议的。Peter Muris(1985)等人的研究指出:在青春期,女性比男性更多地报告内部的冲突,更多地感觉到矛盾的品质。女性的社会化更多地涉及人际关系、情感关系、家庭中的角色,但是男性则沿着更加自主和独立的道路上发展;女性致力于维持这种多重的关系、多重的社会角色并保持各种关系的协调,自我中心矛盾品质成为特别突出的问题。[2] 这种青春期阶段的差异致使男生与女生对待学习内容与学习对象上的关注的差异,进而形成性别上的学习适应性的差异。大多数国内的研究者认为,在城市中,男生女生在学习适应性上不存在很明显的差异,学习适应性基本上不受性别差异的影响,但在乡村,男生女生在学习适应性上的性别差异较大。

在认知结构上个体间是存在差异的。认知结构是存储于个体长时间记忆系统内的程序性知识和陈述性知识的实质性内容与他们的联系。个体在认知结构上是有差异的。从内容上看,有的人更擅长程序性知识而使认知结构中大部分都是程序性知识;而有的人擅长陈述性知识而使认知结构中大部分都是陈述性知识。认知结构的差异还表现在其认知结构的熟练程度上,每个人不同的熟练程度造就了不同的认知结构,而这些差异也造成了个体间学习适应性水平的差异。

学习策略上的缺陷和不足,是造成学生学习成绩差的一个重要原因,也是影响学习适应性的一个因素。因为学习策略是学会学习的前提,直接决定他们的学习效果。同样,学习策略的获得与改进不仅能够促进其知识和技能

---

〔1〕 Peter Muris, Cor Meesters & Petra Fijen. *The Self—Perception Profile for Chiidren: further evidence for its factor structure, reliability. and validity*. Personality and Individual Differences, 2003, 35(8): 1791 - 1802.

〔2〕 Peter Muris, Cor Meesters & Petra Fijen. *The Self—Perception Profile for Chiidren: further evidence for its factor strulcure, reliability. and validity*. Personality and Individual Differences, 2003, 35(8): 1791 - 1802.

的掌握，有效提高学生的学习成绩，而且能直接促进学生学习适应能力的提高。

学习态度影响适应性。学习态度主要包括对班集体的态度、对教师的态度、对作业的态度和对评分的态度等，它受学习动机的制约，是学习者在学习活动中通过经验而习得的。学习态度是影响学习效果及学习适应性的重要因素，通常可以从学习者对待学习的注意状况、情绪倾向和意志努力状态等方面来加以判定和说明。学生如果对学习抱有正确的态度，或者说学生对与所学有关的事物有正确的认识和情感，他就能产生相应的行动，并且能够得到较好的学习效果。

学习兴趣能够强化学生的学习动机，提高学生的学习适应性。学生入学以后，学习的内容日益复杂和深刻，对学习的责任感在学习活动早期根本不能起到很大的作用，这就需要学生对学习有浓厚的兴趣。这样，学习才会成为学生主动参与的活动，使学习活动变得积极并富有成效。

学习动机是影响学习适应性的重要方面，它影响学习活动的性质和学习态度。学习动机的强弱直接导致学习行为发生的频率和强度，体现在学习适应上，表现为克服各种困难的动力和欲望以及学生学习的效能。如果学生的学习动机是为避免不好的分数和惩罚，那么他的学习就会经常处于紧张状态，学习活动也失去了愉快感。学习动机也同样直接影响到学生的学习成绩的高低。学习动机水平偏低是学习适应不良普遍存在的问题。

2. 外部因素

家庭环境是影响学生学习适应性的一个重要因素。家庭环境是学生最先接触的学习环境，是学生社会化的主要场所。学生最初学到的各种知识和经验都是家庭环境赋予的，比如说社会知识、道德规范及社会行为等最初来源于家庭。家庭对学生的影响是每时每刻的，是潜移默化的，它影响着学生的个性特征和各种能力的获得和发展，学习适应性的水平也必然受其影响。国内外很多研究都表明，家庭中的各种因素，例如家庭结构、经济水平、家庭教养方式、父母职业、父母受教育水平等等都会直接或间接地影响学生生理和心理的发展，势必影响学生的学习适应性的发展。英国著名的曼切斯特调查报告书中就指出：家庭环境在学生发展中的重要性是社区和学校两因素总和的两倍（Wiseman，1971）。[1]

---

[1] 张华，刘萍. 儿童自尊发展刍议[J]. 上海教育科研，1999(9)：21－23.

学校是影响学生学习适应性的重要因素。在学校里，对学生学习适应性起关键作用的是教师对学生的教育行为。学校作为教书育人的专门机构，其教育目的、教育方式和教育行为等对学生的学习适应性有着重要的影响。在学校环境中，教师对学生的教育行为甚至是一言一行，都在学生的学习范围内。所以教师的心理和行为都会对学生的学习产生重要而深远的影响。有研究表明，教师在对待男女学生的倾向上是有不同的。教师把男生的学业失败归因为学习动机问题，但是把女生的学业失败归因为能力问题。这自然而然地就会影响到教师对待男女生的差异，这样就会压制女生的效能感，进而影响到男女生的差异性。

师生关系会通过教师影响学生学习适应性。师生关系是促进学生学习的关键因素，良好的师生关系对学生智力的培养、学习能力的提高以及个性的全面发展有着重要作用。而且师生关系也是教师影响学生学习适应性的一方面。“师生关系是促进学生学习的关键因素。良好的师生关系对学生智力的培养、学习能力的提高以及个性的全面发展有着重要作用”。[1]

学校环境中的同伴关系也是影响学生学习适应性发展的另一个重要因素。在同伴关系中，学生可以形成对自我的认知及自我认同，并体会自我价值的实现。有着良好的同伴关系，学生才能够形成对自我的良好评价，其学习适应性才会得到提高，才能更加从容地学习和生活。

特定的社会环境形成特定的学习适应性，这是社会文化环境对个体的客观要求的体现。我国学生所处的社会文化环境，例如社会政治制度、城乡生活传统、文化传统、道德风尚等都具有不同于其他国家和地域文化的特点，尤其是在独生子女与非独生子女以及城乡差异的问题上，最能体现具有中国特色的文化环境。这就决定了我国学生的学习适应性和其他国家、地区学生的不同特点。研究表明，中国城市男女学生学习适应性差异不显著，农村差异显著。白晋荣等人的调查表明，农村中学男女生的学习适应性不良检出率分别 45.56%和 21.43%。[2]

二、学习适应性的积极作用

青少年学生在新的环境中能够获得良好的生活适应和学习适应，具有积

---

〔1〕 梁兵.试论教学过程中师生人际关系及其影响[J].新疆大学学报(哲学社会科学版)，1993(3):13-18.

〔2〕 白晋荣，刘桂问，郭雪梅.中学生学习适应性的研究[J].心理学动态，1997(2).

极作用：

1. 促进学业进步。良好的学习适应性是学生取得良好的学业的重要因素。学习适应性反映出学生在学习过程中的各方面，是学习能力的体现。通过学习适应性问卷的测量，能够检查出学生在学习的各个环节的不足，这样就有针对性地对每个学生做出具体而有针对性的指导，改变学生的学习习惯，及时地自我调节，从而提高学习成绩。戴玉红(1997)的研究证实：学习适应性和智力都对小学生的学习成绩有着大体相同的显著影响。刘衍玲(2001)的研究揭示：学习适应性对中等成绩小学生的学习成绩的影响是直接的，而对优等生和差生的影响较为间接。所以改善对学生学习适应性的指导，是转变不良学生和提高学生成绩的有效、可行的办法。

2. 维护心理健康。学习适应性是调节学生自我，达到心理和谐的一个重要因素。学生的天职是学习，也是评价学生的主要标准。所以，作为学生，自然会把学习成绩看成自身价值的体现，而学习适应性很大程度上影响着学生的学习成绩。这样由学习适应性引发的自我认同是学生心理健康发展的重要内容。良好的学习适应性是心理健康的一个前提和保证，反之，就难以保证学生的心理健康。宋广文(1999)研究表明：学习适应性强的中学生有较高的心理健康水平。学习适应性强的学生，不会明显地感到身体的不适，很容易摆脱那些无意义的思想和行为，很少感到不自在和自卑，不会神经过敏，也能很好地控制自己的情感[1]。学习适应性的提高必然增进学生的心理健康水平。培养学生的学习适应性应该成为学校心理健康教育的重要内容。这样即有利于学生学业水平的提高，也能达到保持学生心理健康的目标。

3. 塑造良好人格特征。学生的主要任务是学习，特别是在中国，学生的学习成绩是衡量学生成就的主要标准，学习的好坏对学生个性影响是巨大的。在家里，学生得到家长认同赞扬的很重要原因是学习成绩。学习成绩好坏会成为大部分学生是积极情绪还是消极情绪的诱因之一。在学校教师及家长的期盼下，学生都以自己的学习成绩作为自我认同、他人接纳的重要部分。学习成绩的好坏甚至会影响一个人的性格是自信、自负亦或自卑、自谦。而良好学习适应性还能磨炼人的意志力，培养坚韧、勇敢、坚持、克服困难、自制的健康人格。

---

〔1〕 宋广文.中学生的学习适应性与其人格特征、心理健康的相关研究[J].心理学探新，1999(1)：44.

三、学习适应性的测量及工具

关于对学习适应性的测量，目前有很多种的测量工具。国内外学者主要采用以下五种量表：

第一，华东师范大学周步成教授(1991)组织修订的《学习适应性测验》(即 AAT)，这一测验是根据我国学生的学习情况而组织的标准化修订[1]。

量表分为：小学一、二年级用的量表(5 个内容量表)；小学三、四年级用的量表(7 个内容量表)；小学五、六年级用的量表(9 个内容量表)；中学、初中和高中用的量表(12 个内容量表)。

小学五、六年级用和中学用的内容量表又分为 4 个分量表，其中包括四个维度：身心状态、学习环境、学习技术和学习态度。四个分量表一共有 12 个内容量表，在每个内容量表中一共有 10 个题目，共 120 题。该问卷的重测相关系数为 0.75—0.88，分半相关系数为 0.71—0.86，有很高的信效度，又因为其具备全国性的常模，所以在国内被广泛使用。

第二，台湾学者陈英豪、李坤崇等在 1991 年编制的《学习适应量表》，此量表分为五个分量表，每个分量表都有 12 个项目，一共 60 题。

五个分量表分别为：学习态度、学习方法、学习环境、学习习惯、身心适应。学习方法分为学习计划和时间、阅读和作笔记、考试技巧、学习技巧和学习内容的分配；学习习惯分为课业习作、学习注意力和读书习惯；学习态度分为对学校教学环境的态度、学习兴趣和对课业学习的态度；学习环境分为师生关系、课程教学、物质和心理环境、学校建筑设备和同伴关系；身心适应分为身体健康、情绪稳定性、自制能力和自我观念[2]。

第三，日本心理学家编制的问卷——《儿童学习适应性调查表》，一共包括生活、学习和身体 3 个大维度组成，总计 54 题。该量表测试对象为儿童，但是由家长填写[3]。

第四，华瑞人才测评公司编制的《中学生学习适应性测验量表》，一共包括学校环境和家庭环境、学习期望、学习意志力、身心健康、学习方法、学习动

〔1〕 周步成.学习适应性测验(AAT)手册[M].上海：华东师范大学心理学系，1991.
〔2〕 陈英豪，林正文，李坤崇.学习适应量表[M].台北：心理出版社有限公司，1991.
〔3〕 宋专茂，陈伟编著.心理健康测量[M].广州：暨南大学出版社，1999：98.

机7个分测验，总计105题[1]。

综上所述，在现有的研究中，学习适应性维度上，学者们都认同学习动机、心理健康、学习环境和学习方法4个方面。我们本课题研究把身心健康暂时排除在学习适应性以外，因为，身心健康只是学习适应性的结果，学习适应、生活适应的好坏是通过心理健康来反映的。

四、学习适应性的实证研究

1. 国外的研究

国外学者的研究重点是学习适应性的影响因素。查阅相关的外国文献，我们发现，国外直接针对学生学习适应性的研究不是很多。他们研究的焦点主要集中在探讨学生学习适应性的影响因素方面，比如学生自身气质类型、家庭环境、亲子关系、师生关系、同伴关系及社会地位等。有研究者对学生在小学升入中学的衔接阶段所表现出的学习适应不良状况进行了研究。另外，也指出学生由少年期步入青春期或青年期的过渡阶段，生理发生变化，伴随着心理发展也不稳定，许多学生出现了自信心不足、情绪低落、学习成绩下降等现象。研究结果也指出，对于同伴关系这一影响因素，学生被同伴排斥比被同伴欺负对学习影响更大，它与学习适应性的相关更显著。

西班牙学者侧重提高学生学习适应性的策略研究。国外的研究主要针对的是移民子女及流动儿童的策略性研究。比如在西班牙，为了使移民子女能够更好地适应西班牙的生活和社会文化并更快地融入到学校的学习当中，教育部门和学校采取了多种有效的措施。又如，开设特别融合教室，帮助移民学生过渡到正规课程上；采取各种措施帮助移民学生学习西班牙语言和了解西班牙的历史和文化；并加深各国学生间的沟通和了解，使学生认识到每个人都是平等的，移民并不受到歧视，树立尊重和分享多元文化及不同民族和谐相处的意识和观念。

美国学者的研究重点是提出教育帮助计划措施。美国的流动儿童同我国的流动儿童有一定的相似性，他们主要来自于那些为了寻找就业机会而不得不四处迁移和流动的家庭。这些家庭所从事的行业因受季节和气候的影响而不得不经常变换自己的工作地域。这迫使这部分流动儿童要不断地

[1] 聂衍刚，郑雪，张卫．中学生学习适应性状况的研究[J]．心理发展与教育，2004(1)：23-28.

适应新的学习环境。由于语言、文化、生活习惯的不利影响，这些儿童的学习成绩相对来说比较差，辍学率也比较高。由此，美国学校实行的“家庭帮助家庭”计划、“欢迎新来者项目”等从家庭和家长入手，帮助流动儿童加快适应学习，另外，还开展针对流动学生的暑期教育，其目的在于帮助那些因流动而中断学业或错过教育机会的学生进行补偿式教育。此外，他们还采取加强家校合作等措施来促进流动儿童尽早适应学校的学习生活，提高其学业成绩。

国外研究对我们有借鉴价值。虽然国外移民子女、流动儿童的教育问题与我国流动儿童的教育问题有所不同，但是他们针对这类学生的学习适应性问题所提出的策略和方法，对我们帮助流动儿童更好地适应本地学校的学习，同样有一定的启发和借鉴意义。

2. 国内的研究

国内学者对学生学习适应性问题的研究主要集中在学习适应性的概念和维度、学生学习适应性的现状调查、差异性研究、学习适应性与其他变量的关系、学习适应性的培养等方面的研究。

关于学习适应性的概念，不同的研究者有着不同的看法。而在其功能方面，学者们普遍认为学习适应性水平对学生的学习成绩及心理健康的影响是很显著的。

关于学习适应性的维度，各学者的分类略有不同。“台湾学者陈英豪、李坤崇等编写的《〈学习适应性量表〉(增订版)指导手册》将学习适应性的维度分为学习方法、学习习惯、学习态度、学习环境及身心适应五个方面”。[1]“华东师范大学周步成教授编订的《学习适应性测验手册》(AAT)把学习适应性的维度分为学习态度、学习技术、学习环境及身心健康四个方面”。[2]华瑞人才测评公司所编制的中学生学习适应性的测验把学习适应性的维度分为学习动机、学习期望、学习方法、学习意志力、学校环境、家庭环境及身心健康。

虽然学者们对学习适应性维度的表述存在差异，但是我们从中可以看出影响学习适应性的因素也不外乎学生对学习的态度、自身的学习方法和习惯及外在的学习环境等内外因素。

国内关于学生学习适应性的调查研究，研究对象主要是中小学生，围绕

---

〔1〕 李坤崇等主编.学习适应性量表(增订版)指导手册[M].台北:心理出版社,1996.

〔2〕 周步成主编.学习适应性测验(AAT)手册[M].上海:华东师范大学心理学系,1991.

学生的学习适应性水平状况、学习适应性与其他因素的相关及差异研究、实施相应的实验干预等展开研究。

(1) 选择不同研究对象的实证研究

在学习适应性的研究对象上，我国众多的研究人员选用不同年龄阶段、不同年级阶段作为研究对象。有的学者把小学生作为研究对象：如，徐速等人(2001)的《313 名小学生学习适应性问题的研究》，[1]吴冬娜等人(2002)所做的《不同年级小学生学习适应性的比较研究》；[2]有的学者侧重研究初中阶段或高中阶段学生的学习适应性，把中学生作为研究对象：聂衍刚等人(2004)的《中学生学习适应性状况的研究》，[3]陈锦等人(2007)的《上海市初中生学习适应性的调查》；[4]有的学者把大学生作为研究对象，侧重研究大学生学习适应性：冯廷勇等人(2002)的《当代大学生学习适应性的初步研究》；[5]徐富明等人(2005)的《大学生的学习适应性及其与人格特征及社会支持的关系研究》。[6] 学生个体在各年龄阶段、各年级阶段表现出各不相同的学习适应性的特点，丰富了学习适应性的实证研究。除了年龄和年级阶段的取样类型，还有以学习成绩的优劣差别、不同类型的群体来取样作为研究对象。隋光远等人(2004)的《初中优生和差生学习适应性的比较研究》；[7]还有以普通学生与特殊学生的差异取样的研究，钟文娟等人(2001)《学习障碍儿童学习适应性及其影响因素研究》；[8]还有以城市与农村学生差异取样的研究，王晓妹等人(2007)《关于农民工子女的中学学习适应性的研究》；[9]此外，

---

〔1〕 徐速.313 名小学生学习适应性问题的研究[J].健康心理学杂志，2001(2).

〔2〕 吴冬娜，林勇强.不同年级小学生学习适应性的比较研究[J].中国学校卫生，2002(4).

〔3〕 聂衍刚，郑雪，张卫.中学生学习适应性状况的研究[J].心理发展与教育，2004(1)：23 - 28.

〔4〕 陈锦.上海市初中生学习适应性的调查[J].中国组织工程研究与临床康复，2007，11(52)：592 - 594.

〔5〕 冯廷勇，李红.当代大学生学习适应的初步研究[J].心理学探新，2002，22(81)：44 - 48.

〔6〕 徐富明，于鹏，李美华.大学生的学习适应性及其与人格特征及社会支持的关系研究[J].中国学校卫生，2005(4).

〔7〕 隋光远，李晶.初中优生和差生学习适应性的比较研究[J].心理科学，2004(3).

〔8〕 钟文娟，毕勇毅，吴汉荣，王礼桂.学习障碍儿童学习适应性及其影响因素研究[J].湖北预防医学杂志，2001(5).

〔9〕 王晓妹.关于农民工子女的中学学习适应性的研究[D].辽宁师范大学硕士论文，2007.

还有涉及一些少数民族学生的研究，何莹等人(2004)的《少数民族与汉族大学生学习适应性的调查研究》。[1] 这些研究涉及面很广，深入分析了我国各个年龄阶段、各种类型学生的学习适应性，丰富了我国学习适应性研究。

(2) 选择不同研究内容的实证研究

我国学者近年对学习适应性问题作研究内容多样化的实证研究。

对学习适应性的调查研究，主要采用学习适应性量表进行测试，了解各种研究对象的学习适应性情况，分析各维度的得分情况，分析其原因并提出合理的建议。柯清水等人(2007)选取福建漳州市芗城高一年级 88 人和中学初一 131 人，利用学习适应性测验(AAT 中学版)，对过渡阶段学习的学习适应情况做调查，为学校开展学习辅导提供依据。[2]

不同样本的差异性研究。选取有差异样本，进行学习适应性量表测试，之后进行差异分析，并分析差异的来源。如年级上的差异，戴育红(1997)的研究报告明确指出：初中阶段学生学习适应性明显高于高中阶段学生。[3] 隋光远、李晶等人(2004)的研究认为，总体看来初三到初一阶段学生，学习适应性随年级的提高而提高。[4] 性别差异研究，聂衍刚等人在研究中发现，学习适应性在性别差异上差异显著。[5] 而张丽华等人(2006)的研究认为初中小学衔接阶段的学生在学习适应性的性别上差异不显著。[6] 地域差异研究，何资桥、黄宁、曹中平(2007)选取湖南七所中学的 996 名初中学生，研究发现：农民工子女在朋友关系内容量表及学习环境分量表得分显著低于城市居民子女。[7] 白晋荣等人(1997)的研究结论：农村学生学习适应明显低于城市

---

[1] 何莹，张庆林，李红. 少数民族与汉族大学生学习适应性的调查研究[J]. 西南师范大学学报(人文社会科学版)，2004(3).

[2] 柯清水，陈丽国，杨开发. 中学入学新生学习适应性的调查研究[J]. 文教资料，2007(5)：175 - 177.

[3] 戴育红. 中学生学习适应性的研究[J]. 教育导刊，1997(11)：24 - 26.

[4] 隋光远，李晶. 初中优生和差生学习适应性的比较研究[J]. 心理科学，2004，27(3)：643 - 644.

[5] 聂衍刚，蔡笑岳，张卫. 初一学生人格特征、学习适应性与学习成绩关系的研究[J]. 心理与行为研究，2005，3(2)：134. 138.

[6] 张丽华，张莉. 初中小学衔接阶段学生学习适应性的初步研究[J]. 辽宁师范大学学报，2006，29(2)：51 - 52.

[7] 何资桥，黄宁，曹中平. 进城农民子女与城市居民子女学习适应性的比较[J]. 中国临床心理学杂志，2007，15(5)：519 - 521.

学生的学习适应性。[1]

(3) 学习适应性与其他因素的相关研究

学习适应性与其他因素的相关研究，一般是选取相同样本，同时测量学习适应性量表和其他相关量表，探讨它们之间的关系。其他相关量表所涉及的心理学变量有：学业成绩、自我效能感、心理健康和人格特征等。宋广文(1999)选取高二年级的学生，同时测量学习适应性量表(AAT)、症状自评量表(SCL－90)和卡特尔16PF量表，研究发现，学习适应和人格特征有高度相关，学习适应强的学生心理健康水平均良好。[2] 戴育红(1997)做了学习适应性和学习成绩的相关研究，研究结果显示：学习成绩水平与学习适应性发展水平间存在着极其显著的依存关系。[3] 林永强采用日本心理学家编制的《儿童学习适应性调查表》，由家长填写，研究结果发现："学习适应对学生数学、语文和平均分成绩均显著相关"。

(4) 选择不同的研究方法来探讨学习适应性

概括、综合目前学术界对学习适应性的研究成果，学者们主要采用调查研究、比较研究及实验干预等几种方法来研究学习适应性。

调查研究法是最为常见的一种研究方法，一般采用学习适应性量表进行测试，重在如实地反映某一群体的"学习适应性"状况，并分析学习适应性各维度及总量表的得分情况。类似的研究有李玲、李辉等对昆明市某小学学生学习适应性的调查研究，聂衍刚、郑雪等对广州市中学生学习适应性状况的研究，徐富明等人的对大学生的学习适应性与人格特征、社会支持的关系研究等。

比较研究法则不同于调查研究法，它是根据样本的相关或独立性，分为相关性研究和差异性研究。前者一般是对相同样本进行学习适应性测试的同时，施测其他相关量表。比如：自我效能感量表、学习动机量表、人格特征量表、行为问题量表、父母教养方式量表、心理健康量表等，以深入探讨这些因素与研究对象的整体学习适应性状况之间的相关，并探寻与其相关最密切的因素。如学者何资桥、曹中平(2007)对外来务工人员子女的家庭教育方式

---

〔1〕 白晋荣，刘桂文，郭雪梅. 中学生学习适应性的研究[J]. 心理学动态，1997，5(2)：60－63.

〔2〕 宋广文. 中学生的学习适应性与其人格特征、心理健康的相关研究[J]. 心理学探新，1999(1)：44.

〔3〕 戴育红. 中学生学习适应性的研究[J]. 教育导刊，1997(11)：24－26.

与学生学习适应性弹性发展关系的研究；宋广文(1999)选取高二年级的学生，同时测量学习适应性量表(AAT)、症状自评量表(SCL－90)和卡特尔16PF量表。后者宋广文(1999)主要是通过选取差异样本，使用学习适应性量表进行测试，然后进行差异分析，比较样本间的学习适应性整体及各分维度的水平差异，并分析差异的来源。再如，隋光远、李晶等人(2004)的研究认为，总体看来，初三到初一阶段学生，学习适应性随年级的提高而提高；聂衍刚等人在研究中发现，学习适应性在性别差异上差异显著；而张丽华等人(2006)的研究认为，初中小学衔接阶段的学生在学习适应性上性别差异不显著；白晋荣等人(1997)的研究结论：农村学生学习适应明显低于城市学生的学习适应性。除了年龄、年级、性别的取样类型，还有以学习成绩的差别作为取样。比如，隋光远等人(2004)研究了初中阶段优生和差生的学习适应性的比较；还有普通学生与学习障碍学生的差异取样以及涉及一些少数民族学生的研究。此类研究涉及面很广，它的优点在于能够得出影响学生学习适应性的不同因素，哪些因素对学生学习适应性的影响比较大，也可以了解不同样本之间学习适应性所存在的差异。从不同侧面深入分析了学生学习适应性的状况，丰富了学习适应性的研究。

干预研究法是目前学者开始较多使用的一种研究方法，主要是在调查研究和比较研究的基础上，为提高学生的学习适应性而进行的一种干预实验。这种研究主要是通过实施一些干预措施(如学习适应性辅导课、学习适应性的团体咨询等)，来比较干预前及干预后学生的学习适应性是否有变化，以验证这种干预的方法是否可以提高学生的学习适应性。如，学者宋丽娟针对初中学生英语学习适应性问题，构建了旨在培养学生学习适应性的教学渗透模式，它就属于此类研究。

第二部分　城市生活适应性的研究综述

1. 生活适应性的研究方法

我国关于流动儿童社会适应性的研究方法大多采用定性的方法，如文献分析法、个案分析法、访谈法等。而采用定量的研究方法来研究流动儿童社会适应性问题，或者通过具体的干预手段或方法来对流动儿童的社会生活适应性进行干预的研究则较少。刘杨、方晓义(2008)研究发现：流动儿童城市适应过程呈现三种类型：U型、J型、水平线型，并首次提出了流动儿童城市适应发展阶段理论。[1] 胡韬(2007)通过研究发现,女生的社会适应水平显著高于男生,且随年级升高社会适应水平有提高的发展趋势。[2] 周皓、张宁(2001)的调查发现:大部分流动儿童对流入地社区缺乏认同,对老家充满了依恋和难舍。[3] 顾唯页(2006)发现流动儿童内心充满一定程度的不平等感、对立感、被歧视感、无归属感。[4]

2. 城市生活适应性的分类

我国国内学者由于对流动儿童城市生活适应性研究的侧重点、标准的不同,提出不同的分类。吴新华将儿童城市生活适应性分为 10 个方面:亲和力、社交技巧、社会适应、功课与游戏调适、生活的目标、行为成熟度、情绪稳定性、适应感、自我接受度、心理坚韧度。[5] 张廷艳(2005)将中学生的生活适应性划分为四个方面:生活观念、生活技能、生活习惯和生活方式。[6] 郭良春(2005)等人认为城市生活的适应包括价值观、社会生活适应、学习适应三个标准。[7] 北京师范大学的方晓义(2008)等人通过对 21 名流动儿童的深度访谈,认为城市适应标准应该有两个层面:一是心理适应,具体的包括心境和个性两个维度;二是社会文化适应,具体的包括人际关系、适应环境、外显行为、内隐观念、语言、学习 6 个维度。[8] 这一标准是国内目前提出的较为丰富和全面的标准,考察了儿童心理和日常生活的诸多方面。

3. 城市生活适应性的测评工具

关于流动儿童城市适应性的问卷或量表,近几年来,国内学者逐渐开发出各种种类的量表或问卷。如胡韬(2007)的《流动儿童少年社会适应量表》

〔1〕 刘杨,方晓义等.流动儿童城市适应状况及过程——一项质性研究的结果[J].北京师范大学学报(社会科学版),2008(3):9-20.

〔2〕 胡韬.流动少年儿童社会适应的发展特点及影响因素研究[D].西南大学,2007.

〔3〕 段成荣,周皓.北京市流动儿童少年状况分析[J].人口与经济,2001(1):5-11.

〔4〕 顾唯页.城市流动儿童心理问题分析和对策[J].文教资料,2006(11):84-85.

〔5〕 熊少严.城市流动儿童的社会融合与学校教育的指导策略[J].广东社会科学,2006(1).

〔6〕 张廷艳.中学生生活适应辅导及其内容探析[J].重庆职业技术学院学报,2005(3):152-153.

〔7〕 郭良春等.公立学校流动儿童少年城市适应性研究[J].中国青年研究,2005(9):50-55.

〔8〕 方晓义.流动儿童城市适应标准的研究[J].应用心理学,2008,14(1):77-83.

包括4个因素，分别为学校因素、家庭因素、社会歧压、个人志气；[1]袁中星（2007）的《流动儿童文化适应量表》，[2]熊少严（2009）的《广州市流动儿童社会适应性调查问卷》、[3]方晓义（2009）的《流动儿童城市适应量表》，[4]这些量表都在流动儿童群体内进行了实证性的检验，结果表明具有较好的信效度，可作为流动儿童城市适应状况的评价工具。但是，这些不同类型的量表或者问卷仍然还存在一些问题，如有的标准过于单一，有的缺乏足够的样本量。

4. 流动儿童城市生活适应性的影响因素

流动儿童城市生活适应性的影响因素主要为客观方面因素和主观方面因素。大致可以分为五个方面：(1) 家庭因素：主要有家庭经济收入、家庭教育投入、父母文化程度、父母职业、父母教养方式、家庭成员亲密度、家庭居住条件、家庭周围环境等；(2) 学校因素：主要有学校类型、教师的个人素质、对流动儿童的教育态度、集体活动参与度、同学关系、教学内容的难易程度等；(3) 社会因素：主要有城乡文化差异性、流入地政府的政策保障制度、城市群体的社会排斥等；(4) 个体因素：如流动儿童的年龄、性别、人格特征、价值观、行为准则、来城市生活时间的长短、语言熟悉度、城市的认同感、心理复原力；(5) 其他因素：如原有的生活模式、生活经历等。

5. 流动儿童城市生活适应性的实证研究

(1) 流动儿童城市生活适应不良的表现。王芳（2005）对流动儿童的社会适应的内隐问题和外显行为问题进行了相关研究，发现流动儿童存在严重的人际交往障碍与孤独感；[5]周皓、张宁（2003）在对北京行知学校初一到高一的流动儿童调查后发现：大部分流动儿童对流入地社区缺乏认同，对老家充满了依恋和难舍。[6] 胡韬（2007）通过自编流动儿童社会适应量表进行研究发现，流动儿童的社会适应水平总体上低于城市本地少年儿童，女生的社会

[1] 胡韬. 流动少年儿童社会适应的发展特点及影响因素研究[D]. 西南大学，2007.

[2] 袁中星. 城市流动儿童文化适应的现状研究[C]. 第十一届全国心理学学术会议论文摘要集，2007.

[3] 熊少严. 城市流动儿童的社会整合与学校教育的指导策略[J]. 广东社会科学，2006(1).

[4] 方晓义. 流动儿童城市适应标准的研究[J]. 应用心理学，2008，14(1)：77－83.

[5] 王芳. 小学民工子女的自我概念和行为问题[J]. 中国校医，2005(4).

[6] 周皓，张宁. 北京市流动儿童少年状况分析[J]. 人口与经济，2001(1).

适应水平显著高于男生；随年级升高社会适应水平提高的发展趋势。[1] 顾唯页(2006)发现流动儿童内心充满一定程度的不平等感、对立感、被歧视、无归属感。[2] 陈丽丽(2007)认为虽然很多农民工子女在城市生活了很久，但在心理上远远没有真正融入城市，形成了一种“边缘人”的独特心态。熊少严(2006)认为流动儿童存在着孤独感、自卑感、学习挫折感等心理问题，与城市的整合度不高，部分流动儿童无法融入正常的城市生活，城市适应进程缓慢。[3] 白文飞、徐玲(2008)的研究表明，流动儿童在社会交往和自我认知能力上表现出明显的不足。[4] 中国青少年研究中心(2006)开展的《北京市进城务工农民工子女城市生活适应性》课题研究得出的结论是进城务工农民工子女的主观幸福感和自尊显著低于城市少年儿童。[5]

(2) 流动儿童社会适应性的干预研究。不少学者也提出有针对性的干预研究，还提出具体的干预形式和方法。研究者认为，帮助流动儿童提高自身在城市的生活适应度，最根本的是改善流动儿童的生存环境。如，北京师范大学发展心理研究所的刘杨(2008)根据对21名流动儿童深度访谈的情况，首次提出了流动儿童城市适应发展阶段理论，并指出流动儿童城市适应过程呈现U型、J型、水平三种类型；[6]还有一些研究者提出用心理咨询的方法和技术来为流动儿童提供心理和社会支持，帮助流动儿童宣泄负性情绪情感。谢晨(2009)则倡议将体育游戏作为一种优化流动儿童积极心理品质，改善同伴之间的关系，是提高流动儿童的社会适应的有效的办法。[7] 北京教育科学研究院的胡进(2002)提出对流动儿童的干预分为个体干预和群体干预两种形式。[8] 个体干预形式是指让流动儿童写心理周记，让他们与每个学生进行书面交流。群体干预是指开展应对方式专题活动课。

---

〔1〕 胡韬.流动少年儿童社会适应的发展特点及影响因素研究[D].西南大学，2007.

〔2〕 顾唯页.城市流动儿童心理问题分析和对策[J].教育研究，2006(11).

〔3〕 熊少严.城市流动儿童的社会整合与学校教育的指导策略[J].广东社会科学，2006(1).

〔4〕 白文飞，徐玲.流动儿童社会学研究综述[J].教育导刊，2008(5).

〔5〕 中国青少年研究中心课题组.北京市进城务工农民工子女城市生活适应性调查报告[R].中国青年研究，2007(6)：64－69.

〔6〕 刘杨，方晓义等.流动儿童城市适应状况及过程——一项质性研究的结果[J].北京师范大学学报(社会科学版)，2008(3)：9－20.

〔7〕 谢晨.对体育游戏促进打工子弟学校小学生社会适应的实验研究[D].北京体育大学，2009.

〔8〕 胡进.流动人口子女心理健康存在的问题及教育干预[J].教育科学研究，2002(11).

第四节　国内外研究启示

为了深入研究流动儿童城市生活适应性和学习适应性，我们课题组成员检索了从1994—2010年中国期刊网共收录的关于流动儿童的220篇相关研究文献。笔者对这些文献梳理、概括后获得以下启示：

一、以往研究的主要特色及不足

1. 在研究方法上，以定量实证研究为主，质性研究辅之。这个领域的研究在研究方法上，主要采用调查问卷法、个案访谈法、心理测验法、文献分析法等等。心理学科多以实证的定量分析研究为主，主要侧重于对其人口学变量差异性分析、影响因素及其相互关系、适应水平的探讨；教育学、人口学、社会学的研究多以一般性的调查分析、思辨讨论、理论探索并且提出对策的质性研究为主。现在尚缺乏从典型性个案、群体或学校组织层面做的质性的、两种方法结合的深入研究。

2. 在研究手段上，以横断面的调查分析性研究为主，纵向性的干预研究匮乏。已有大量文献报告均侧重调查分析为主的研究成果，缺少具体实际操作性、指导性、干预性的研究，尤其是纵向的、长期追踪性的研究，特别是缺乏干预性的、并取得明显教育效果的教育实验研究。

3. 在研究工具上，主要是采用以国外问卷或量表为参考借鉴，自己本土化修订编制为主，测量工具的维度结构不统一。关于流动儿童城市生活适应性和学习适应性的研究，由于国内外不同学派学者对适应性概念及内涵的诠释不同，理解不一致，操作性定义的侧重点也不同，观点迥异，测量工具在维度划分的标准上也不同，难以统一，也比较乱。目前学界各研究者使用的测量工具各具特色，测量工具的维度结构不一致。

4. 在研究水平上，以宏观层面研究为主，以个案微观层面研究为辅。已有研究集中在宏观层面上，主要是对学生群体的学习适应性或城市生活适应性水平进行调查分析，而专门针对学生个案的内心层面、复杂心理活动变化的追踪研究却鲜少。因此，只能是从普适性的层面简单地提出一些提高学生城市生活和学习适应性的策略，并没有真正从学生的个体差异性出发提出具体的、可操作化的改善策略、操作性的指导方法。

5. 在研究对象上，以中学生为主，小学生次之，学前阶段、婴幼儿最少。

大量的研究文献及成果报告，关于流动儿童适应性研究的被试是以中学生（以初中学生为主）居多，小学生次之，学前阶段、婴幼儿很少。这也反映流动儿童学前阶段被试很分散，随父母流动后的入园率不是很普及，引起学者研究的关注度还不够，亟待改变。

6. 在理论建构上，各种适应性理论流派观点迥异，缺乏系统性理论建构和多学科、综合的整体观。关于流动儿童城市生活适应性和学习适应性的内涵、实质、动力机制及教育对策，不同流派的理论观点各自不同，各学科之间研究方法和研究角度都相对独立，观点迥异，学科壁垒明显，研究手段独特，但是缺乏多学科角度、综合的整体观。

二、国内外研究的启示

通过检索、梳理大量的国内外相关研究文献，我们认为本课题研究应试图在前人研究成果上，侧重以下几方面的研究：

1. 在研究视野上，强调系统观。鉴于各学者对适应性概念内涵及结构维度界定的差异较大，我们需要重新对流动儿童适应性概念和结构作新的诠释和划分，试图在理论层面上构建流动儿童城市生活适应性和学习适应性的理论体系，探索他们适应性的内在机制，分析流动儿童适应性的发展阶段及特点，设计流动儿童适应性的系统性权变结构模型，凸显系统性权变的指导原则，强调系统观。

2. 在研究特色上，突出重点，点面结合。以往众多研究成果，在研究选题方面各具特色，从流动儿童适应性的表面现象，逐步转到深层内在问题的深入研究。在研究选题内容上，需要研究的问题众多，我们需要集中力量，突出重点。选取流动儿童城市生活适应性和学习适应性的影响因素及其与其他变量的相互关系作为研究重点，以小学生、初中生的语文学习适应性作为突破点，以选取几所小学、初中学校为实验合作学校作为平台，抽取大样本的流动儿童被试，以流动儿童教育教学的一般性调查分析研究为面，实行点面结合研究，突出重点，并提出有针对性的教育管理、教学管理对策，贯彻理论联系实际的研究原则。

3. 在学科结合上，强调多学科交叉渗透，有机融合。本课题研究的另一个特色就是课题组成员学科背景的多样性，既有心理学的，也有教育学、教育管理学、家庭教育学的。在对流动儿童适应性研究上，我们需要力图突破某单一学科的狭隘限制，强调从多学科、多角度、多层次角度，交叉渗透，有机融合。在研究方法、研究手段、研究工具、分析讨论、理论假设、思辨阐述等多方面相互借鉴、吸收、整合，以期获得有价值的研究结论。

4. 在研究方式上，院校协作，力求创新。纵观以往前人研究成果的特色与不足，我们需要借鉴并改进创新。我们认为科学研究最大的生命力在于理论联系实际，理论指导实践。我们需要走出学院研究的象牙塔，紧密联合小学、中学一线的任课教师，根据流动儿童的实际现状，与实验合作学校结成一对一的总课题组和子课题组的协作关系，共同讨论，合作研究，教学实验，指导教改，以期研究成果力求突破、有所创新。

第三章　流动儿童适应性的理论构建、表征及系统性结构

为了深入研究流动人员子女(即流动儿童)的城市生活适应性和学习适应性问题,我们必须从理论层面探讨流动儿童适应性的理论构建、机制、表征及系统性结构,探索如何通过教学管理手段及教育培养这个载体,促进流动儿童适应性水平的提高,融入城市生活。

第一节　流动儿童适应性的理论构建

流动儿童的城市生活适应性和学习适应性归根溯源是适应性问题。流动儿童的适应性是遵循着一定的自然发展规律和心理、社会发展规律的。它们遵循着自身心理发展规律,面对社会化过程的各种矛盾和冲突,不断学习适应,获得动力,以实现机体与外界环境的有机匹配与和谐平衡,达到个体与社会的有机融合。

一、生物学的进化适应观

从生物学角度而言,根据达尔文生物学的进化论观点来看,物种适应主要是通过自然选择实现的,自然选择的实际的效果是增强了物种的适应性。[1] 自然界遵循的是"弱肉强食,适者生存"。著名生物学家沃丁顿等人提出了"渐成论",所谓"渐成论",是指一种强调基因型与环境相互作用的关于胚胎发育的理论[2],是一种生物的适应。在漫长的物种起源和生物进化过程中,正因为生物有机体具有这种自发的、不断调适、基因渐变的生物适应力,才使自然界的物种起源逐步从低级进化到高级,有机体获得与外在环境的匹

〔1〕 达尔文.物种起源.北京:科学出版社,1972:54.
〔2〕 叶浩生.西方心理学的历史与体系.北京:人民教育出版社,1998:474.

配，我们的家园——地球才具备如此丰富多彩、品种繁多的生物世界。19世纪晚期，生物学的进化论思潮影响了当时最著名的思想家，如孔德、斯宾塞、柏格森等人，对他们都产生了一定的影响，并成为这些思想家共同的信念，即生命是一个进化的过程，进化不仅在宏大的宇宙范围内起作用，而且这种进化过程还涉及按某种固定的法则而进行的发展阶段。[1]

可见，生物学意义上的适应性是指机体对其所处的生态环境所表现出来的一种适应能力。

二、皮亚杰的同化顺应观

皮亚杰最初是以生物学家的角度去研究生物的适应问题，后来他成为杰出的心理学家。他的研究主线就是力图能寻找一种能够说明生物适应和心理适应之间连续性的模式。皮亚杰一贯坚持生物学的机能和结构与人类个体认知的机能和结构之间具有同型的关系的立场，并把这种关系看成是同一结构运用于两组不同的元素。心理发展与有机体之间的关系除了上述同型性质之外，还表现在作为认知发展基础的动作对神经系统的依赖。机体和认知的发展都表现出渐成的系统特征。皮亚杰认为，认知功能的发展是渐成的一部分。[2]

按照皮亚杰的观点，生物的发展是个体组织环境和适应环境这两种活动的相互作用过程，也就是生物的内部活动和外部活动相互作用的过程。他借鉴于生物学的概念适应，提出了个体的“适应观”：认知的发展既不是起源于先天的成熟，也不是起源于后天的经验，而是起源于主体与客体的动作。这种动作的本质就是主体对客体的适应。他认为，个体的每一个心理反应，不管是指向于外部的动作，还是内化了的思维动作，都是一种适应，个体心理从低级到高级的发展过程就是个体不断适应的过程，认知发展的机制就是一种适应的机制。

皮亚杰认为，个体的适应、儿童认知的发展具有内在主动性。个体与环境之间构成作用与反作用关系，儿童认知的发展是其心理结构（即图式）的改进与转换，它具有整体性、转换性、自调性。个体认知发展的机能是不变的，而它的结构——图式则是处于不断分化与整合的过程中，个体的认知发展是

[1] 叶浩生. 心理学史. 北京：人民教育出版社，2005：227.
[2] 叶浩生. 西方心理学的历史与体系. 北京：人民教育出版社，1998：475.

机能的不变与结构变化的统一体。儿童的认知结构的发展，即个体的认知实现了从儿童的认知图式演化为成人的认知图式——这个变化过程的完成，是借助于个体行为适应的两种相互作用：同化和顺应。所谓“同化就是把外界元素整合于一个正在形成或已经形成的结构”之中；而顺应则是指由于外界环境的变化，迫使个体改变现有的认知图式，形成某些适应新经验的新图式，引起认知结构的不断发展变化，这种对认知结构给以增补、提炼并使之复杂的、创新的新认知结构过程就称之为顺应。[1] 按照皮亚杰的观点，同化和顺应是相互依存的，同化和顺应之间的平衡过程，亦称平衡化机制，就是认识上的适应，也是人的智慧行为的实质所在。同化和顺应是个体认知发展的两个机能双翼，同化导致认知生长(一种量变)，顺应导致认知发展(一种质变)，两者的结合是导致个体认知适应和认知发展的机制。

因此，流动儿童的适应性就是个体不断与外界新环境同化顺应的相互作用，实现着平衡化机制的过程。

三、量变到质变的哲学适应观

辩证唯物论关于事物从量变到质变的哲学观能很好地解释流动人员子女从农村流入城市后的适应性问题。辩证唯物论认为，世界是物质的，事物是不断变化、运动发展的，事物之间也是普遍联系的。事物之间的普遍联系与发展变化是遵循着从量变到质变的客观规律。事物的发展变化呈现出从量变到质变、螺旋式曲线上升的过程，量变积累到一定程度必然会引起事物内部的质变。事物发展的每个阶段、每一次的质变都是对上一个阶段量变质变的否定、扬弃和超越。正因为如此，事物的运动发展才不断抬高层次、提高水平。事物的客观环境和外部条件是事物发展变化的外因，而事物的内部矛盾和内部条件则是事物发展变化的内因，外因要通过内因而起作用。

同理，流动儿童的适应性也是遵循着事物运动发展变化的规律。他们从老家、原居住地来到新流入的城市，不可能一下子就解决城市生活和学习适应性的所有问题，而是经过从陌生、不适应到熟悉、逐步适应，从量变到质变的渐进发展过程。流动儿童从心理到行为、从单个家庭生活到完全融入城市社会生活，都经历了从量变到质变的蜕变过程，它会表现出在中国城市

---

〔1〕 叶浩生.心理学史.北京：人民教育出版社，2005：238.

化、城镇化过程中流动儿童心理行为所具有的特点与发展规律。良好的学校教育、和谐的同伴关系及宽松的社会环境为流动儿童的适应性提供了外部条件。

四、权变的系统性自组织适应观

权变的系统组织观认为，个体和组织不是封闭的组织系统，而是权变的系统性结构，它既是一个开放的社会技术系统，与外界发生千丝万缕的联系，也是一个自组织的系统结构。个体面对不断变化着的外部世界并与之发生紧密的相互联系，不断通过自组织认知与调整、自组织反馈与控制，与外界环境发生紧密的相互作用、相互影响，以此保持个体内部与外部环境的相对平衡。

同理，流动儿童的适应性也是权变的系统性自组织调控作用的结果。以权变的系统观来看，流动儿童的外部客观世界和内部主观世界都是由若干要素组成的不同层次的动态系统，每一个相对独立的系统，都有其组成的要素、结构和功能。而系统之间又按一定的层次连成更大的系统。在流动儿童客观世界和主观世界两个系统之间，及个体系统内部都存在着信息的交流、加工、转换、整合的过程，遵循一定规律。在家庭、学校、社会的合力作用下，流动儿童个体系统内部的主观世界，他们会运用个体的知识、经验、认知结构和能力对外部信息作出反馈和控制，以获得最好的控制效果，个体内部世界与外界环境取得良好的匹配与适应。

第二节　流动儿童适应性的表征及系统性结构

一、流动儿童适应性的表征

1. 机械性。流动儿童适应性的最初阶段表现为机械的、被动意义上的适应，更多带有生物学意义上的适应特征。他们跟随父母离开家乡，离开他们原来熟悉的生活和学习环境，面对新环境所带来的一切变化，他们既高兴好奇又无奈困惑，被动性地服从新城市新学校所要求的新秩序新规范，机械地模仿和习得周围成人或同伴的行为模式。这种适应仅是表层上个体外显行为的服从，内心层面甚至有阻抗力量拒绝。

2. 渐进性。首先，流动儿童的适应性是渐进的、分阶段性的。他们经历了从生物学意义上的机械性适应，到心理学意义上的主动性适应，再到社会学意义上的融合性适应的发展过程，个体实现了从外显行为的服从，到内心层面的接受、建构和内化的转换适应机制。这种社会适应的发展阶段与他们智力发展的阶段性有高度的同质性、一致性。其次，流动儿童的适应表现出反复性、波动性。他们在生活或学习的每个适应阶段会遇到困难障碍，内心会产生抵触、阻抗，当阻力大于动力的时候就会出现起伏波动，甚至倒退。

3. 建构性。流动儿童的适应具有主动建构性、整体性、转换性、自调性。流动儿童的认知发展及心理行为表现为对现实世界新环境的认识是一个能动的、积极的、活跃的建构过程，体现了主体与环境的相互作用，是主体依据他们已有的认知结构或图式对环境信息进行的建构。流动儿童获得良好适应、认知发展的关键就是获得心理结构，这种心理结构即认知结构或图式，它是实现个体同化、顺应、平衡化作用的主要场所。认知结构呈整体性，在结构中各成分之间有机联系，各成分和整体的变化由统一的内在规律所决定；认知结构呈转换性，结构不是静止的，处在不断的发展变化之中；认知结构呈自调性，结构的变化有其本身自行调节的规律，无需借助于外在的力量，结构是封闭的自调性组织。正因为流动儿童心理结构的这些特征，才能够使得他们与环境相互作用而获得智力结构的不断改善与转换，流动儿童的适应具有人类自我整合机能，说明人类的适应活动并不是被动的，而是克服困难、改造环境的能动活动。流动儿童在不断建构中逐渐适应了新环境。

4. 多元性。流动儿童的适应性具有多元性、复杂性，它表现为适应的多种形式、多种类型。流动儿童的城市生活适应性和学习适应性的形式主要表现为三种类型：(1) 自体形成；(2) 异体形成；(3) 选择形成。自我心理学的精神分析学家哈特曼(Heinz Hartmann，1894—1970)曾借助弗洛伊德的"自体形成"(autoplasty)和"异体形成"(alloplasty) 概念来说明个体对环境的适应。自体形成是指个体通过改变自己去适应环境，异体形成是指个体通过改变环境从而使之更适合自己的适应。人类的适应活动总的来说是先使环境适应人的机能，然后人又适应自己创造的环境。哈特曼主张人还有第三种适应形式，即个体能够对有利于自己生存的新环境作出选择。哈特曼研究了人类适应的操作手段与适应过程的关系，提出适应有两种适应形式：进步的适应(progressive adaptation)和倒退的适应(regressive adaptation)。[1] 前者是指与心理发展方向一致的适应,后者是指为了将来或整体上对环境的适应而暂时表现出来的倒退或适应不良,也就是迂回前进。

二、流动儿童适应性的系统性结构

1. 流动儿童适应性的内容与形式

流动儿童适应性是指流动人员子女在与外界环境相匹配、相协调过程中表现出来的心理行为特点和生存发展能力。这种适应性是指个体与环境表现相适合的现象。流动儿童的适应性主要表现为一种社会的适应性,即个体在意识、行为和生理上表现出来的一种适应社会环境的心理倾向性和适应能力。这种社会适应是一个不断变化发展的过程,是在不断变化的环境中流动儿童做出了一种心理行为调适的过程。总之,流动儿童的适应性是个体积极主动达成个体内部与环境相互协调的和谐的平衡状态的一种心理倾向性。这种倾向性是个体适应环境与否的标准,是个体与环境达到和谐的必备能力。

流动儿童适应性的内容是多层次水平、多方面的:① 生物学意义上的生存适应,这主要是衣食住行、趋利避害、寻求安全的生存适应;② 心理学意义上的自我整合机能的适应,这主要是个体知情意各方面心理机能的适应;③ 心理学意义上的自我调控性的适应,这主要是自我意识、自我建构、自我监控等个体高级心理机能的适应;④ 社会学意义上的融合性的适应,这是达到高度社会化程度的适应,个体从心理行为、价值观念、道德规范与外界新环境、新城市完全融合,认同自己成为新城市的一员。

流动儿童适应性是系统性结构,其具体表现形式是多方面的:它主要包括城市生活的适应性、学习适应性、人际交往的适应性、娱乐休闲生活的适应性等社会化过程的各个方面。

本课题要研究的是流动儿童最基本、最重要的城市生活适应性、学习适应性,见图 3-1:

[1] 叶浩生.心理学史[M].北京:人民教育出版社,2005:202.

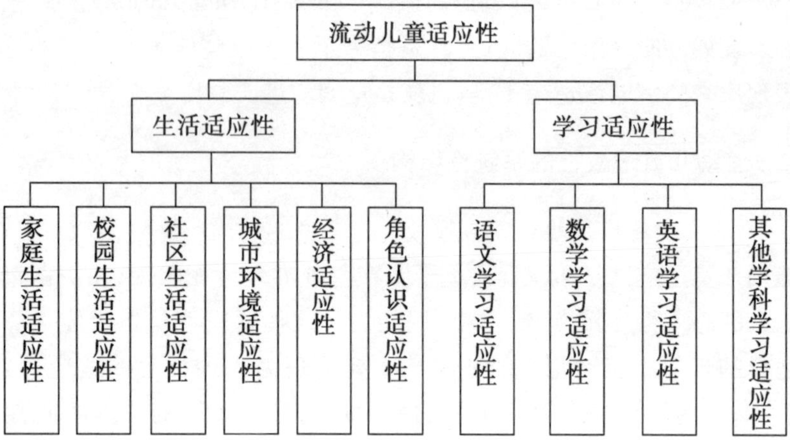

图 3-1　流动儿童适应性的具体内容模式图

流动儿童的城市生活适应性，广义上是指个体为了生存而使自己的行为符合社会要求的适应和努力改变环境以使自己能够获得更好发展的适应。狭义的生活适应性是能够适应新阶段的新生活及其新变化，具体包括新环境的适应能力和生活自理能力。本书研究中，狭义的流动儿童的城市生活适应性，特指流动儿童跟随父母来到新的城市后，对新城市的生活方式、行为准则、价值观念及自我认识等方面的一种接纳程度的体现，也是他们在这些方面的适应能力的体现。

流动儿童的学习适应性是指个体为了取得自身与学习活动的内外环境的协调，在主动调整自身的过程中所表现出来的一种能力特征，包含学习者个体、学习环境与结果改变三个部分。学习适应性主要是指学生克服困难取得较好学习效果的心理倾向，亦即学习适应能力。学习是指人和动物在生活中不断地实践或训练而获得这种不断得到强化的经验产生比较持久的心理和行为的变化。

本书认为，学习的过程是一种有特色的适应过程，通过学习使学生能够适应社会环境和自然环境要求，使自我和自然环境达到一种和谐状态。在适应的意识层面上看，学习是主动适应的意识活动，是为了达到一定适应目的，有目的、主动的适应过程。所以，学习适应性就是流动儿童在主动适应过程中体现出个体能够积极主动地达到学习目的的一种心理倾向性，是一种综合能力的体现。学习适应性又包括以下具体学科学习的适应性(图 3-2)：

学习适应性：
1. 语文学习适应性
2. 数学学习适应性
3. 英语学习适应性
4. 其他学科学习适应性

图 3－2　流动儿童学习适应性的具体方面

流动儿童人际交往的适应性是指他们在新环境中师生关系、亲子关系、同学关系等各种人际关系的特点和协调状况，是通过人际交往建立各种社会关系并达到和谐化的表现。

流动儿童娱乐休闲生活的适应性是指他们来到新环境后，在课余、周末、节假日及寒暑假期间娱乐休闲生活的适应，它主要表现为娱乐休闲生活方式、时间和金钱投入的适应。

本书的研究重点主要是探讨分析流动儿童城市生活适应性和学习适应性及诸多影响因素，以及语文适应性的教学模式、教育管理对策等问题。

2. 流动儿童适应性的载体与手段

流动儿童适应性的载体是社会化的活动。这是广义上的活动，是指现代化的社会生活大平台。它既包含他们到新环境后的各种体育锻炼活动，更包含各种社会化实践活动，如学习活动、人际交往活动、娱乐休闲活动、帮助父母买卖物品等经济活动。

流动儿童适应性的主要手段是教育与教学管理。教育包含学校教育、社会教育和家庭教育。社会教育是大背景、是前提，学校教育是核心，家庭教育是补充，它们三位一体。学校教育是有目的、有计划、有步骤地对受教育者实施德、智、音、体、美等全面教育，实现教育目标的过程。学校遵循学生的年龄特征和身心发展规律，通过教育管理和教学管理两个手段，通过合理的教育途径方法，建立科学的教学模式，来促进提高流动儿童的适应性。

3. 流动儿童适应性的系统性结构模型

流动儿童的适应性是一个系统性、权变的、自组织结构，它受到主客观条件、内外部因素的制约。以流动儿童的适应性为核心的系统性结构，是一种层层递进、环环相扣的权变结构。流动儿童的适应性在内容上可分为四种水平，在形式上可以是多方面、具体化的表现。每一种具体方面的适应性都表现为四种内容与水平，即生存的适应性、自我整合机能的适应性、自我调控性的适应性、融合性的适应性。在流动儿童诸多具体表现形式的适应性中，其中最基本、最直接、最重要的就是流动儿童城市生活适应性和学习适应性。

流动儿童的城市生活适应性和学习适应性既受到社会、学校、社区、家庭、同伴、文化、制度、法规等外部因素的影响，也受到个体的能力、学习动机、自我效能感、自尊、歧视知觉、疏离感、主观幸福感、心理韧性、性别、年龄等内部因素的影响。这两种内外部条件彼此渗透，相互制约，又通过各种社会化的实践活动为载体，以教学管理、教育管理为手段，以各种有效的教学模式和学习模式为具体化实现途径，来促使流动儿童从不适应到适应，最后达到完全融合的程度，这是一个完整的系统性循环活动，也是一种权变、自组织的系统性结构，通过机体的反馈机制，个体内部不断获得与外部的协调、平衡，实现适应。

本书的研究重点就是研究流动人员子女城市生活适应性和学习适应性。具体详见以下模型图示（图 3－3）：

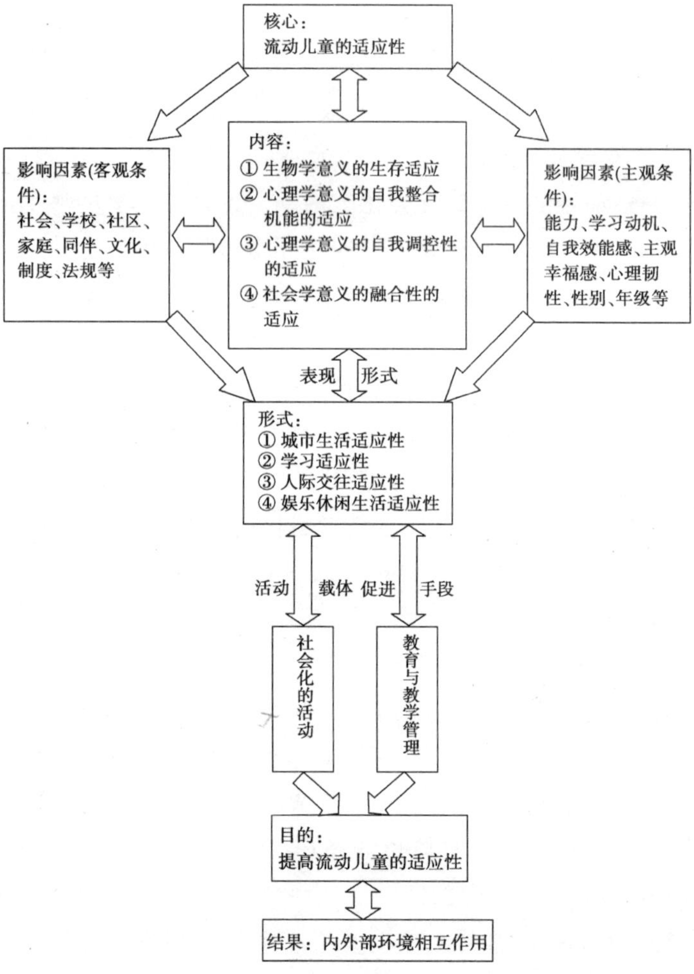

图 3－3　流动儿童适应性的系统性结构模式

三、流动儿童适应性的发展阶段

流动儿童的城市生活适应性和学习适应性是一个渐进的发展过程：

第一阶段：生物学意义上的机械适应。

这个阶段是生物学意义的适应性。他们自愿或非自愿跟随父母来到新城市新环境，原来的生活方式被打破，生活空间被改变，日常生活的水平或降低或提高，学习的要求被提高，他们只能被动地机械适应。他们日常的衣食住行、学校学习、同伴交往都经过从盲目困惑、简单模仿到机械训练、勉强习得条件作用。这阶段流动儿童是以表面服从为主，既有好奇又不习惯，也经常会伴随着阻抗、疏离感甚至抵触的情绪体验，行为会格格不入。

第二阶段：心理学意义上的主动适应。

这个阶段是心理学意义的适应性。它又分为两个层次的发展阶段：

1. 心理学意义的自我整合机能的适应。流动儿童来到新家庭新学校后，个体原来的认知、情感、意志和个性倾向性、个性心理特征等各方面心理机能不断整合，形成一个新的自我机能。

2. 心理学意义的自我调控性的适应。个体不断根据新环境的变化与要求，建构心理结构，把外界信息整合到已有心理结构之中，运用个体的知识经验，对已有的结构加工、整合、改造和转换，自主性地监控调适自己的心理行为，力求与外界环境匹配，使自己的心理行为与周围其他本地生源的学生保持一致。这种是自我意识、自我建构、自我监控等高级心理机能的适应。这阶段流动儿童是以个体的高级心理机能整合、同化为主。他们伴随着既有好玩高兴的积极情绪，也偶尔会伴随着因不习惯、学不好而着急、疏离感甚至厌烦的情绪体验。行为上时好时坏，呈现反复波动。但是在教师、家长的引导下，流动儿童会得到调适与及时纠偏。

第三阶段：社会学意义上的融合适应。

这个阶段是社会学意义的适应性。流动儿童已完全习惯新环境新学校，个体整合的高级心理机能较好地对外界环境作出灵活性、恰当性的反映。个体的知情意及个性心理倾向性、个性心理特征整合成统一的整体，融入到班级集体、学校组织、社区街道、社会大环境之中。社会也以包容心、爱心接纳了这些新成员。他们得到周围伙伴和成人的接纳，认同自己是新城市新学校的一个成员，这就是他们的第二故乡。这阶段流动儿童是以个体的内化、与外界融合为主。他们常伴随着开心快乐的积极情绪体验。在行为上遵循纪律规范，生活和学习能力不断提高，各方面表现也都在不断进步。流动儿童的这阶段适应性已经从量变达到质变。

第三节 城市生活适应性与学习适应性的关系及影响因素

本课题的研究重点是流动儿童的城市生活适应性和学习适应性，它们相互区别又相互制约，受到很多变量和主客观条件的影响。

一、流动儿童城市生活适应性与学习适应性的关系

1. 内涵不同，相对独立

流动儿童城市生活适应性与学习适应性的涵义不同。它是流动儿童适应性的两个主要方面和表现形式，它们分别反映流动儿童适应性的两个侧面，相对独立。流动儿童城市生活适应性是指流动人员子女在与外界环境相匹配、相协调过程中表现出来的心理行为特点和生存发展能力。这种适应性是指个体与环境表现相适合的心理现象，它侧重流动儿童生活方面的综合能力。它包括家庭关系适应、师生关系适应、同伴关系适应、自我认识、邻里关系适应和环境适应等维度。

流动儿童学习适应性则是指个体在主动适应过程中体现出能够积极主动地达到学习目的的一种心理倾向性，是一种综合能力的体现。它侧重于个体为了取得自身与学习活动的内外环境的协调，在主动调整自身的过程中所表现出来的一种能力特征，包含学习个体、学习环境与结果改变三个部分。学习适应性一般包含明确学习目标、做好学习准备、激发学习动机、掌握学习策略与方法、克服学习障碍与困难、获得学习结果等环节的心理倾向与学习适应能力。它主要由学习动机、学习自主性（或学习能力）、学习策略和学习环境等维度构成。

流动儿童学习适应性具体细分为语文学习的适应性、数学学习的适应性、英语学习的适应性及其他学科学习的适应性。本书课题研究的重点是以语文学习的适应性作为突破口，从流动儿童在语文学科学习适应性中总结出他们学习的特点、教学模式和教学管理规律，以点带面辐射到其他学科，总结出流动儿童学习适应性的普遍规律。

2. 相互依存，相互制约

流动儿童城市生活适应性与学习适应性都是流动儿童适应性的主要组

成，只是其侧重点、表现形式不同而已，它们之间是相互依存、相互制约的影响关系。一方面，流动儿童城市生活适应性是学习适应性的基础和前提，他们在新环境中只有处理好家庭关系、师生关系、同学关系、邻里关系，获得正确的自我意识，树立自信心，克服疏离感，与外界环境有机匹配、和谐融入，才可能引起学习兴趣，发挥学习主动性，有效学习，提高效果；另一方面，学习适应性提高了，学习能力提高了，能够促进他们更快适应新生活环境，学会观察模仿、运用创新思维能力分析问题，解决新环境带来的各种问题，提高社会生存能力，提高生活质量。因此，流动儿童的适应性是核心，城市生活适应性与学习适应性是双翼，是个体支撑骨架与发达肌肉、丰满脂肪之间的关系，是本质内容和表现形式的相互依赖、相互制约、彼此影响的关系。

二、流动儿童城市生活适应性与学习适应性的影响因素

1. 外部客观因素

影响流动儿童城市生活适应性和学习适应性的外部客观因素很多，外因是流动儿童个体适应性变化的前提和条件。其主要由社会环境、学校环境、家庭环境构成，细化之：社会因素有社会制度、文化、民族、宗教、教育资源和权利的公平性、地区经济和教育发展的不均衡性、教育资金投入、户籍政策和学生入学政策等。学校环境有师生关系、同学关系、学校组织氛围、班级管理风格、教师教学风格和个性特点、教学方法、教学内容、教学设备条件、学校纪律、舆论导向等。家庭环境主要是家庭经济状况、家庭结构、父母职业、父母受教育程度、家庭成员关系、亲子沟通状况、流动或流入城市的时间年限、是否有本地城市户籍等等。

2. 内部主观因素

影响流动儿童城市生活适应性和学习适应性的内部主观因素也很多，内因是提高流动儿童个体适应性的内在基础和动力所在。其主要由流动儿童个体各种身心因素构成，主要有：生理发育状况、个体的知情意特点、人格特质、学习基础、学习能力、学习兴趣、学习动机、志向级别、报负水准、学习策略与方法、智力水平、心理韧性、自尊、自我效能感、学业自我效能感、主观幸福感、心理健康、是否有受歧视知觉、应对方式，以及是否独生子女、年龄年级、男女性别等等因素。

流动儿童心理发展动力是内外因素相互作用的结果。他们在社会化过程中受到来自于内外部影响因素的彼此制约、相互作用，形成各种错综复杂

的关系。流动儿童自身已有的心理发展水平、社会经验、学习能力，与外部环境的新变化新标准，以及学校社会及家长不断提出的新要求之间有一定差异，两者形成了矛盾，这个矛盾驱使个体着手解决问题、缓解矛盾，这就是流动儿童心理行为发展的动力，是促进流动儿童适应性提高的内在源泉力量。

本书的课题研究将在这些诸多因素中，选择若干最有价值的因素或变量做较深入的研究，以期探讨流动儿童城市生活适应性和学习适应性的影响因素，及其诸多变量之间的内在关系，寻求最合适的教学模式和教育对策，提高流动人员子女的适应性。

具体详见第四章至第八章的内容。

第四章　流动儿童城市生活适应性与其他因素的相互关系

为了深入研究流动儿童城市生活适应性与生活满意度、疏离感、应对方式、心理韧性等其他变量的关系，我们编制了流动儿童城市生活适应性问卷。

第一节　流动儿童城市生活适应性问卷的编制

一、初测问卷的形成

1. 维度的确定

(1) 以往学习适应性问卷的维度

有关流动儿童城市生活适应性的维度的划分多种多样，郭良远(2005)等人认为城市生活的适应包括价值观、社会生活适应、学习适应 3 个维度。[1] 张廷艳(2005)将中学生的生活适应性划分为：生活观念、生活技能、生活习惯和生活方式 4 个维度。[2] 吴新华将儿童城市生活适应性分为：亲和力、社交技巧、社会适应、功课与游戏调适、生活的目标、行为成熟度、情绪稳定性、适应感、自我接受度、心理坚韧度 10 个维度。[3] 国内目前提出的较为丰富和全面的标准，是北京师范大学的方晓义(2008 年)等人将流动儿童城市生活适应划分为两个层面：一是心理适应，包括心境和个性两个分维度；二是社会文化适应，具体包括人际关系、适应环境、外显行为、内隐观念、语言、学习 6 个分维度。[4]

---

〔1〕 郭良远等. 公立学校流动儿童少年城市适应性研究[J]. 中国青年研究，2005(9)：50-55.

〔2〕 张廷艳. 中学生生活适应辅导及其内容探析[J]. 重庆职业技术学院学报，2005(7)：152-153.

〔3〕 吴新华. 城市流动儿童的社会融合与学校教育的指导策略[J]. 广东社会科学，2006(1).

〔4〕 方晓义. 流动儿童城市适应标准的研究[J]. 应用心理学，2008，14(1)：77-83.

(2) 本研究城市生活适应性问卷各维度的确定

通过开放式问卷调查结果,结合以往相关城市生活社会适应文献的查阅与有关心理学专家咨询讨论结果,初步确定儿童城市生活适应性问卷包含六个维度:

① 家庭生活适应:指儿童对家长的教育方式、情感沟通方式、家庭氛围及家庭成员的亲密度等适应。

② 校园生活适应:指儿童对校园环境、班级氛围、教师授课方式及学习方法等的适应。

③ 社区生活适应:指儿童对所在的居住地的环境卫生、整洁度、安静度、治安情况、邻里熟悉度、社区玩伴的亲密度的适应。

④ 城市环境适应:指儿童对所在城市环境卫生、交通通讯、文化娱乐设施、城市文化的适应。

⑤ 经济适应性:指儿童对自己家庭经济生活水平的适应。

⑥ 角色认识适应:指儿童对个人能力、人际交往、意志力和自我将来的认识和适应。

2. 项目的形成

依据文献分析和已有相关问卷,结合半结构化访谈、半开放式问卷调查结果编制儿童城市生活适应性初始问卷,共计 87 个项目。同时,邀请有关专家对初始问卷的 87 题项的言语表述、项目内容进行评估,提出修改意见。经过反复修改最终确定了 51 道题目为正式问卷的题项。

二、问卷初测及结果分析

1. 研究对象

采取分层抽样的方法选取福州盖山中学的 382 名初中生作为施测对象,其中初一学生 132 名,初二学生 130 名,初三学生 120 名。

2. 研究方法

使用 SPSS 16.0 软件对数据进行项目分析、探索性因素分析和信度分析。

3. 项目分析

采用 t 检验法和相关法共剔除题项 0 个,说明 51 个题项的项目区分度均较好,51 个题项都适合做探索性因素分析。

4. 探索性因素分析

项目负荷值表示项目和公维度之间的相关,项目负荷值越大说明该项目和公维度的关系越紧密。在本研究中，因素分析采用的是主轴分析法抽取因素，再利用正交转轴法萃取特征值大于 1 的因素。保留项目的判断标准有三个：(1) 项目在因素上的负荷要超过 0.30；(2) 一个项目在任意两个因素上的负荷之差要大于 0.2；(3) 每个因素所包含的项目大于或等于 3 个。[1] 根据以上三个原则并请有关专家对每个题项进行逐条审核，最终确定的城市生活适应性问卷为 51 个项目。

表 4 - 1　儿童城市生活适应性初测问卷 *KMO* 测度和 *Bartlett's* 球体检验

KMO 系数		0.961
Bartlett's 球体检验	x^2	19 181
	自由度	1 275
	显著性水平	0.000

首先，进行探索性因素分析，数据显示 *KMO* 指标为 0.961，*Bartlett's* 检验值为 19 181($df=1\ 275$)，$p<0.001$，表明该数据适合做因素分析。

其次，进行因素提取，如图 4 - 1 显示，特征值大于 1 的因素有 6 个，累计方差贡献率是 58.991%。根据卡特尔的"陡阶检验"原理，因素点状图的陡坡和缓坡发生在第 6 个因素的位置上，表明抽取 6 个因素最为合适。

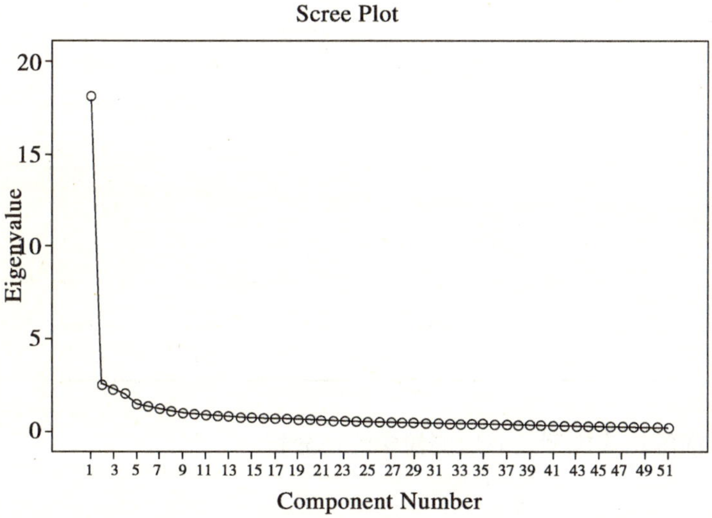

图 4 - 1　儿童城市生活适应性坡度图

〔1〕 吴明隆. SPSS 统计应用实务[M]. 北京：中国铁道出版社，2000.

表 4-2 儿童城市生活适应性初测问卷因素分析的结果

	因素载荷						共同度
题项	F1	F2	F3	F4	F5	F6	
S37	0.692						0.626
S31	0.681						0.681
S18	0.671						0.643
S44	0.628						0.526
……	……						……
S47		0.678					0.667
S20		0.673					0.659
S32		0.649					0.662
S46		0.649					0.543
……		……					……
S34			0.685				0.643
S35			0.662				0.453
S21			0.635				0.426
S48			0.626				0.472
……			……				……
S42				0.637			0.573
S29				0.622			0.440
S12				0.525			0.592
……				……			……
S45					0.665		0.556
S13					0.543		0.462
S36					0.510		0.449
S51						0.665	0.618
S43						0.617	0.599
S16						0.614	0.592
……						……	……
特征根	8.731	2.617	1.694	1.272	1.131	1.063	
贡献率	29.10%	8.72%	5.65%	4.24%	3.77%	3.54%	

三、问卷正式施测及心理测量学特征分析

1. 研究对象

本研究选取福州晋安区福州二十中、盖山中学，和厦门岛外的厦门六中、海沧中学、同安一中的学生为被试进行研究。采取整群取样的办法，以班级为群体发放问卷，一共发放 750 份问卷，回收有效问卷 698 份。其中城市常住

初中生的数量为 219 人，占总数的 31.4%；流动初中生的数量为 479 人，占总数的 68.6%。

2. 研究方法

使用 SPSS 16.0 和 Amos4.0 统计软件对数据进行处理和分析。

3. 数据及结果分析

(1) 效度

① 内容效度。邀请 15 名专家对问卷的每个维度所包含的项目进行审查和评定，除此之外，还邀请部分中学老师和学生对项目的表达进行了斟酌，他们一致认为各维度的项目较好地反映城市生活适应性的内容，可以测量学生的城市生活适应性情况。

② 结构效度。由表 4-3 可见，量表的各维度之间的相关性均达到非常显著的水平，相关系数在 0.381—0.737 之间，相关系数显著并且明显低于与总量表的相关系数。这说明量表所包含的六个维度有一定的区分度和鉴别力，各维度不仅方向一致，又有所差异，彼此之间不可替代。各维度与总问卷相关系数在 0.518—0.902 之间，属于中高度相关，各维度与总体概念一致。这些也都说明了该量表具有较好的结构效度。

表 4-3 儿童城市生活适应性问卷各维度之间、各维度与总量表之间的相关分析

维　度	家庭适应	校园适应	社区适应	城市环境	经济适应	角色适应	总量表
家庭适应	1						
校园适应	0.694**	1					
社区适应	0.737**	0.726**	1				
环境适应	0.612**	0.659**	0.678**	1			
经济适应	0.423**	0.420**	0.438**	0.381**	1		
角色适应	0.617**	0.729**	0.664**	0.635**	0.447**	1	
总量表	0.870**	0.882**	0.902**	0.800**	0.518**	0.825**	1

注：* 表示 $p<0.05$，** 表示 $p<0.01$，*** 表示 $p<0.001$，下同。

③ 验证性因素分析。构想效度是指量表能够说明理论结构或特质的程度，也就是用某种结构或特质来解释测验分数的恰当程度。在探索性因素分析的基础上，我们获得流动初中生生活适应性的六因素模型。为了检验理论模型与数据的拟合度，本研究使用 Amos4.0 软件进行验证性因素分析，得到的假设模型拟合指数结果见下表 4-4。

表 4-4 儿童城市生活适应性问卷拟合指数表(N=698)

x^2	df	x^2/df	$RMSEA$	GFI	$AGFI$	NFI	IFI	CFI	$NNFI$
345.95	146	2.37	0.052	0.93	0.91	0.90	0.94	0.94	0.93

从数据的结果可以看出：在模型研究中，常采用 x^2/df，理论期望值为 1，x^2/df 越接近于 1，说明模型的拟合度越好。在实际研究中，当 $x^2/df<5$ 时，可以认为模型的拟合度比较好；从数据的结果来看，x^2/df 为 2.37，说明模型较好。近似误差指数 $RMSEA$ 为 0.052，低于 0.05，表示非常好的拟合；拟合优度指数 GFI 和调整的拟合优度指数 AGFI，这两个指数的值在 0—1 之间，越接近于 1，则该模型越好，一般大于 0.9 表示拟合较好。由表可知 GFI 和 AGFI 分别是 0.93 和 0.91，说明模型较好；拟合指数 NFI 和 IFI 取值都在 0—1 之间，越接近于 1，表示拟合越好，一般 0.9 以上为拟合好的模型[1]。对结构模型拟合程度的最终统计结果表明，该模型结构效度较为理想。

(2) 信度分析

① 内部一致性系数。从表 4-5 中可以看出，问卷各维度的 a 系数介于 0.783～0.963 之间，表明问卷的信度较高。

表 4-5 儿童城市生活适应性问卷的内部一致性系数

Cronbach's Alpha(N=698)	
总分	0.963
家庭生活适应	0.913
校园生活适应	0.885
社区生活适应	0.888
城市环境适应	0.784
经济适应	0.730
角色认识适应	0.853

② 分半信度。从表 4-6 中可以看出，各问卷的分半(Split-Half Coefficient)系数介于 0.478～0.837 之间，表明问卷分维度一致性程度较高。

〔1〕 荣泰生. 结构方程模型——AMOS 的操作与应用. 重庆：重庆大学出版社，2009：103-126.

表 4-6　儿童城市生活适应性问卷的分半信度

	Split-Half Coefficient(N=698)
总分	0.943
家庭生活适应	0.892
校园生活适应	0.876
社区生活适应	0.877
城市环境适应	0.720
经济适应	0.630
角色认识适应	0.851

四、结论

(1)《儿童城市生活适应性问卷》包含家庭生活适应性、校园生活适应性、社区生活适应性、环境生活适应性、经济适应性和角色适应性六个维度。问卷能较好地反映初中流动儿童的城市生活适应性情况。

(2)《儿童城市生活适应性问卷》共计 51 个项目,其中家庭生活适应(11 个题项)、校园生活适应(12 个题项)、社区生活适应(12 个题项)、城市环境适应(5 个题项)、经济适应性(3 个题项)和角色认识适应(8 个题项)。

(3) 经过探索性因素分析和验证性因素分析检验,《儿童城市生活适应性问卷》达到较高的信度、效度指标,是较好的测量工具。

第二节　流动初中生生活事件、应对方式与生活适应性的关系

一、研究对象

本研究以福州二十中、盖山中学、厦门六中、海沧中学、同安一中五所学校的 750 名初一至初三的学生为研究对象,回收有效问卷共 698 份。

二、研究工具

1. 青少年生活事件量表

青少年生活事件量表是刘贤臣等人编制的青少年自评问卷,共有 27 个题项,量表分为 6 个维度——即人际关系维度、学习压力维度、受惩罚维度、丧失维度、健康适应维度和其他。量表的内部一致性系数为 0.856 1。本研究对

《青少年生活事件量表》做了信度分析，其内部一致性系数(Cronbach a)为0.899，分半系数(Split-Half Coefficient)为0.853。

2. 中学生应对方式量表

中学生应对方式量表是黄希庭、余华编制，共30个题项。量表分为6个维度——即问题解决、求助、退避、发泄、幻想、忍耐。量表各维度的相关系数在0.68～0.89之间，重测信度在0.68—0.89之间。本研究对该量表做了信度分析，其内部一致性系数(Cronbach a)为0.842，分半系数(Split-Half Coefficient)为0.805。

3. 城市生活适应性问卷

本研究采用本课题组自编的城市生活适应问卷，共51个题目。问卷分为6个维度——家庭生活适应、校园生活适应、社区生活适应、城市环境适应、经济适应性和角色认识适应。问卷内部一致性系数(Cronbach a)为0.963，分半系数(Split-Half Coefficient)为0.928。

三、研究方法

1. 研究方法

本研究主要采用文献法、访谈法、心理测量法。

2. 数据处理

本研究采用SPSS 16.0和Amose 4.0进行数据处理。采用的统计方法主要有：描述性统计分析、多因素方差分析、相关分析、回归分析和路径分析。

四、研究结果

1. 整体状况分析

采用SPSS软件对初中生城市生活适应性的总体等分情况进行分析，包括平均数(M)、中位数(MO)、标准差(SD)、最大值(MAX)和最小值(MIN)。

表4-7 流动初中生城市生活适应性的总体得分情况($n=479$)

	平均数(*M*)	中位数(*MO*)	标准差(*SD*)	最大值(*MAX*)	最小值(*MIN*)
总分	3.146 1	3.093 9	0.754 3	5.00	0.30
家庭生活适应	3.164 4	3.083 3	0.940 2	5.00	0.75
校园生活适应	3.119 9	3.083 3	0.824 6	5.00	0.25
社区生活适应	3.161 8	3.083 3	0.840 7	5.00	0.25
城市环境适应	3.200 0	3.200 0	0.927 9	5.00	0.00
经济适应性	2.889 4	2.875 0	0.829 6	5.00	0.38
角色认识适应	3.074 4	3.039 4	0.754 3	5.00	0.30

由表 4-7 可知，福州和厦门两地的流动初中生在城市生活适应性问卷上的总平均分为 3.146 1，此数值按计分标准介于“有时这样”和“经常这样”之间，其他的几个维度的平均数都在 2—3 分之间，说明流动初中生存在轻度的城市生活适应不良，但是总体情况良好。

2. 生活适应性的各人口学变量差异分析

(1) 性别差异

采用独立样本 t 检验法分析男生和女生在生活适应性上是否存在性别差异，结果显示，男生总体城市生活适应性显著高于女生 [(1.530±0.500) vs (1.354±0.479), $p<0.001$]，其中，男生在家庭生活适应、校园生活适应、社区生活适应和城市环境适应方面也均显著高于女生。由此可知，性别因素对流动儿童的城市生活适应性具有影响。

表 4-8　不同性别流动初中生城市生活适应性的差异比较

	男(n=275)	女(n=204)	t
总　分	1.530±0.500	1.354±0.479	3.476***
家庭生活适应	1.553±0.036	1.369±0.036	3.596***
校园生活适应	1.527±0.501	1.323±0.469	3.987***
社区生活适应	1.540±0.499	1.372±0.485	3.270***
城市环境适应	1.586±0.494	1.338±0.474	5.330***

注：*** $p<0.001$，** $p<0.01$，* $p<0.05$，本文下同，以下省略。

(2) 流动时间

采用方差分析的方法比较流动时间的长短在生活适应性上是否存在差异，结果显示，不同的流动时间在城市环境适应和总的城市生活适应上有显著差异，所以流动时间可以作为流动儿童城市生活适应性的一个变量。在其他四个分维度上，流动时间长短并没有显著差异。

表 4-9　不同的流动时间儿童城市生活适应性的差异比较

	不到半年 (n=2)	半年至一年 (n=23)	一年至三年 (n=55)	三年以上 (n=336)	出生就在当地 (n=63)	F
总分	2.971±0.852	3.010±0.657	2.961±0.683	3.074±0.795	3.185±0.614	0.888***
环境适应	3.400±0.283	2.982±0.832	3.037±0.905	3.313±0.946	3.495±0.841	2.131***

3. 流动方式差异

(1) 跨省流动和省内流动

采用独立样本 t 检验方法比较流动儿童在跨省流动和省内流动在城市生

活适应性总分及其各分量表得分是否存在差异，结果显示，省内流动初中生在城市生活适应性总分、城市环境适应性得分、家庭适应性得分、校园生活适应性得分、社区生活适应性得分、角色适应性得分均略高于省外流动初中生。

表 4－10　跨省流动和省内流动初中生城市生活适应性的差异比较

	省内流动(n=183)	跨省流动(n=294)	t
总分	3.230±0.795	2.981±0.713	3.458***
家庭生活适应	3.278±0.993	2.992±0.891	3.184**
校园生活适应	3.220±0.860	2.991±0.791	2.965*
社区生活适应	3.218±0.867	3.000±0.813	2.768**
城市环境适应	3.509±0.923	3.159±0.906	4.064***
经济适应性	2.824±0.986	2.602±0.952	2.424
角色认识适应	3.230±0.795	2.981±0.713	2.649**

(2) 农村—城市流动、乡镇—城市流动和城市—城市流动

采用方差分析的方法比较流动儿童在农—城、镇—城、城—城流动在生活适应性总分及其各分量表得分是否存在差异，结果显示，城—城流动初中生在城市生活适应性总分、社区生活适应性、城市环境适应性和角色适应得分存在显著差异；在其他分维度家庭生活适应性、学校生活适应性和经济适应性则没有显著水平差异。

表 4－11　农—城、镇—城、城—城流动初中生城市生活适应性的差异比较

	农—城流动 (n=295)	镇—城流动 (n=148)	城—城流动 (n=33)	F
总分	3.015±0.759	3.160±0.756	3.291±0.647	3.143**
社区生活适应	3.239±0.923	3.365±0.943	3.516±0.821	2.767*
城市环境适应	2.610±0.993	2.780±0.902	3.015±0.980	2.353*
角色认识适应	2.813±0.834	2.991±0.814	3.291±0.647	3.247**

4. 家庭差异

(1) 家庭经济状况

采用方差分析的方法比较家庭收入不同的流动初中生在生活适应性上是否存在显著差异。数据表明城市生活适应性总分及其社区生活适应性、城市环境适应性上存在显著差异，所以家庭月收入可以作为流动儿童城市生活适应性的一个变量。其他分维度没有显著水平差异。

表 4-12　不同家庭月收入流动初中生城市生活适应性的差异比较

	1 000 元以下 (n=8)	1 000—2 000 元 (n=60)	2 000—3 000 元 (n=148)	3 000—4 000 元 (n=101)	4 000 以上 (n=161)	F
总分	3.050±1.399	2.995±0.771	3.002±0.724	3.113±0.741	3.171±0.737	2.467**
社区适应	3.178±1.413	2.918±0.911	3.008±0.830	3.168±0.794	3.150±0.810	2.590**
经济适应	2.937±1.590	2.600±0.817	2.639±0.908	2.579±1.036	2.829±0.914	2.885**

（2）父母教养方式

采用方差分析的方法比较不同的父母教育方式在流动儿童的生活适应性上的差异，数据表明父母采用消极的教养方式（批评打骂、漠不关心），将不利于流动儿童城市生活适应的发展。相反父母采用积极的教养方式（沟通表扬、榜样示范），流动初中生则感受到父母更多的理解和情感关怀，城市生活的融入也更顺畅些。

表 4-13　不同教养方式流动初中生城市生活适应性的差异比较

	批评打骂 (n=178)	沟通表扬 (n=245)	榜样示范 (n=22)	漠不关心 (n=32)	F
总分	2.798±0.704	3.306±0.668	3.548±0.679	2.511±0.669	17.46***
家庭适应	2.715±0.852	3.443±0.837	3.561±0.873	2.296±0.890	22.97***
学校适应	2.798±1.341	3.075±0.819	3.015±0.764	3.069±0.817	13.51***
社区适应	2.877±0.795	3.246±0.797	3.617±0.771	2.573±0.969	8.955***
环境适应	3.062±0.921	3.496±0.849	3.745±0.712	2.719±1.102	9.302***
经济适应	2.432±0.911	2.877±0.927	3.182±0.982	2.312±1.105	7.972***
角色适应	2.629±0.801	2.105±0.768	3.244±0.689	2.402±0.928	11.15***

（3）亲子沟通频率

流动初中生父母与子女的沟通频率与城市生活适应性差异显著，父母经常与子女沟通的流动初中生，表现出良好的城市生活适应性。具体情况从下表中可以看出。

表 4-14　在亲子沟通频率上流动初中生城市生活适应性的差异比较

	经常(n=143)	偶尔(n=194)	很少(n=102)	从不(n=38)	F
总分	3.453±0.743	3.131±0.689	2.885±0.728	2.687±0.812	15.07***
家庭适应	3.601±0.913	3.179±0.867	2.779±0.849	2.336±0.894	20.97***
学校适应	3.440±0.793	3.080±0.741	2.869±0.822	2.717±0.877	10.27***
社区适应	3.454±0.833	3.132±0.819	2.920±0.828	2.793±0.887	10.46***
环境适应	3.612±0.942	3.402±0.880	3.193±0.949	3.097±1.153	7.902***
经济适应	2.979±0.971	2.785±0.947	2.373±0.937	2.353±1.162	7.825***
角色适应	3.169±0.840	2.942±0.769	2.783±0.822	2.618±1.017	6.410***

(4) 家庭居住环境

不同居住环境的流动初中生城市生活适应性的差异性显著。流动初中生居住的环境越差,其城市生活适应性总分、家庭适应性得分、校园生活适应性得分、社区生活适应性得分、城市环境适应性得分和角色适应得分越低,具体情况见下表。

表 4-15 不同居住环境流动初中生城市生活适应性的差异比较

	干净 (n=103)	比较干净 (n=253)	有些脏乱 (n=113)	非常脏乱 (n=38)	F
总分	3.257±0.822	3.075±0.698	2.970±0.745	2.349±0.938	5.992***
家庭适应	3.379±0.915	3.079±0.904	2.956±0.977	2.333±0.929	6.365***
学校适应	3.227±0.873	3.077±0.780	3.012±0.824	2.283±0.986	4.557**
社区适应	3.274±0.897	3.063±0.800	3.002±0.819	2.375±1.029	4.636**
环境适应	3.375±1.016	3.331±0.867	3.194±0.926	2.500±1.182	3.314**
经济适应	2.849±1.036	2.739±0.888	2.526±1.017	1.600±0.937	6.645***
角色适应	3.078±0.869	2.898±0.777	2.743±0.860	2.388±0.950	4.249**

五、流动初中生的生活事件、应对方式与城市生活适应性的关系研究

1. 流动初中生生活事件与城市生活适应性的关系

(1) 流动初中生生活事件与城市生活适应性的相关

表 4-16 流动初中生生活事件与城市生活适应性以及各自维度间的相关分析

	生活事件	人际关系	学习压力	受惩罚	丧失	健康适应	其他
适应总分	0.166**	−0.79	0.24	−0.78**	−0.23	−0.70	−1.61**
家庭适应	−0.139**	−0.134**	−0.74**	−1.37**	−0.69	−0.67	−0.21**
学校适应	−0.113**	−0.602	−0.059	0.084	−0.049	−0.049	−0.196**
社区适应	−0.270**	−0.046	0.012	−0.021	0.019	−0.026	−0.075**
环境适应	−0.103**	0.75**	−0.015	−0.015**	−0.048	−0.118**	−0.148**
经济适应	0.220	−0.060	−0.027	−0.021	−0.028	−0.003	−0.024
角色适应	0.220	−0.040	0.850**	−0.006	0.022	−0.029	−0.091

结果显示,流动初中生生活事件与城市生活适应性及其各维度相关显著。生活事件总分与城市生活适应性总分相关系数为 0.166。经济适应性与生活事件相关不显著。

(2) 生活事件对流动初中生城市生活适应性的回归分析

为了研究流动初中生城市生活适应性对生活事件及其各维度的预测作用，以生活适应性为自变量，生活事件作为因变量，进行逐步多元回归分析。结果如下表所示。

表 4-17 生活事件及各维度对城市生活适应性的回归分析

因变量	预测变量	回归系数	标准化回归系数 *Beta*	t	p
生活事件	家庭适应	0.065	0.83	−1.624	0.00***
	学校适应	0.091	0.12	1.920	0.05**
	社区适应	−0.74	−0.11	−1.747	0.02**
	环境适应	−0.13	−0.52	−0.963	0.13
	经济适应	−0.55	−0.74	−1.289	0.19
	角色适应	0.37	0.68	1.270	0.02**

生活事件对城市生活适应性的回归分析结果表明，解释变异量为 0.724，城市生活适应性对生活事件的影响显著。在城市生活适应性中各维度对生活事件的回归，除了环境适应和经济适应没有进入城市生活事件回归方程外，家庭适应、学校适应、社区适应和角色适应都进入了回归方程。生活事件的回归方程式为：

$$生活事件 = 0.83 \times 家庭适应 + 0.12 \times 学校适应 - 0.11 \times 社区适应 + 0.68 \times 角色适应$$

2. 流动初中生城市生活适应性与应对方式的关系

（1）流动初中生城市生活适应性与应对方式的相关

表 4-18 流动初中生应对方式总分与城市生活适应性及其各维度的相关分析

	应对方式	问题解决	求助	退避	发泄	幻想	忍耐
适应总分	0.614**	0.637**	0.572**	0.423**	0.38**	0.23**	0.267**
家庭适应	0.510**	0.540	0.580**	0.87**	0.30**	0.20**	0.71**
学校适应	0.526**	0.591**	0.534 **	0.347**	0.277**	0.139**	0.260**
社区适应	0.577**	0.564**	0.415**	0.424**	0.392**	0.217**	0.259**
环境适应	0.460**	0.476**	0.319**	0.337	0.292	0.171**	0.192**
经济适应	0.335**	0.269**	0.479**	0.218**	0.288**	0.230**	0.113**
角色适应	0.543**	0.588**	0.117**	0.369**	0.316**	0.224**	0.243**

如表 4-18 中显示，中学生应对方式与城市生活适应性及其各维度间相

关显著。中学生应对方式总分与城市生活适应性总分的相关系数为0.614，问题解决、求助、退避、发泄、幻想和忍耐都与中学生城市生活适应显著相关。

(2) 应对方式对流动初中生城市生活适应性的回归分析

以应对方式为因变量，流动初中生城市生活适应性各维度为自变量做回归分析，结果如下：

表4-19　应对方式对流动初中生城市生活适应性及各维度的回归分析

因变量	预测变量	回归系数	标准化回归系数 *Beta*	*t*
应对方式	家庭适应	0.404	0.442	10.41***
	学校适应	0.220	0.240	5.658**
	社区适应	0.037	0.042	1.159**
	环境适应	−0.35	−0.048	−1.416
	经济适应	−0.24	−0.029	−0.842
	角色适应	0.083	0.084	2.181**

流动初中生城市生活适应性对应对方式总分的回归，解释的变异量为0.678，流动初中生城市生活适应性对其应对方式的影响显著。流动初中生应对方式的回归方程式为：

$$\text{应对方式}=0.442\times\text{家庭适应}+0.240\times\text{学校适应}+0.042\times\text{社区适应}+0.084\times\text{角色适应}$$

3. 三者关系的路径分析

为进一步探讨流动初中生应对方式、生活事件和城市生活适应性的影响机制，根据强迫输入复回归分析的结果进行路径分析。结果如图所示。

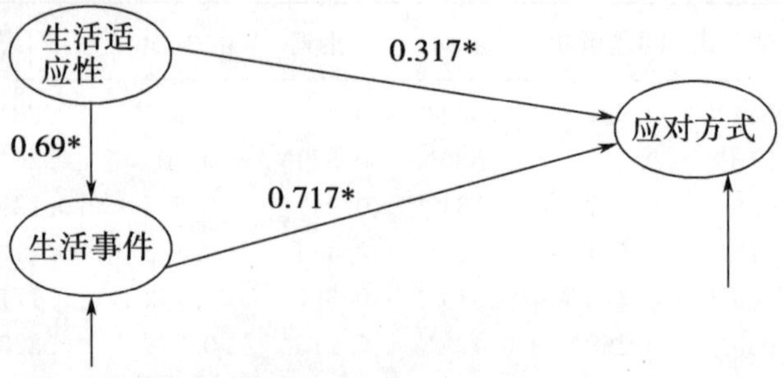

图4-2　路径分析图

图4-2结果显示有三条显著性的路径：第一条是流动儿童城市生活适

应性对生活事件的效应；第二条是流动儿童生活适应性对应对方式的效应；第三条是生活事件对应对方式产生的效应。生活事件和城市生活适应对应对方式产生影响的路径都有显著效果。

六、分析与讨论

1. 流动初中生总体生活适应性的特点

在总体生活适应性方面，流动初中生与城市常住初中生在总体生活适应性总分上的差异并没有达到显著性水平，但流动初中生的生活适应性总分还是低于当地的城市初中生，尤其是在学习方面流动初中生明显跟不上本地初中生。尽管大多数的老师都能将流动初中生和本地初中生同等对待，与本地学生一样进行教学、管理，甚至有些学校的老师还利用下午开校门到上课铃响的五十分钟来给流动儿童辅导功课。但是实际上流动初中生由于自身的流动性，要适应新的环境、教材、老师、同学，成绩自然要差一些，诸如不好的学习习惯，如上课开小差、不写作业、忘记携带学习工具等是常有的事。

流动时间可以作为流动儿童城市生活适应性的一个标准。流动的时间越长，城市生活适应越快，越能融入到当地的文化。省内流动的初中生比跨省流动的初中生生活适应性好，这可能是因为跨省流动的初中生需要适应新到城市的语言、文化、城市环境、气候、饮食等诸多方面的因素，而对于省内和县内流动的儿童来说，这些障碍相对小很多。

流动方式是流动儿童城市生活适应性的另一个标准。城—城流动初中生在城市生活适应性总分、社区生活适应性、城市环境适应性和角色适应得分都显著高于农—城流动初中生和镇—城流动初中生。这是因为城—城流动初中生所处的环境更加开放，接触的新鲜事物较多，眼界更加开阔，而农村学生生活环境闭塞，不容易接触到新鲜事物，自信心不足，人际交往能力不强。

家庭因素，如父母教养方式、亲子沟通频率、家庭收入等也是流动初中生城市生活适应性的一个重要因素。

2. 流动初中生生活事件、应对方式和生活适应性的关系

流动初中生生活事件与生活适应性的关系问题，从本研究的结论显示，生活适应性与生活事件各维度都有显著相关。尤其是城市生活适应会影响他们最为重要的两大事件——人际关系和学习。生活适应性的得分越低，生活事件各维度的得分越高，城市融合越差。反之，当流动初中生在城市生活适应的状况越好，相应也较少地发生负性的生活事件和对流入地城市的敌意

行为，出现越轨行为和犯罪的风险也就越低。

生活事件中的人际关系、学习压力能正向预测应对方式。人际关系问题严重、学习压力较大的流动初中生，较多采用退避、发泄、幻想等消极的应对方式。中学是一个特殊的年龄阶段，正是自我同一性形成与发展的关键阶段，他们在成长中需要逐渐找到有关自我发展的一些重大问题，全面了解自己是怎么样的。而人际关系和学习成绩是帮助他们认识自己、审视自我，确立自我同一性的有效方式。当人际关系出现问题而得不到妥善解决，当学习成绩不好、压力过大无处释放，当经常受到家长和老师惩罚时，流动初中生就会透过这些负性事件发现自己并不是那么好，他们会觉得自己似乎不能与他人、与社会融合，达不到社会、家人赋予的期望与要求，看不到自己的真正价值所在，更不知道自己的未来会是怎样，于是逐渐怀疑自己，并且开始否定自己，最后采用退避、发泄和忍耐等消极的应对方式。

生活适应性各维度与应对方式呈显著相关，其中幻想、忍耐、退避、发泄与生活适应性呈显著负相关。当他们不能灵活应对日常压力，城市生活适应能力越低，他们会越多使用消极应对方式。这可能与他们的年龄和心智发展程度有一定关系，处于青春期的孩子自我意识高涨、情绪波动剧烈、敏感、冲动、叛逆、内心的矛盾冲突大，是很普遍的个性与心理特征。

从整体上看，青少年时期是流动初中生人生观、价值观形成的时期，他们的气质与个性会逐渐走向稳定。尽管学习压力、人际关系问题、受惩罚、青春期情感问题成为影响他们城市生活适应的主要事件，面对这些事件，大多数流动初中生是能够直接面对问题、解决问题，说明他们的应对策略还是积极与理智的，自我与觉知基本一致，他们的应对能力处于中间水平。

当然城市生活适应的影响因素是多方面的。学校、家庭、社会和自身等都会影响流动初中生的生活事件的发生与应对方式的选择，城市生活适应、生活事件、应对方式这三者之间是相互影响相互作用的关系，也正因为如此，对这三者关系的研究是非常有价值的。

七、结论

1. 福州和厦门两地的流动初中生的城市生活适应性总体情况良好，与当地的城市常住儿童没有显著的差异；但是福州初中流动儿童在城市生活适应性总分、家庭适应性得分、社区生活适应性和角色认识适应性得分均略高于厦门流动初中生，存在着显著性差异。

2. 福州和厦门两地的流动初中生在性别、流动时间、流动方式(农—城流动、镇—城流动和城—城流动)、家庭月收入、家庭居住环境、父母教养方式和亲子沟通频率上存在显著差异。福州和厦门两地的流动初中生在年级、家庭类型和是否独生子女上不存在显著差异。

3. 流动初中生生活事件、应对方式和儿童城市生活适应性间相关显著。回归分析发现,生活事件、应对方式对儿童城市生活适应性有不同程度的影响作用。

4. 流动初中生最常遇到的生活事件主要是人际交往和学习压力方面。在学习压力和人际关系维度上,流动初中生的得分显著高于城市常住初中生。男女流动初中生在生活事件总体上存在显著差异。男生在学习压力、受惩罚和丧失三个维度上得分高于女生。

5. 生活适应性与生活事件各维度都有显著相关。城市生活适应会影响流动初中生两大事件——人际关系和学习。生活适应性的得分越低,生活事件各维度的得分越高,城市融合越差。

6. 生活事件中的人际关系、学习压力能正向预测应对方式。生活适应性各维度与应对方式呈显著相关,其中幻想、忍耐、退避、发泄与生活适应性呈显著负相关。

第三节 流动儿童城市生活适应性与生活满意度的关系

一、研究方法

1. 研究对象

选择了流动儿童较多的福州盖山中学进行研究。分别从初一、初二、初三三个年段中各随机抽取三个班学生作为被试,回收有效问卷360份,其中外来流动儿童有237人。

2. 研究工具

采用总课题组陈敏、黄爱玲自编的《流动儿童城市生活适应性问卷》。包括以下六个维度:家庭关系适应、师生关系适应、同伴关系适应、自我认识、邻里关系适应和环境适应。《流动儿童城市生活适应性问卷》的内部一致性系数为0.940,分半信度为0.919,效度指标良好,具体详见第四章第一节内容。

本研究还采用张兴贵主编的《青少年学生生活满意度量表》，该量表将生活满意度建构为2个层次6个维度。自我满意度包含友谊、家庭、学业和自由4个维度；环境满意度包含学校、环境2个维度，共计36个项目，a系数为0.90。笔者抽取其中十道题作为生活满意度的施测问卷。

3. *研究方法*

使用SPSS13.0统计软件对数据进行处理和分析。

二、研究结果

1. *流动儿童城市生活适应性在性别上的差异检验*

统计分析发现，流动儿童的城市生活适应性及各维度（除自我认识以外）在性别上存在显著差异，家庭关系 $t=-3.086^{**}$，师生关系 $t=-2.008^{*}$，同伴关系 $t=-4.343^{***}$，邻里关系 $t=-2.867^{**}$，环境 $t=-3.765^{***}$，且女生在城市生活适应性及各维度的得分显著高于男生 $t=-3.826^{***}$。

2. *流动儿童城市生活适应性在年级上的差异检验*

统计分析发现，流动儿童的城市生活适应性及家庭关系适应（$F=8.193^{***}$）、师生关系适应（$F=10.472^{***}$）、自我认识（$F=6.690^{**}$）和邻里关系（$F=5.795^{**}$）这四个维度在年级上存在显著差异，其中在家庭适应上，初二学生得分最高且显著高于其他两个年级的学生；而在师生关系适应、自我认识、邻里关系适应上，初一学生得分最高且显著高于其他两个年级的学生。

3. *流动儿童城市生活适应性在取得福州户口的年限的差异检验*

统计分析发现，流动儿童的城市生活适应性各维度中只有环境适应在取得福州户口的年限上存在显著差异（F 值$=4.850^{***}$）。事后检验发现，从出生就取得福州户口的和取得福州户口不到半年的学生的环境适应得分显著高于还没有取得福州户口的学生（23.528 ± 5.074；$27.500\pm4.324>20.614\pm5.450$）；取得福州户口不到半年的学生环境适应得分显著高于取得福州户口三年以上的学生（$27.500\pm4.3240>21.761\pm4.388$）。

4. *流动儿童城市生活适应性在流入时间上的差异检验*

统计分析发现，流动儿童的城市生活适应性各维度中只有环境适应在流入时间上存在显著差异（F 值$=4.937^{***}$，$p<0.001$），其他维度不存在显著差异。事后检验发现，流入时间不到半年的学生的环境适应得分显著高于流入时间三年以上的学生；从出生就在福州的学生的环境适应得分显著高于流入时间三年以上的学生。

5. 流动儿童城市生活适应性在家庭经济收入上的差异检验

统计分析发现，流动儿童的城市生活适应性及各维度在家庭收入上不存在显著差异($p>0.05$)。可见家庭经济收入对城市生活适应性的影响较小。

6. 城市生活适应性和生活满意度的相关分析

相关分析结果显示，生活满意度与城市生活适应性及其各维度都存在显著正相关($p<0.01$)。即流动儿童城市生活各方面(家庭关系、同伴关系、师生关系、自我认识、邻里关系、环境)适应越良好，生活满意度就越高。

表 4-20 城市生活适应性各维度与生活满意度的相关(r)

	家庭关系适应	师生关系适应	同伴关系适应	自我认识	邻里关系适应	环境适应	总问卷
生活满意度	0.249**	0.267**	0.398**	0.377**	0.304**	0.293**	0.410**

注：* $p<0.05$；** $p<0.01$；*** $p<0.001$

7. 生活满意度对城市生活适应性各维度的多元逐步回归分析

以生活满意度为因变量(Y)，以家庭关系适应、师生关系适应、同伴关系适应、自我认识、邻里关系适应和环境适应为自变量(X)，进行多元逐步回归分析，结果表明，只有同伴关系适应、自我认识进入回归方程。

多元逐步回归分析显示，多元相关系数为 0.444，其联合解释变异量为 0.197，即两个变量联合预测生活满意度 19.7%的变异量。

三、讨论

1. 流动儿童城市生活适应性在性别上的差异

统计分析发现，流动儿童的城市生活适应性及各个维度(除自我认识以外)在性别上存在显著差异($p<0.05$)，而且女生城市生活适应性及各维度的得分显著高于男生。究其原由，是因为在初中阶段，女生在心理成熟上较男生发展得早一些，在生活上她们有较高的自觉性和主动性；而且女生与男生在人格发展上也有差异，女生更乖巧、更温顺，相对于男生来说更能在学习生活上按照父母及其他长辈的要求来约束自己。另一方面，流动儿童多来自农村，农村重男轻女的思想观念还比较普遍，女生在家大多要帮助父母做家务以减轻父母的负担，而对男生却没有这样的要求，这样女生就积累了很多生活的技能，适应能力得到增强。

2. 流动儿童城市生活适应性在年级上的差异

统计分析发现，流动儿童的城市生活适应性及在家庭关系适应、师生关系适应、自我认识和邻里关系这四个维度在年级上存在显著差异($p<0.01$)。事后检验发现,初一、初二、初三学生均存在显著差异,其中在家庭适应上,初二学生得分最高且显著高于其他两个年级的学生;而在师生关系适应、自我认识、邻里关系适应上,初一学生得分最高且显著高于其他两个年级的学生。分析原因可能是因为随着年级的上升,不同年级的学习任务不相同,学习任务的难度越来越大,学习压力也越来越大。初三的学生面临中考的压力,流动儿童家庭经济水平条件普遍不高,所以初三流动儿童的学习压力就更大了。因此随着年级的上升,学生在自我认识上,随着学习难度的增加,流动儿童可能出现自信心不足、自卑等问题,这些都可能对流动儿童的自我认识产生不利的影响,降低其自我认识水平。初二学生家庭关系适应显著优于初一、初三的学生,原因可能是随着年级的上升,学生心理渐渐成熟,慢慢懂事了,能体会父母工作辛苦,理解父母对自己的关爱;而且初二的学生还未感受到中考压力,有较多的时间与父母沟通,增进情感交流,家庭关系较初一、初三学生更和谐,家庭适应更良好。

3. 流动儿童城市生活适应性在取得福州户口的年限的差异

统计分析发现,流动儿童的城市生活适应性各维度中只有环境适应在取得福州户口的年限上存在显著差异($p<0.001$),其他维度不存在显著差异。事后检验发现:从出生就取得福州户口的和取得福州户口不到半年的学生的环境适应得分显著高于还没有取得福州户口的学生;取得福州户口不到半年的学生环境适应得分显著高于取得福州户口三年以上的学生。究其原因可能是:流入地的原住居民对流动人口有一种地理经济优越感,尤其是对外来务工人员,他们对外来流动人口存在刻板印象,认为外来人口素质低,对外来流动人口存在排外情绪。这种排外情绪对促进流动儿童尽快融入新城市,适应城市生活有明显的阻碍作用。取得城市户口可以显著增强流动儿童对新城市的归属感,提高流动儿童对新城市的认同感,促进流动儿童更好地融入新城市,健康地生活成长,因此取得城市户口的流动儿童环境适应显著优于没有城市户口的流动儿童。取得城市户籍时间长了,这种归属感就没有以前那么强烈,它的促进作用没有以前那么明显,所以取得城市户口不到半年的学生环境适应显著优于取得城市户口三年以上的学生。

4. 流动儿童城市生活适应性在流入时间上的差异检验

统计分析发现,流动儿童的城市生活适应性各维度中只有环境适应在流入时间上存在显著差异($p<0.001$),其他维度不存在显著差异。事后检验发

现：流入时间不到半年的学生的环境适应得分显著高于流入时间三年以上的学生；从出生就在福州的学生的环境适应得分显著高于流入时间三年以上的学生；其他流入时间段的学生环境适应不存在显著差异。究其原因可能是：初到新的城市，对新城市的一切都较新奇，对新生活有着美好的期待和向往，在新奇感的指引下更好地适应新的环境、新的生活；而随着流入时间的延长，各种深层次的适应问题开始出现，因此流入时间不到半年的学生环境适应显著优于流入时间三年以上的学生。而从出生就在福州的学生，早就适应了这种生活，其环境适应自然比流入时间三年以上的学生更良好。

5. 流动儿童城市生活适应性在家庭经济收入上的差异

统计分析发现，流动儿童的城市生活适应性及各维度在家庭收入上不存在显著差异（$p>0.05$）。可见家庭经济收入对城市生活适应件的影响较小。其原因可能是：第一，近年来，国家重视弱势群体，采取了一系列措施改善弱势群体的生活状况，例如提高最低基本工资；第二，随着经济的发展，越来越多的农村人口流入城市，大大地壮大了流动人口群体，流动人口成为城市人口的重要组成部分，流动人员与城市人口间的差异越来越小，越来越趋于本土化；第三，所选被试每月的家庭收入多在 3 000 元以上，家庭经济状况较好，可以给孩子提供较好的物质生活和学习环境，与城里孩子的学习生活条件相差并不大。这些因素都在不同程度上削弱了家庭经济收入对城市生活适应性的影响。因此流动儿童城市生活适应性在家庭经济收入上差异不显著。

6. 城市生活适应性和生活满意度的相关分析

相关分析结果显示，生活满意度与城市生活适应性及其各维度都存在显著正相关（$p<0.01$），即流动儿童城市生活各方面适应越良好，生活满意度就越高。流动儿童的生活满意度是指流动儿童对流入城市的生活环境的反映，是流动儿童根据自己内在的标准对当前生活状况是否符合期望的一种主观评价。但是城市生活适应性与生活满意度只是存在中度相关，原因可能是生活适应性不是生活满意度的唯一影响因素。

以生活满意度为因变量（Y），以城市生活适应性各维度为自变量（X），进行多元逐步回归分析，结果表明，只有同伴关系适应、自我认识进入回归方程，其中同伴关系适应先进入方程，也就是说，相对于自我认识和生活适应性的其他维度，同伴关系适应对预测流动儿童生活满意度更有效，影响也更大。究其原因是与流动儿童心理发展阶段性特点有关。初中学生处在一个从童年期向青年期过渡的时期。这个时期学生心理发展总的特点是，处在一种半幼稚半成熟的状态，它充满着独立性和依赖性、自觉性和冲动性、成熟性和幼稚性错综复杂的矛盾。这阶段学生自我意识的发展和社会性交往的发展，亲子关系、同伴关系都发生了悄然变化。进入初中阶段后，学生由对父母感情上的依赖转向朋友、同伴，因此良好的同伴关系开始成为影响其健康成长的重要因素，进而影响生活满意度。初中学生开始重视自己的主观世界，他们对自己内心的感受、体验和变化特别敏感，因此自我认识对生活满意度也有影响。

第四节　流动儿童城市生活适应性与疏离感的关系

一、研究目的

探讨流动儿童城市生活适应性与疏离感的关系。

二、研究方法

1. 研究对象

福州市某小学三、四、五年级学生，共发放问卷 192 份，回收有效问卷 153 份。

2. 研究工具

(1) 青少年学生疏离感量表(ASAS)

采用杨东等人编制的《青少年学生疏离感量表》，该量表含 52 个项目，其中有三对测谎题，共有 9 个因子，社会疏离感、人际疏离感、环境疏离感等三个维度[1]。问卷采用 7 点量表，从完全符合到完全不符合分别给予 7—1 分的评定。问卷的同质性系数是 0.92，重测信度是 0.47，分半信度是 0.89。本次测验的同质性系数为 0.82，量表信度较好，可作为青少年学生疏离感的测量工具。该量表具有较好的信度和效度[2]。

---

〔1〕 杨东，吴晓蓉. 构建青少年学生疏离感量表及其理论验证[J]. 中国临床康复，2005，9(24)：218 - 221.

〔2〕 杨东，吴晓蓉. 构建青少年学生疏离感量表及其理论验证[J]. 中国临床康复，2005，9(24)：218 - 221.

(2) 流动儿童城市生活适应性问卷

采用总课题组陈敏、黄爱玲自编的《流动儿童城市生活适应性》问卷，效度指标具体参见第三节。本次问卷测试的信度 α 系数为 0.864，说明施测问卷有较好的信度。

三、研究结果

1. 流动儿童疏离感在性别上的差异检验

采用独立样本 t 检验，对男、女流动儿童的疏离感总分和各维度进行差异检验，结果显示，不同性别在人际疏离感维度上有显著差异($t=1.868$，$p<0.05$)，且男生均分高于女生。

2. 流动儿童疏离感在年级上的差异检验

分别对三、四、五年级流动儿童的疏离感总分和各维度进行差异检验，方差分析结果显示，不同年级在环境疏离感维度上有显著差异($F=4.605$，$p<0.05$)；事后检验发现，三年级(30.630±9.475)、五年级(24.786±7.502)存在显著差异，而且三年级得分显著高于五年级。

3. 流动儿童城市生活适应性在性别上的差异检验

采用独立样本 t 检验，对男、女流动儿童的城市生活适应性总分和各维度进行差异检验，结果显示，不同性别在疏离感总分上差异极其显著($t=-3.653$，$p<0.001$)。不同性别流动儿童在同伴关系适应($t=-2.5$，$p<0.05$)、邻里关系适应($t=-2.18$，$p<0.05$)、环境适应($t=-1.974$，$p<0.05$)三个维度上有显著差异，在家庭关系适应($t=-4.462$，$p<0.001$)、师生关系适应性($t=-3.413$，$p<0.001$)两个维度上差异极其显著。女生在城市生活适应性总分和各维度上的得分均高于男生。

4. 流动儿童城市生活适应性在年级上的差异检验

采用单因素方差分析，对三年级、四年级、五年级流动儿童的城市生活适应性总分和各维度进行差异检验，结果显示，不同年级在同伴关系适应维度上有显著差异($F=3.985$，$p<0.05$)，事后检验发现，四年级(33.871±7.574)、五年级(37.929±8.199)存在显著差异，且四年级得分显著低于五年级。

5. 城市生活适应性和流动儿童疏离感的相关分析

采用 Pearson 相关分析，考察了流动儿童城市生活适应性总分和各维度与疏离感各维度与总分的关系，结果如表 4-21 所示：

表 4-21 流动儿童城市生活适应性各维度与疏离感总分的相关(r)

	家庭关系适应	师生关系适应	同伴关系适应	自我认识	邻里关系适应	环境适应	生活适应性总分
疏离感总分	−0.346**	−0.359**	−0.168*	−0.245**	−0.221**	−0.220**	−0.332**

表 4-21 显示，流动儿童城市生活适应性同伴关系适应维度($r=-0.168$, $p<0.05$)与疏离感总分存在显著的负相关；其他维度和生活适应性总分均与疏离感总分存在非常显著的负相关($p<0.01$)。

6. 流动儿童疏离感对城市生活适应性各维度的多元线性逐步回归分析

以流动儿童疏离感为因变量(Y)，以家庭关系适应、师生关系适应、同伴关系适应、自我认识、邻里关系适应和环境适应为自变量(X)，进行多元逐步回归分析，结果如下表所示：

表 4-22 流动儿童疏离感对城市生活适应性各维度的多元逐步回归分析

因变量	自变量	R	R^2	ΔR	$Beta$	t	Sig
疏离感总分	师生关系适应	0.359	0.129	0.123	−0.241	−2.647	0.009
	家庭关系适应	0.399	0.159	0.148	−0.210	−2.311	0.022

表 4-22 显示只有师生关系适应、家庭关系适应进入回归方程，这两个变量联合预测流动儿童疏离感 15.9%的变异量，其中师生关系适应先进入方程；因变量流动儿童疏离感对两个自变量师生关系适应和家庭关系适应的回归的标准化回归系数分别为−0.241 和−0.210，对应的显著性检验的 t 值分别为−2.647 和−2.311，两个回归系数的显著性水平 Sig 均小于 0.05，可以认为自变量师生关系适应和家庭关系适应对因变量流动儿童疏离感均有显著影响。所得回归方程为：

流动儿童疏离感 =− 0.241 × 师生关系适应− 0.210 × 家庭关系适应

四、讨论

1. 流动儿童疏离感的差异

从得分上看，不同性别流动儿童在疏离感总分和各维度上的得分均低于疏离感量表的理论平均分，说明被试流动儿童总体疏离感水平较低。男生疏离感水平高于女生，该校流动儿童占全校学生的比例较大，且学生大多住在校园附近，彼此熟悉、亲近，生活上的差异不会对疏离感产生太大的影响。

2. 流动儿童城市生活适应性的差异

不同性别在疏离感总分上差异极其显著，不同性别流动儿童在同伴关系适应、邻里关系适应、环境适应三个维度上有显著差异。女生在城市生活适应性总分和各维度上的得分均高于男生。此结果与已有研究基本一致。女生在生理和心理成熟上都较男生发展得早，能够更好地服从长辈的要求，并自觉主动为家庭服务以减轻家长负担，生活技能和适应能力都较强。户籍不同、家庭月总收入不同、随父母来福州生活读书时间不同的流动儿童在城市生活适应性总分和各维度上均无显著差异，可能与其疏离感差异不显著的原因一致，由于学生生活环境相似，对城市生活的适应性也无太大差别。

3. 城市生活适应性和流动儿童疏离感的相关分析

流动儿童城市生活适应性同伴关系适应维度与疏离感总分存在显著的负相关；其他维度和生活适应性总分均与疏离感总分存在非常显著的负相关。流动儿童城市生活各方面适应越良好，疏离感就越低。疏离感是指“个体与周围的人、社会、自然以及自己等各种关系网络之间，由于正常的关系发生疏远，甚至被支配、控制，从而使个体产生了社会孤立感、不可控制感、无意义感、压迫拘束感、自我疏离感等消极的情感”。[1] 流动儿童在适应城市的过程中，其与周围的各种关系都会受到影响，如果不加以疏导，就会产生消极情绪情感，也会产生疏离感，因此流动儿童城市生活适应性越高，其疏离感就越低。

表 4 - 22 显示只有师生关系适应、家庭关系适应进入回归方程。教师的水平、个性影响着学生，而学生的学业成绩、活动表现等也影响着教师。教师自己的态度和对学生的印象影响着教师的期望，而著名的皮格马利翁效应表明教师的期望对学生的行为显然发生了影响。流动儿童在适应城市的过程中与教师保持良好的关系，显然可以降低其疏离感。儿童期社会交往范围逐渐扩大，对家庭的依赖逐渐转向对同伴关系的追求，但流动儿童群体特殊，由于父母的工作需要，其家庭可能会较频繁地流动而不是长期居住，对形成稳定长久的同伴关系有着负面影响，因此家庭关系适应对于流动儿童的疏离感影响仍较大，父母或其他监护人应关注流动儿童的生活与心理状况，并给予恰当的引导。这两个变量联合预测流动儿童疏离感 15.9%的变异量，说明流

〔1〕 杨东，吴晓蓉.疏离感研究的进展及理论构建[J].心理科学进展，2002，10(1)：71 - 771.

动儿童疏离感还受其他因素的影响，如人格因素等，需今后深入研究。

第五节　流动儿童心理韧性与疏离感的关系

一、研究方法

1. *研究对象*

晋江三所小学四、五、六年级学生。本次随机抽样施测问卷420份，回收有效问卷360份。

2. *研究工具*

(1) 青少年学生疏离感量表(ASAS)

采用杨东等人编制的《青少年学生疏离感量表》，详细请参见第四节。

(2) 青少年心理韧性量表

采用胡月琴等人编制的《青少年心理韧性量表》，该量表含27个项目，共五个因子，分为个人力、支持力两维度。[1] 问卷采用五点式量表，从“完全不符合”到“完全符合”分别给予1—5分的评定。本量表在复测中量表的α为0.83。本次测验的一致性系数为0.87。量表效度较好，可用于青少年心理健康、压力应对等方面的研究。

3. *研究过程*

整群抽取晋江市三所小学四、五、六年级各班学生进行团体施测。

4. *数据处理和分析*

使用SPSS17.0统计软件对数据进行处理和分析，主要采用了描述性统计、独立样本t检验、单因素方差分析、皮尔逊相关分析，回归分析等方法。

二、结果与分析

1. *流动儿童疏离感在年级上的差异检验*

对四、五、六年级流动儿童的疏离感总分和各维度进行方差分析差异检验。不同年级在疏离感总分($F=3.23, p<0.01$)和环境疏离感维度($F=6.63, p<0.05$)存在显著差异。做事后检验发现，四、五年级学生在疏离感总

〔1〕 胡月琴，甘怡群. 青少年心理韧性量表的编制和效度验证[J]. 心理学报，2008，40(8)：902-912.

分和环境维度上均存在显著差异，且四年级得分显著高于五年级；五、六年级学生在环境疏离感上差异显著，且六年级得分明显高于五年级。

2. 流动儿童疏离感在学习成绩上的差异检验

采用单因素方差分析，对学习成绩为优、良、中、差的流动儿童的疏离感总分和各维度进行差异检验，学习成绩是以上学期期末的各科平均分作为评价标准(下同)。不同学习成绩的学生在疏离感总分($F=4.80$，$p<0.01$)和社会疏离感($F=5.64$，$p<0.001$)、人际疏离感($F=6.75$，$p<0.001$)维度上存在的差异极其显著。经事后检验发现，学习成绩为优、良、中的学生在疏离感总分和社会疏离感、人际疏离感维度上存在显著差异，且成绩优和良的学生的得分显著低于成绩中的学生；成绩为优、良、差的流动儿童在人际疏离感上差异显著；成绩优和良的流动儿童的得分显著低于学习成绩差的。

3. 流动儿童心理韧性在学习成绩上的差异检验

采用单因素方差分析，对学习成绩为优、良、中、差的流动儿童的心理韧性总分和各维度进行差异检验。不同学习成绩的学生在支持力上无显著差异；在心理韧性总分($F=5.46$，$p<0.01$)和个人力($F=10.01$，$p<0.001$)上存在显著差异。经事后检验发现，学习成绩优、良、中、差的学生在个人力维度上存在显著差异，且成绩优的学生得分显著高于学习成绩良、中、差的学生，成绩良的学生得分显著高于学习成绩中的；成绩为优、良、中的流动儿童在心理韧性总分上差异显著，且成绩优、良的流动儿童的得分明显高于学习成绩中的。

4. 青少年疏离感总分和各维度得分在是否流动上的差异检验

采用独立样本 t 检验，对“是否流动”儿童的疏离感总分、心理韧性总分和各分维度进行差异检验。流动、非流动儿童在疏离感总分和社会、环境疏离感上差异不显著，在人际疏离感维度上存在显著差异($t=2.18$，$p<0.05$)，且流动儿童的人际疏离感得分显著高于非流动儿童。流动儿童、非流动儿童在支持力上存在显著差异($t=-2.39$，$p<0.05$)，且流动儿童的支持力得分显著低于非流动儿童。

5. 流动儿童心理韧性和疏离感的相关分析

采用 Pearson 相关分析，考察了心理韧性总分及各维度与疏离感总分及各维度的关系，结果如表 4－23 所示：

表 4－23　流动儿童心理韧性总分及各维度与疏离感总分及各维度的相关(r)

	个人力	支持力	心理韧性总分
社会疏离感	−0.53**	−0.59**	−0.66**
人际疏离感	−0.47**	−0.49**	−0.56**
环境疏离感	−0.19**	−0.41**	−0.36**
疏离感总分	−0.50**	−0.60**	−0.46**

表 4－23 显示，流动儿童心理韧性个人力维度、支持力维度和心理韧性总分，均与疏离感总分及各维度存在显著的负相关($p<0.01$)。

6. *流动儿童疏离感对心理韧性各个维度的多元线性逐步回归分析*

以流动儿童疏离感为因变量(Y)，以支持力、个人力为自变量(X)，进行多元逐步回归分析，结果如表 4－24 所示：

表 4－24　流动儿童疏离感对心理韧性各个维度的多元逐步回归分析

因变量	自变量	R	R^2	ΔR	*Beta*	t	*Sig*
疏离感总分	支持力	0.60	0.36	0.36	−0.48	−7.66	0.00
	个人力	0.66	0.42	0.42	−0.29	−4.64	0.00

表 4－24 显示个人力、支持力均进入回归方程，这两个变量预测流动儿童疏离感 42%的变异量，其中支持力先进入回归方程；因变量流动儿童疏离感对自变量支持力和个人力的标准化回归系数分别为−0.48 和−0.29，对应的显著性检验的 t 值分别为−7.66 和−4.64，两个回归系数的显著性水平 *Sig* 均小于 0.001，由此可知自变量个人力和支持力对因变量流动儿童疏离感均存在显著影响。因此，所得回归方程为：

$$\text{流动儿童疏离感} = -0.48 \times \text{支持力} - 0.29 \times \text{个人力}$$

三、讨论

1. *流动儿童疏离感的差异分析*

四、五年级学生在社会、人际、环境疏离感及疏离感总分上均差异显著，且四年级得分显著高于五年级。五、六年级学生在环境疏离感上差异显著，五年级得分明显低于六年级。这可能由于四年级的学生的思维、社会性发展水平低于五年级的学生，由于对社会的认识、环境的适应以及人际关系的处理方式等因素使四年级的学生较易于产生疏离感。六年级在环境疏离感的得分显著高于五年级，这极有可能是由于六年级处于升学压力之下，缺乏对于外界环境的关注而导致的。

不同学习成绩的学生在疏离感总分和社会、人际疏离感维度上的差异极其显著。经事后检验发现，学习成绩为优、良、中的学生在疏离感总分和社会、人际疏离感维度上存在显著差异，成绩优和良的学生的得分显著低于学习成绩中的学生，成绩为优、良、差的学生在人际疏离感维度上有明显差异，且成绩优和良的学生得分明显低于成绩差的。学校、老师、家人、同学以学习成绩作为评价的标准之一，可能影响到学生对社会、个人、择友的认知，从而导致成绩差的学生易产生疏离感；在小学阶段，学生很在意老师的关注，可老师的精力有限，无法关注到每一位学生，因此被关注少的学生也较易于产生疏离感。

2. 流动儿童心理韧性的差异分析

成绩不同的学生在个人力上差异显著。成绩优的学生得分明显高于学习成绩良、中、差的学生；成绩良的学生得分明显高于学习成绩中的。学习成绩为优、良、中的学生在心理韧性总分上差异极其明显；成绩优、良的学生得分明显高于学习成绩中的学生的。个人力主要包含目标专注、情绪控制及积极认知，这些均属于个体水平系统，这可能是由于成绩好的学生的思维、处理事情的能力发展较快所造成的。

3. 青少年（流动儿童与非流动儿童）疏离感总分和各维度之间的差异分析

流动儿童的人际疏离感得分显著高于非流动儿童，这可能是由于流动儿童来城市生活的时间比较长，已经适应了生活的环境。流动儿童在随着父母流动的过程中，他们的人际交往圈发生变动，人际关系也会随之变化，他们可能无法与同伴建立深厚的友谊，可能受到文化差异、家庭教养方式的影响，加重他们的人际疏离感。流动儿童的支持力得分显著低于非流动儿童，流动儿童父母因为要面对较大的生活压力而无法花太多时间关注孩子。因此，提高学校、家庭、教师对于学生的关注度和沟通，对于提高学生心理韧性水平有重大意义。

4. 流动儿童心理韧性和流动儿童疏离感的相关分析

流动儿童心理韧性总分及各维度均与疏离感总分及各维度存在显著的负相关，说明流动儿童的心理韧性发展的水平越高，疏离感就越低。而流动儿童在随父母流动的过程中，在人际关系、同伴交流、适应新环境以及和父母的沟通等等各个方面都有可能受到影响，心理韧性不够好，不利于流动儿童适应生活，就有可能催化疏离感的产生。因此，流动儿童的心理韧性水平越高就越有利于减弱疏离感。

表 4－24 显示个人力、支持力均进入回归方程，这两个变量预测流动儿童疏离感 42％的变异量，其中支持力先进入回归方程，即说明相对于个人力维度，支持力能够更加有效地预测流动儿童的疏离感。学生的个人力及其支持力的水平程度对于减少学生疏离感的产生起到关键性的影响。小学中高年级自我意识也逐渐发展起来，交往趋向于同伴交流，但流动儿童周围的一切可能随着父母的工作发生变动，对于学生心理水平及同伴关系的发展都产生副作用。自变量个人力和支持力对于流动儿童疏离感的解释达到 42％，也说明流动儿童疏离感还可能受到其他因素的影响，但需要深入探讨。

第六节　初中流动儿童心理弹性与自尊、个体歧视知觉的关系

一、研究对象

随机抽取杭州十三中学和寿春中学流动学生，共发放问卷 900 份，回收有效问卷 783 份。

二、研究工具

1. 自编流动儿童心理弹性问卷

自编《流动儿童心理弹性问卷》信效度指标较好。

2. 自尊量表

自尊量表(The Self-Esteem Scale，SES)改编自 Rosenberg 于 1965 年编制的、季益富和于欣翻译的量表。该量表共 10 个简单陈述句，大量的研究表明，SES 具有较高的信效度，如 Fleeting 等(1984)报告的 α 系数分别为 0.88，又对 259 名受试者 1 周后进行重测，重测信度系数为 0.82[1]。该量表在国内广泛运用，信效度比较高。在本研究中，该量表的总体 Cronbach α 系数为 0.78。

3. 个体歧视知觉问卷

采用刘霞(2008)编制的个体歧视知觉问卷，该问卷包含身体攻击、躲避、言语歧视等方面，被试根据自身的表现选择题项等级，问卷包含 17 个条目。

---

〔1〕 Fleming，J. S.，Courtney，B. E.. *The dimensionality of selfesteem*. Journal of Personality and Social Psychology Bulletin，1984，46(2)：404－421.

三、流动儿童心理弹性与自尊、个体歧视知觉的群体特征分析

1. 流动儿童与非流动儿童差异比较

我们对非流动儿童和流动儿童在心理弹性、个体歧视知觉总分和各维度上得分做比较。

对流动儿童和非流动儿童在各维度及总分上的得分进行独立样本 t 检验发现，流动儿童在心理弹性总分、情绪稳定、学习能力、自我效能感、目标定向等得分显著高于非流动儿童，在自尊和个体歧视知觉上的得分也是显著高于非流动儿童。因此，流动儿童的心理弹性水平高于非流动儿童，但其自尊水平、个体歧视知觉水平低于非流动儿童。

2. 流动儿童在各变量上的差异

对流动儿童各变量在其心理弹性总分和各维度及其他得分上进行比较：本研究主要采用独立样本 t 检验和单因素方差分析检验其在性别、学校、年级、是否独生四个变量上的差异。

在不同年级变量上的差异比较：采用单因素方差分析对不同年级流动儿童的差异进行比较。单因素方差分析结果表明，不同年级流动儿童在目标定向（$F=5.090, p<0.01$），自尊（$F=3.652, p<0.05$）和个体歧视知觉（$F=4.951, p<0.01$）上存在差异。

采用最小显著差法进行事后检验发现，在目标定向维度上，七年级高于九年级，八年级高于九年级，均达到显著水平；在自尊的得分上，七年级低于八年级达到显著水平，也即七年级的自尊水平高于八年级；在个体歧视知觉上，七年级显著高于八年级和九年级。

在是否独生子女变量上：采用独立样本 t 检验对流动儿童独生子女与否在心理弹性上的差异进行比较，结果表明，仅在目标定向（$t=-4.353, p<0.01$）和心理弹性总分（$t=-2.027, p<0.05$）上，非独生的得分显著高于独生流动儿童的得分，在其他因素上无显著水平差异。

四、流动儿童心理弹性、自尊、个体歧视知觉的关系研究

1. 不同心理弹性水平和不同自尊水平的流动儿童比较

(1) 不同心理弹性水平的流动儿童比较

为了更好地得出流动儿童心理弹性、自尊水平、个体歧视知觉的关系，本研究将心理弹性的得分从高到低排列，取前 27%为高心理弹性组，后 27%为

低心理弹性组，各 207 个被试，将两组的自尊水平与个体歧视知觉进行比较。

表 4－25　不同心理弹性水平下的自尊、个体歧视知觉比较

变量	分组	$M \pm SD$	t
自尊	高心理弹性水平	18.88±4.58	−8.926**
	低心理弹性水平	23.22±5.29	
个体歧视知觉	高心理弹性水平	66.80±5.24	14.307**
	低心理弹性水平	58.95±5.90	

注：* $p<0.05$，** $p<0.01$，*** $p<0.001$，本文下同。

比较结果如表 4－25 所示，可以看出，在不同的弹性水平上，自尊水平和个体歧视知觉都呈现极其显著的差异。高心理弹性水平有着较高的自尊水平和较低个体歧视知觉。

（2）不同自尊水平的流动儿童比较

将自尊的得分从低到高排列，取前 27％为高自尊水平组，后 27％为低自尊水平组，各 207 被试，将两组的心理弹性水平与个体歧视知觉进行比较。

表 4－26　不同自尊水平下的心理弹性、个体歧视知觉比较

变　量	分　组	$M \pm SD$	t
心理弹性	高自尊水平	114.56±9.96	8.173***
	低自尊水平	107.30±8.01	
个体歧视知觉	高自尊水平	67.56±4.86	18.998***
	低自尊水平	57.90±5.47	

注：* $p<0.05$，** $p<0.01$，*** $p<0.001$

比较结果如表 4－26 所示，可以看出，在不同的自尊水平上，心理弹性和个体歧视知觉呈现极其显著的差异。高自尊水平有着较高的心理弹性和较低的个体歧视知觉，而低自尊水平的流动儿童心理弹性较低，也更容易感受到被歧视。

2. 流动儿童心理弹性、自尊、个体歧视知觉的相关

流动儿童心理弹性、自尊和个体歧视知觉之间的相关显著。具体相关情况见表 4－27。心理弹性与自尊呈现显著负相关、与个体歧视知觉呈现显著正相关，而自尊与个体歧视知觉呈现显著负相关。自尊量表的得分越低，说明自尊感越高，歧视问卷的得分越低也表示个体歧视知觉越高。因此也就说

明心理弹性越高，自尊也就越高，个体歧视知觉越低。

表 4-27　流动儿童心理弹性、自尊、个体歧视知觉的相关

	心理弹性	自尊	个体歧视知觉
心理弹性	1		
自尊	-0.313^{**}	1	
个体歧视知觉	0.478^{**}	-0.624^{**}	1

注：* $p<0.05$，** $p<0.01$，*** $p<0.001$

3. 自尊作为心理弹性影响个体歧视知觉的中介效应检验

对本研究的各变量进行相关分析表明，各维度两两之间均显著相关，满足中介效应检验的前提条件。本研究以自尊为中介，检验其在心理弹性及其各维度对个体歧视知觉影响的中介作用。

首先以心理弹性总分为自变量，自尊水平为中介，得出中介效应分析结果见下表 4-28。

表 4-28　自尊对心理弹性影响个体歧视知觉的中介效应检验

	标准化回归方程	回归系数检验	
第一步	$y=0.767x$	$SE=0.047$	$t=16.099^{***}$
第二步	$m=-0.048x$	$SE=0.003$	$t=-18.998^{***}$
第三步	$y=-0.618m$	$SE=0.062$	$t=9.681^{***}$
	$0.737\ x$	$SE=0.047$	$t=15.681^{***}$

注：* $p<0.05$，** $p<0.01$，*** $p<0.001$

对心理弹性总分的检验发现中介效应占总效应的比例为 $0.618\times0.048/0.767=3.868\%$，为了更深入地了解自尊对心理弹性各维度的具体中介作用，本研究对流动儿童心理弹性各维度的检验，首先以情绪稳定为自变量，自尊水平为中介，得出中介效应分析结果见表 4-29。

表 4-29　自尊对情绪稳定影响个体歧视知觉的中介效应检验

	标准化回归方程	回归系数检验	
第一步	$y=0.115x1$	$SE=0.016$	$t=7.018^{***}$
第二步	$m=0.080x1$	$SE=0.020$	$t=-4.012^{***}$
第三步	$y=-0.551m$	$SE=0.023$	$t=-24.376^{***}$
	$0.159\ x1$	$SE=0.016$	$t=9.938^{***}$

注：* $p<0.05$，** $p<0.01$，*** $p<0.001$

接下来以自尊为中介，分别检验其在心理弹性各维度对个体歧视知觉上所起的中介作用。由前三步结果可以看出，自尊水平的中介作用是显著的，又因为第四步 t 检验也是显著的，所以自尊起到的是部分的中介效应。自变量分别为情绪稳定、学习能力、外界支持感、自我效能感和目标定向时，中介效应占总效应的比例分别为 0.551×0.080/0.115=38.3%，0.551×0.152/0.142=60.0%，0.551×0.076/0.118=35.5%，0.551×0.155/0.166=51.4%，0.551×0.154/0.222=38.2%。

五、讨论与分析

1. 流动儿童心理弹性、自尊、个体歧视知觉现状讨论

统计结果显示流动儿童的心理弹性处于中等偏上水平，这与其他研究者的研究相符。虽然流动儿童处于一个不利的环境中，但他们发展和适应依然良好，有时甚至高于其他儿童。在流动儿童心理弹性各个维度上，情绪稳定和外界支持感得分相对较高，其次是目标定向和自我效能感，学习能力得分相对较低。

本研究对自尊的考察选用的是 SES，流动儿童的自尊量表得分均值为 21.14，自尊水平整体较高。初中阶段的流动儿童自我意识比较高，在跟随父母迁移后，要不断地适应迁入地的各种环境，难免会受到不同程度的伤害，高自尊感有助于他们自我保护。

2. 流动儿童在各变量上的差异讨论

在流动儿童的地区维度上，研究结果表明，只有在情绪稳定上，杭州十三中的流动儿童低于寿春中学的流动儿童，并表现出显著差异。杭州十三中作为公立学校，以走读制和寄宿制相结合，而合肥寿春中学作为私立学校，以寄宿制为主。在合肥寿春中学，流动儿童大部分时间都是在学校和其他同学及老师相处，活动空间相对狭窄，学生接触外界事物的可能性比较低，所以在情绪稳定维度上的得分相对较高，而杭州十三中的学生，学生家庭经济实力层次多样，容易心理失去平衡，从而影响情绪稳定性。

流动儿童在性别变量上的研究结果表明，其在目标定向和心理弹性总分上性别差异显著，具体表现在男生显著高于女生，在情绪稳定、学习能力、外界支持感、自我效能感、自尊和个体歧视知觉等维度上差异虽然不显著，但男生得分总体高于女生得分。由于传统思想的影响，流动儿童父母对男孩的期望要远高于女生，有的父母对女孩的要求只是读满高中，甚至有的父母只要

求女孩完成九年义务教育即可，而对男孩则基本要求考上大学。这就导致了不同性别流动儿童在目标定向上的差异。父母对不同性别的子女的不同期望可以导致流动儿童不同水平的心理弹性及其结构。

在年级变量上，九年级的得分较低。数据显示，只有在目标定向、自尊、个体歧视知觉上有显著差异。目标定向的具体情况是八年级最高，接下来是七年级和九年级，其中，七年级和九年级比较、八年级和九年级比较有显著差异。进入中学的学生一般都会给自己定较高的目标，进入八年级后，目标会逐渐提高，到九年级，由于升学等现实压力的影响，心理弹性有所降低，这与研究结果基本相符。本研究发现不同年级的初中流动儿童在自尊上存在着显著的差异。事后比较表明七年级学生的自尊水平显著高于八年级学生的自尊水平，七年级与九年级、八年级与九年级之间不存在显著差异。

在是否独生变量上，独生流动儿童的心理弹性总体低于非独生流动儿童，除自我效能感因素，独生流动儿童得分高于非独生流动儿童得分，但差异不显著。原因可能是因为非独生流动儿童有着更多的交流机会，能获得更多的情感支持。自尊和个体歧视知觉在是否独生变量上的差异不显著。

3. 流动儿童心理弹性、自尊、个体歧视知觉的关系讨论

自尊作为自我中较为稳定的成分，在人格的发展中发挥着重要的作用。根据本研究结果，自尊起到部分中介作用，且中介效应比较显著。自尊作为一个人格中介变量，对个体歧视知觉等方面有着重要的影响。当心理弹性较高时，流动儿童能够积极地接受当前的生活，并能提高其自尊水平，从而更好地融入社会，以至于难以感受到社会的歧视；而当心理弹性较低时，流动儿童不能感受到家庭和社会的保护性因子，更多情况是认为家庭社会是冷漠的，不能积极地认识自我并认同接纳，这会影响他们对外界的看法，导致他们对自己的生活比较迷茫和消极，从而拒绝接受其他个体，产生较高水平的个体歧视知觉。自尊与个体中起能动作用的个性品质紧密联系，并影响着个体心理健康。

第七节　提高流动儿童城市生活适应性的教育对策

我们认为，要促进流动儿童城市生活适应性，处理好他们面临各种因素间的关系，必须从社会层面、学校层面、家庭层面和流动儿童自身层面各方面

齐心协力，协同配合，采取综合措施。

一、社会层面

首先，各级教育行政部门应该为流动儿童提供更多的便利，为他们制定一些针对性的政策，让他们真正与城市儿童一样享受平等的教育。

1. 淡化社会分类标准，推进户籍制度改革

中国的户籍制度人为地将全体公民分为"城市人"和"农村人"，这种城乡户籍制度在建立初期确实起到了一定的作用，但是随着市场经济的发展，户籍制度日益暴露出很多弊端。一方面，它限制了城乡劳动力的自由流动，阻碍城乡之间的统筹发展；另一方面，城乡间二元结构使城乡居民根深蒂固地存在一种"贵贱"的等级意识，最终影响城市社会及城市居民对流动儿童的接纳，反过来影响着流动儿童对城市生活的良好适应。因此现行的户籍制度改革的滞后性已经严重影响着城乡居民之间的流动，阻碍了城市化、城镇化和现代化进程。

现行的户籍制度只是单纯的以地域为标准将公民划分为"城市人"和"农村人"，这种分类加剧了城市居民群体和农民工群体间的利益冲突和矛盾。由于社会分类的标准是多重的、多层次的，分类标准不同决定了人们不同的利益归属。因此我们可以淡化这种单纯的以地域为标准的分类，而采取多重分类标准将处于城乡之外的流动人员群体划入不同的群体，比如通过流动儿童加入一些城市儿童所在的社团组织，增进与城市儿童群体沟通和交流，为群体划分创造新的互动情境，模糊流动儿童"外来人口"的身份标志，淡化原先的城乡户籍划分标准，促进流动儿童更好地融入城市生活，提高其城市认同感和归属感。

2. 加强城市公立学校的接纳性教育，强调尊重沟通

处于童年期、青春期的流动儿童身心正发生着剧变，学校和教师的教育作用渐渐超过了家长的教育功能，成为他们社会化最重要的场所。流动儿童跟随父母来到城市，大多是插班进入城市公立学校学习。城乡之间发展差异，生活习惯不同，言语沟通差异等，对流动儿童更好地融入新城市，增强城市认同感造成一定的阻碍。城市公立学校应当加强对流动儿童的接纳性教育。

首先，在充分尊重流动儿童个人隐私的前提下，积极宣传流动人员群体为城市建设所作出的巨大贡献，让城市儿童认识到外来务工群体对其生活的

重要性，从而尊重整个城市流动人员群体，尊重流动儿童。其次，加强对教师的师德教育，提高教师的职业道德素养，增强教师的责任感，实现教育公平。最后，经常举办群体参与性较强的集体活动，增加城市儿童和流动儿童之间的互动，增进彼此的沟通交流，消除可能存在的隔阂。

3. 消除歧视心理和行为，构建和谐社区

营造和谐的城市社区氛围，加强对社区居民的思想教育和舆论宣传，消除对流动人口的歧视性偏见，为流动儿童更好地融入城市生活，提高生活满意度，创造良好的社会文化氛围。

一是以平等的心态接纳流动儿童群体，实现同城待遇。一方面，因流动儿童特殊的生活经历，使其来到城市后无法立即接受城市居民的生活习惯和适应快节奏的生活，产生强烈的文化休克和心理恐惧，从而造成城市生活适应困难；另一方面，城市居民种种歧视行为和异样的眼光也阻碍着这个特殊的儿童群体对新城市的认同。广大城市居民应该充分认识到外来务工人员群体为城市建设所作出的巨大贡献，把外来务工人员群体当作平等的主体看待，进而以平等的心态接纳流动儿童群体，让流动儿童对这个城市产生归属感，促进流动儿童更好融入新城市，提高其生活满意度。

二是加强城市媒体舆论宣传，创造良好人文社会环境，更好地为流动儿童适应城市生活创造条件。政府及报刊杂志、广播电视网络等媒体应本着积极客观的态度，通过事实宣传来纠正市民对农民工及流动儿童早已存在的刻板印象，在媒体宣传过程中给予外来务工人员更多的尊重和重视，呼吁城市居民共同关注流动儿童城市生活适应，逐步消除外来务工人员及流动儿童群体同城市居民群体间的隔阂和误解。

三是加强社区环境管理。作为社区管理单位的居委会应该加强社区服务，呼吁城市社区居民认同和关心流动儿童群体的成长，为流动儿童创造一个良好的社区环境。经常举办社区活动，增进流动人员家庭与市民家庭的沟通交流，促进良好邻里关系和社区关系适应。

4. 政府要完善教育制度，保障流动人员子女教育的公平性

首先，制定教育政策，完善教育制度，确保流动儿童的公平教育权。各省市教育部门都推出一系列针对流动人员子女的教育政策，但是在条件上还是有一定限制，教育行政部门要尽快改革这种规定。如，福州市教育局从 2007 年起规定了市内所有公立学校都向农民工子女敞开大门，进城务工人员随迁子女只要具备“三证”就可进入公立学校就学。但是申请转学到福州公办小

学则由进城务工人员持有关证件到暂住地片内小学申请入学，如片内小学生源已满无法安排，则由暂住地所在区教育局对符合条件的进城务工人员随迁子女给予统筹安排。但是由于教育资源的不平衡，流动人员子女受此规定限制无法到优质的一类达标校就读。此外，随着越来越多流动儿童入学，教育行政部门应增加学校教师编制。教育局在分配学校教师名额时，未将周围的流动儿童纳入师资配置计算，只按划片小学人口分配学校教师名额，无形中造成了学校教师资源紧张。教师教学负担加重，工资却没有提高。部分教师对流动儿童产生排斥情绪，进而加大了学校在外来务工子女的教育管理上的难度。

其次，全面实施异地高考政策，凸显教育体制改革的公平性。今年(2013)北京、福建等各省市陆续出台异地高考的具体政策措施。福建省教育厅规定从2014年起，凡在福建高中有3年完整的学习经历的非户籍考生，可在福建省就地报名参加普通高考，并允许参加本、专科层次录取，与福建考生享受同等录取政策。在高考方面，今年福建省开展中职校推荐优秀应届毕业生入读高职院校和“高职单招”改革中，已首次允许外省务工人员随迁子女报考。在中职教育方面，入学一年级和二三年级涉农专业免学费政策和家庭经济困难学生资助政策，福建省已实现随迁子女和当地户籍学生一视同仁。泉州市所有一级达标校已对随迁子女开放，厦门大部分一级达标校已对随迁子女开放，福州也有部分一级达标校招收随迁子女就读。这些政策的出台，极大地提高了流动人员子女就学的稳定性，提高教育质量。

再次，政府重视对流动人员的关注，加大投入，提高社会支持力。政府要增加拨款，加大教育投入，切实关注外来务工人员的生活状况，工作人员也要及时地反映外来务工人员的心声和困难需要，并发布相关政策快速做出回应。让农民工家庭感受到更多的社会支持，改善生活状况，帮助他们能够更快地适应城市生活。同时，呼吁通过社会各种力量的支持，改善他们生活状况，来提升其心理韧性，降低疏离感，增加温暖感。

最后，媒体还应注意正向舆论引导。媒体要充分发挥舆论导向作用，呼吁公众转变对外来务工人员的偏见，在民众心中确立外来务工人员的贡献地位，发挥正能量，引导外来务工人员及其子女肯定自身价值，提升自尊水平，从而提升心理韧性，降低流动儿童的疏离感。

二、学校层面

1. 加强对流动儿童心理健康的教育，实施心理辅导

首先，学校要配备高素质的心理教师。对教师的素质严格把关，定期培

训进修，确保教师能够胜任心理辅导工作，及时对流动儿童进行心理干预和心理辅导。在日常学习生活中，教师应对外来务工流动子女进行潜移默化的影响教育，提高其正确认识自我价值的能力，以及对社会支持的感知能力，全方位地接受社会支持，提高流动儿童的心理韧性水平。其次，开设心理健康教育课程，实施心理辅导。在对流动儿童的教育中，运用科学方法，强调褒扬为主、批评为辅，对他们进行积极关注，留意他们的优点，多鼓励肯定以提高他们的自尊水平。再次，流动儿童老师应给予他们更多的帮助。与城市本地儿童相比，流动儿童更容易遇到一些困难，当这些困难超出了流动儿童本身的应付范围，可能会对他的身心发展带来很大损害。所以老师应当主动询问他们在生活学习中遇到的困难，并帮助他们解决。最后，老师应平等对待流动儿童。当有本地儿童对流动儿童有歧视时，应及时制止说服教育。

2. 培养良好的学习生活习惯，提高与新环境的融合度

学校教师要实施引导教育，提高他们的融合度。不少流动儿童受农村环境的影响，存在着一些不良生活和学习习惯，组织性、纪律性及时间观念不够强，生活散漫，自我管理能力较弱，不能适应城市学校学习、生活要求。老师要对这些学生进行遵纪守法教育，增强组织性、纪律性的常规教育和训练，逐渐改正其各种不良习惯，使其更快融入学校集体生活之中。

3. 增强同伴沟通交往，降低疏离感

(1) 鼓励流动儿童同伴交往，改善人际关系，促进适应。鼓励流动儿童朋辈多沟通。本课题的研究对象都是小学生/中学生。进入青春期后，他们随着年龄增长，个体自我意识、社会性交往、亲子关系、同伴关系等都发生了悄然的变化。进入初中后，学生由对父母感情上的依赖转向朋友、同伴，所以良好的同伴关系开始成为影响其健康成长的重要因素，进而影响生活满意度。因此，应该鼓励流动儿童与城市儿童多交往。通过与城市同辈群体一起互动、沟通、合作和共享，能使流动儿童在城市同辈群体中的受欢迎度明显提高，增进群体间的了解，获得彼此之间的信任和理解。流动儿童与城市儿童成功交往，这将会大大提高其对城市儿童群体的认同度，增强自信心，改善其同伴关系，而良好的同伴关系有利于流动儿童更好地融入城市生活，增加城市认同感和归属感，增强城市生活适应的能力，提高生活满意度。这是一个相辅相成、良性循环的系统。

(2) 培养良好的人际交往能力和语言交流能力。我们要通过语言交流能力的训练，以培养他们人际交往的能力，改善人际关系。对于流动儿童影响

最大的生活事件就是学习压力和人际关系困扰。学习压力主要表现在学习负担重、升学压力、考试失败;而人际关系压力,主要是被人误会或错怪、当众没面子、同学或好友发生纠纷等。多交往有助于改善人际关系。

加强语言表达能力的训练,学会合理表达自己思想。来自外地的流动儿童特别是农村过来的孩子受地方方言影响较大,刚开始在与邻居、老师和同学交流时较多使用方言,这会直接影响着与老师和同学的沟通和交流。家长、邻里尤其是老师要帮助他们克服语言交流方面的障碍,引导他们在上课时,尽可能讲普通话,在课余时还可对他们进行一些普通话训练,使其尽快掌握普通话的日常用语,以适应城市学校的生活和学习。

4. 学校要与家庭建立良性、经常沟通联系的平台

教师要与家长定期电话沟通,上门家访,及时了解学生在家、校的各种信息。教师经常到流动儿童家里家访,定期与流动初中生的家长沟通,给予他们切实可行的支持和帮助。

教师要发挥各种现代化的通讯联系平台,学做流动儿童的良师益友。尽管学校设有专门的心理健康室,安排专门的心理健康咨询教师,但是流动儿童在遇到烦心的事情,还是很少向老师求助,更多的还是转向 QQ 网络和其他同学。老师应取得流动儿童的信任,有意识地与他们建立朋友式的师生关系,开展人文关怀的集体活动,让他们感受学校教师的温暖。

三、家庭层面

家庭教育对流动儿童的成长起着非常重要的作用,家长要高度重视并且配合学校教育。

1. 父母主动配合学校,改变不良的家教方式与方法

(1) 父母要积极主动配合学校,与老师保持密切的联系。大多数的流动儿童的家长主要从事小商品买卖,有的工作稍稳定些,如农贸市场的业主、小吃店店主等,还有的工作收入不稳定,如三轮车车夫、各种建筑工地的民工等。这些家长工作非常辛苦,平时几乎无法抽出时间和孩子的老师单独进行沟通交流,因此,参加学校举行的家长会就成了家校联系最重要而几乎唯一的方式。大部分流动儿童家长"不主动联系学校"、"出事时才与学校联系"。某中学教导主任说道:"城里学生的家长一般都问'我们应该怎么做?'而流动儿童的家长却总是对老师说'我也没办法','我没空'。教师要苦口婆心告诉他们要怎么做,在家庭教育方式方法上及时予以指导。"

(2) 父母要转变观念,采用科学的教育方式方法。流动儿童家长的知识层次都比较低,父母文化程度普遍不高,其中目不识丁的也不乏其人。在教育子女的问题上,这些父母仍以打骂为主,正如一位孩子说的:“永远不要和父母吵架,因为你吵不赢的时候只有挨骂,当你吵得赢的时候只有挨打。”不少的家长持漠不关心的态度,在孩子放学回家后根本不过问孩子的学习情况,晚上也不督促孩子复习,只顾自己打牌、搓麻将、看电视。按照他们的说法“我没有时间过问孩子的学习”,“学习没有多大用处,不如让孩子多做些家务”。不少家长存在着错误的思想——把学校当成保姆站,把老师当成保姆,认为子女的教育只是学校的事情。这种对子女的教育问题不闻不顾的态度,造成了不少学生无法形成正确的人生观和价值观,甚至走上了犯罪的道路。

部分的流动儿童的家长对其子女的学习还是积极关注的。他们对孩子的学习基本上还是能够尽到督促的责任,并在力所能及的范围内为孩子的学习提供必要的物质保证,但是他们的这种关心主要是在学习方面,而对流动儿童的心理方面没有给予很好的关注,在某种程度上加大了流动儿童的学习负担,家庭成员对流动儿童城市生活适应性的影响是最关键的因素。父母应该给予孩子更多正性情感,采用鼓励、赞赏的教育方式,使孩子在温暖、和谐、温馨的家庭环境中成长,促进其人格健康。相反,如果父母总是采取批评、打骂的教育方式,对孩子漠不关心,孩子由于缺乏与父母有效的沟通,久之会形成一种不成熟的消极应对方式来处理生活中的日常事务。

2. 改善家庭环境,创造温馨的家庭气氛

改善流动儿童的家庭学习环境。学习环境是影响流动人员子女学习效果的最重要的外部因素,良好的学习环境对学生努力学习、提高学习效果有着积极的作用。根据本研究的数据分析来看,房子是租住的还是自买的,对流动儿童的学习并没有显著的影响,相反家庭周围的居住环境和卫生条件对流动儿童的环境倒是造成了巨大的影响。因此家庭作为子女生活的主要场所,流动儿童的家长要有意识地创造良好的生活环境,使子女受到良好的文化感染和熏陶。家长还要组织好生活,处理好成员之间的关系,坚持正确的道德行为准则,形成团结和睦的家庭气氛,建立井井有条的生活秩序,以陶冶子女的美好情操。

改善流动儿童家庭氛围环境,促进家庭关系适应良好。家庭的很多因素也影响着流动儿童对城市生活的适应和生活满意度。家庭经济困难、居住环境的不稳定和简陋、家长文化水平的相对低下等因素,都不同程度地影响着流动儿童对流入地城市的认同感。对于家庭经济、居住环境等客观条件的改善不是短时间内能够解决的，家长要致力于改善家庭软环境，改善家庭氛围、亲子关系等来提高流动儿童的生活满意度。

3. 注重家庭教育的作用

家长不正确的教养方式对流动人员子女的心理健康具有消极的作用。因此，一方面，通过对家长的教育，改善其教养方式，确保外来务工流动人员子女心理健康的正向发展；另一方面，通过与家长的密切联系，关注外来务工流动子女的心理情况，对其心理问题及时干预。

一方面，加强流动儿童家庭与学校的交流与合作。家长要树立正确的教育观念，家校合作形成教育合力，共同关注孩子成长。家和学校是流动儿童所处时间最长的场所，也是他们接触社会，产生城市认同感与归属感的重要场所，本着共同促进流动儿童健康成长的目标，流动儿童家长要通过电话、亲自前往等方式向学校了解孩子在学校各方面的情况，建立家校联合的流动儿童监护体系，及时发现流动儿童在适应新的学习环境过程中遇到的困难和产生的问题并采取相应措施来解决，以此帮助流动儿童更好地融入新城市，提高其生活满意度。

另一方面，提高流动儿童家长自身素质，树立正确的家庭教育观念。家长是孩子的第一任老师，也是终身老师，家长的行为方式、处事风格、价值观念对儿童有着潜移默化的影响。因此流动儿童家长有必要在言行上严格要求自己，为流动儿童作出榜样。加强亲子沟通，不仅要重视孩子的物质需求，更要关注孩子的心理需求，努力为孩子提供一个民主和谐健康的家庭环境，及时发现流动儿童存在的有关生活、学习和心理等方面的问题，并采取适当有效的措施解决改善流动儿童的家庭关系适应。

四、流动儿童层面

1. 引导流动儿童正确认识自我，减少被歧视知觉，提高自尊水平

小学生、中学生的心理发展有其特殊的年龄特征。小学高年级、初中阶段个体心理发展总的特点是，处在一种半幼稚半成熟的状态，它充满着独立性和依赖性、自觉性和冲动性、成熟性和幼稚性等错综复杂的矛盾。他们有强烈的独立倾向性，重视自己的主观世界，对自己内心的感受、体验和变化特别敏感，因此要引导流动儿童更客观地正确认识自己，形成正确的自我意识，减少被歧视知觉，增强自我价值感，提高自尊水平，培养健康人格。

2. 引导流动儿童学会合理归因，正确对待成功与失败，提高心理韧性

流动儿童在主观上要积极参加学校组织的各种团体活动，减少疏离感，加强自我的挫折教育。正确认识在初入新环境新学校后的挫败感，学会合理的归因，正确对待自己的成功与失败，锻炼心理韧性，做到愈挫愈勇，加强自己应对挫折的能力，提高心理容忍力。

流动儿童要学会为自己制定合理的生活和学习目标。首先，给自己合理的定位，能树立自信心。其次，要掌握一些常用的、应对生活适应过程中常见心理问题的技巧方法，及时调整自我，以促进自我健康人格和良好道德素质的养成。再次，要加强自己各方面的修养学习，多浏览阅读各种有益的书籍，用知识来填充自己。

综上所述，要提高流动儿童的城市生活适应性，需要学校、家庭、政府三方面密切配合。我们应以家庭为中心，学校、政府相互配合，共同合作，齐抓共管，学生自我努力配合，共同促进流动人员子女适应性的提高。

第五章　流动儿童学习适应性与其他因素的相互关系

第一节　流动儿童学习适应性问卷的编制

一、流动儿童学习适应性问卷(中学卷)的编制

1. 研究目的

本研究旨在以往研究者各种版本的学生学习适应性问卷的基础上,编制出一份能反映流动儿童特有的学习特点,具有较好的信度、效度指标的学习适应性问卷,以期更好地反映流动儿童的学习适应性状况,更好地研究流动儿童的学习情况。

2. 初测问卷的形成

(1) 维度的确定

① 以往学习适应性问卷的维度。学习适应性是指学生改变环境或自身以达到学习上的和谐,取得更好的学习效果的倾向性,也是一种能力。目前运用最广泛的是由华东师范大学心理系周步成等人研制的《学习适应性量表》,简称AAT,该量表包含4个维度,分别为学习态度、学习环境、学习习惯、学习技术;台湾学者陈影豪等编制《学习适应量表》,该量表维度有学习方法、学习习惯、学习态度、学习环境和身心适应5个维度;2002年王淘把学习适应性分为学习的计划性、学习的动力性和学习的方法性3个维度;华瑞人才测评公司的《中学生学习适应性测验》包含学习期望、学习方法、学习环境、学习意志力、学习动机和身心健康等维度。

综上所述,学者们都认同学习动机、心理健康、学习环境和学习方法为学习适应性的主要维度。结合皮亚杰的认知发展理论中同化和顺应的观点,流动人员子女适应就是不断地同化和顺应。而同化和顺应这个过程,影响的因

素是复杂多样的，内部因素有学习策略、学习动机和学习自主性，外部因素有学习环境。在前人研究的基础上，初步确定学习适应性的影响因素有学习策略、学习动机、学习自主性和学习环境 4 个维度。

② 半结构访谈。为了进一步了解流动人员子女的学习适应性的维度结构，选取部分流动人员子女进行一对一的调查和访谈。分别在流动儿童较多的福州金山小学和晋东小学开展两次半结构访谈。我们发现流动人员子女在学习环境上、学习策略上都有很大的不足，特别是家里的学习环境，而学习策略就只知道简单的预习和复习。在学习动机和学习自主性方面，学习动机不强烈，学习也不是很主动，要靠教师和家长的督促才能完成学习。访谈的结果显示，学习适应包含学习策略、学习动机、学习自主性和学习环境 4 个维度的设想是正确合理的。

③ 学习适应性问卷各维度的确定。在以往研究的基础上，综合各家之长，在结合流动人员子女的特殊情况下，通过两次半结构式访谈的证明，确定流动人员子女学习适应性问卷的 4 个维度：

a. 学习策略：指学生在学习过程中，运用各种方法帮助自己有效学习。

b. 学习动机：指推动学生进行学习活动的内、外在原因，是学习活动的推动力，又称“学习的动力”，包含内外部动机、权威动机、认知动机、成就动机。

c. 学习自主性：指学生主动学习的特性，在没有学习任务的时候，主动学习。

d. 学习环境：指学生在学习过程中所处的客观环境和主观环境。学生在学习过程中，运用各种方法帮助自己有效学习。

(2) 项目的形成

在确定四个维度的基础上，初步编制出学习适应性量表。通过 12 名心理学研究生和 3 名教授对问卷的审阅，笔者进行多次的修改，最终形成学习策略、学习动机、学习自主性和学习环境 4 个维度，形成 36 个项目的学习适应性初测问卷。

3. 问卷初测及结果分析

(1) 研究对象

采取分层抽样的方法选取被试，选取厦门同安一中的学生 200 名，其中初一 80 名，初二 60 名，初三 60 名；选取厦门乐安中学的学生 150 名，其中初一 50 名，初二 50 名，初三 50 名。

(2) 研究方法

使用 SPSS 16.0 软件对数据做项目分析、探索性因素分析和信效度分析。

(3) 数据及结果分析

① 项目分析。采用 t 检验法和相关法进行项目分析。t 检验法和相关法共剔除题项 0 个,说明 36 个题项的项目区分度均较好,36 个题项都适合做探索性因素分析。

② 探索性因素分析。项目负荷值表示项目和公因子之间的相关,项目负荷值越大说明该项目和公因子的关系越紧密。在本研究中,因素分析采用的是主轴分析法抽取因素,再利用正交转轴法萃取特征值大于 1 的因素。通过多次反复分析探索性因素分析的结果,保留和删除题项。其中保留项目的判断标准有三个:a. 项目在因素上的负荷要超过 0.30;b. 一个项目在任意两个因素上的负荷之差要大于 0.2;c. 每个因素所包含的项目大于或等于 3 个。最终确定的学习适应性问卷保留 19 个项目。以下是探索性因素分析的相关结果。

首先分析数据,判断能否做探索性因素分析,结果显示,*KMO* 指标为 0.934,*Bartlett's* 检验值为 4 647($df=171$),$p<0.001$,表明该数据适合做因素分析。其次进行因素提取,结果表明,特征值大于 1 的因素有 4 个,累计方差贡献率是 56.424%。根据卡特尔的"陡阶检验"原理,因素点状图的陡坡和缓坡发生在第 4 个因素的位置上,抽取 4 个因素最为合适。

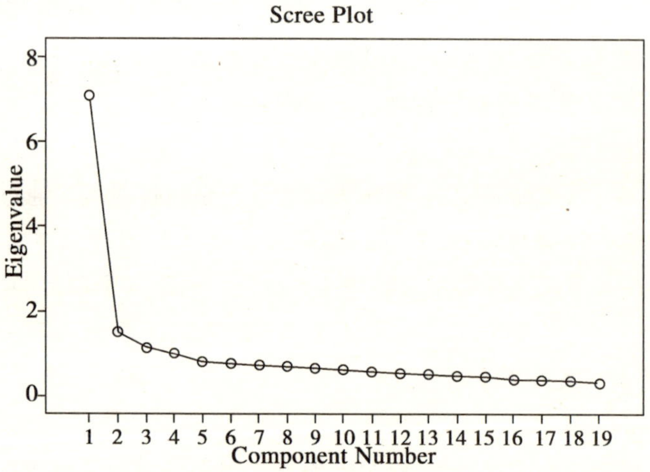

图 5-1 学习适应性碎石图

其中因素 1 命名为"学习动机",学习动机是指推动学生进行学习活动的内在原因,是学习活动的推动力,又称"学习的动力",包含内外部动机、权威动机、认知动机、成就动机;因素 2 命名为"学习自主性",学习自主性是指学生主动学习的特性，在没有学习任务的时候，主动学习；因素 3 命名为“学习策略”，学习策略是指学生在学习过程中，运用各种方法帮助自己有效学习；因素 4 命名为：“学习环境”，学习环境是指学生在学习过程中所处的客观环境和主观环境。

表 5－1　初测问卷因素分析的结果

	因素载荷				共同度
	*F*1	*F*2	*F*3	*F*4	
S12	0.778				0.626
S27	0.768				0.681
S4	0.636				0.643
S1	0.619				0.453
S10	0.543				0.426
S26	0.530				0.472
S36		0.711			0.577
S35		0.693			0.626
S22		0.689			0.585
S17		0.662			0.605
S20		0.613			0.546
S6			0.710		0.567
S8			0.710		0.610
S7			0.638		0.658
S5			0.516		0.573
S9			0.514		0.440
S32				0.721	0.592
S30				0.659	0.579
S31				0.540	0.460
特征根	7.080	1.495	1.147	1.000	
贡献率	37.26%	7.87%	6.03%	5.264%	

4. 问卷正式施测及心理测量学特征分析

(1) 研究对象

本研究中，流动人员子女不仅包括外来务工人员子女，也包括所有外来人口(有来自农村的，也有来自其他城市的)。与流动人员子女相对应的是“城市常住儿童”，城市常住儿童是指父母均是户籍所在地城市的居民，一直就在本市学习和生活的初中生。

本研究对象是初中学生，选择厦门岛外的几所流动儿童比较多的初中学校做研究。采取整群取样的办法，以班级为群体发放问卷。分别选取集美乐安中学、同安中学、同安洪塘中学、灌口中学、上塘中学的学生为被试。一共发放800份问卷，删除无效问卷后余676份。

(2) 研究方法

使用SPSS 16.0和LISREL 8.51统计软件对数据进行处理和分析。

(3) 数据及结果分析

① 效度分析

a. 内容效度。通过15名专家的评定，各维度下的项目很好地反映学习适应性的内容。学习适应性正式问卷各个项目很好地表达了学习适应性各维度，能很好的测量学生的学习适应性情况。

b. 结构效度。由表5-2可见，量表的各维度之间的相关性均达到非常显著的水平，并且明显低于与总量表的相关系数。这说明量表所包含的四个维度有一定的区分度和鉴别力，各维度不仅方向一致，又有所差异，彼此之间不可替代。而且各维度与总问卷之间具有很高的相关，相关系数在0.626—0.857之间，且高于大部分维度之间的相关，因此，各维度与总体概念一致。这些也都说明了该量表具有很好的结构效度。

表5-2 自编的学习适应性问卷各维度之间、各维度与总量表之间的相关分析

因子	学习动机	学习自主性	学习策略	学习环境	总量表
学习动机	1				
学习自主性	0.616**	1			
学习策略	0.645**	0.618**	1		
学习环境	0.367**	0.490**	0.366**	1	
总量表	0.857**	0.861**	0.833**	0.626**	1

注：** $p<0.01$

c. 验证性因素分析。构想效度是指使用的量表能够说明那些用来解释人类行为的理论框架或心理特质的程度。构想效度的检验一般运用验证性因素分析，从数据的角度来检验理论结构的拟合程度。

在探索性因素分析的基础上，本研究使用LISREL 8.51软件进行验证性因素分析，以检验理论模型与数据的拟合度。本研究得到的假设模型拟合指数结果见下表。

表 5-3 中学生学习适应性问卷拟合指数表

x^2	df	x^2/df	$RMSEA$	GFI	$AGFI$	NFI	IFI	CFI	$NNFI$
345.95	146	2.37	0.052	0.93	0.91	0.90	0.94	0.94	0.93

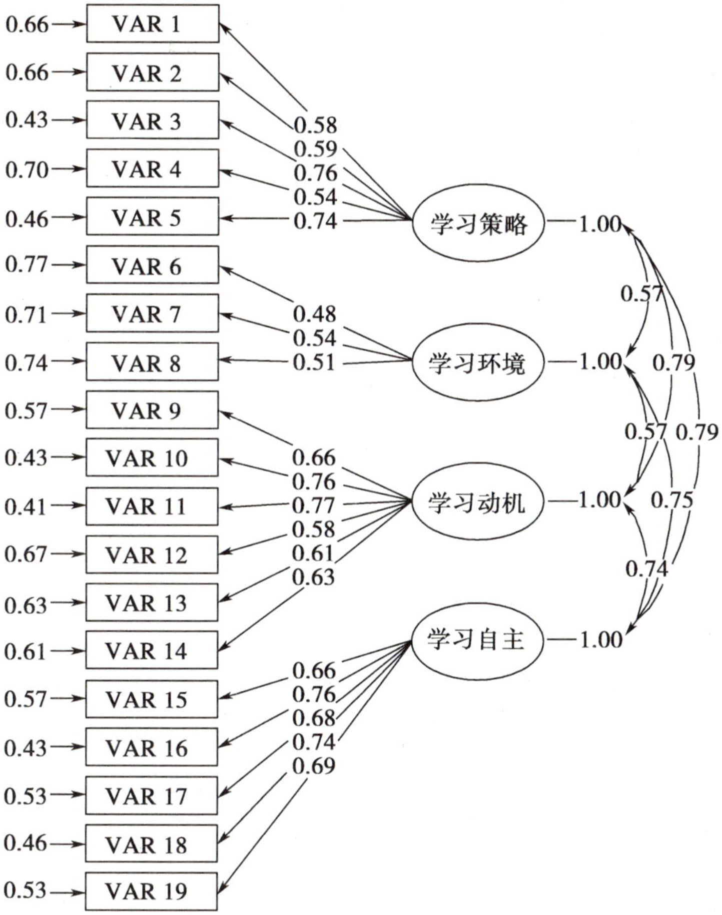

图 5-2 学习适应性问卷结构模型

从数据的结果可以看出：在模型验证的研究中，卡方检验常采用 x^2/df，该值的理论期望是 2.37，x^2/df 越接近于 1，说明模型的拟合度越好。在实际研究中，当 $x^2/df<5$ 时，可以认为模型的拟合度比较好；近似误差指数 *RMSEA* 为 0.052，*RMSEA* 值越小越好，温忠麟等推荐的临界值为 0.08；[1]

〔1〕 温忠麟，侯杰泰，马什赫伯特. 结构方程模型检验：拟合指数与卡方准则[J]. 心理学报，2004，36(2)：186-194.

拟合优度指数 *GFI* 和 *AGFI*、拟合指数 *NNFI*、*IFI* 和 *CFI* 取值都在 0—1 之间，越接近于 1，表示拟合越好，一般 0.9 以上表示拟合较好。

以上数据结果看出，x^2/df 是 2.37，*RMSEA* 是 0.052，GFI、AGFI、IFI、CFI 等值在 0.9 以上。这结果表明，该模型结构效度较为理想，可接受所构建的学习适应性问卷的结构模型。

② 信度分析

a. 内部一致性系数。从表 5-4 中可以看出，问卷各维度的 α 系数介于 0.515～0.900 之间。其中仅有学习环境的 α 系数低于 0.6，总的说来，问卷的 α 系数仍然在可接受的范围内。

表 5-4　学习适应性量表的内部一致性系数

Cronbach's Alpha（*N*=676）	
学习动机	0.839
学习自主性	0.830
学习策略	0.776
学习环境	0.515
总　分	0.900

b. 分半信度。从表 5-5 中可以看出，各问卷的分半（Split-Half Coefficient）系数介于 0.478～0.837 之间。其中学习环境的 α 系数低于 0.6，可能是因为不同家庭条件的初中生对自身学习环境的理解不同，这种差异将会降低内部一致性。总的说来，α 系数仍然在可接受的范围内。

表 5-5　学习适应性量表的分半信度

Split-Half Coefficient（*N*=676）	
学习动机	0.826
学习自主性	0.775
学习策略	0.670
学习环境	0.478
总　分	0.837

5. 分析与讨论

（1）学习适应性量表的结构

学习适应性的结构是编制学习适应性测量工具的依据，而结构确定又取决于概念的性质。学习适应性是指学生改变环境或自身以达到自己在学习上的和谐，取得更好的学习效果的倾向性。学习适应性的核心是身心两面的适应性，是对待学习的倾向性。

我们在以往相关研究的基础上，初步确定学习适应性包含四个维度，分别是学习动机、学习自主性、学习策略和学习环境。通过两次访谈进一步论证学习适应性包含四个维度。

(2) 学习适应性量表的心理测量学特征

从项目的区分度来看，研究考察了项目维度总分相关、因子的载荷量以及决策值，各个项目与因子载荷量均在 0.30 以上，项目的决策值均呈现显著性水平。学习适应性总分与各个维度的相关在 0.626—0.857 之间，且高于大部分因子之间的相关，因此，各因子与总体概念一致，这些也都说明了该量表具有很好的结构效度。

从量表的信度分析，研究检验了问卷的内部一致性系数和分半信度系数，各个维度的 α 系数在 0.515～0.900 之间，总量表的 α 系数达到 0.900。各维度的分半信度系数在 0.478～0.837 之间，总量表的分半信度系数是 0.837。总体来看，量表具有较好的信度，由于研究中没有进行重测检验，所以重测信度在将来的研究中有待进一步完善。

从量表的效度来看，初测的研究结果从因素分析中抽取了四个维度，共解释了总变异量的 56.424%。正式施测中的验证性因素分析的结果表明，这四个维度的模型能够得到较好的拟合；同时，量表的各维度之间、各维度与总量表之间的相关分析显示量表的四个维度有一定的区分度和鉴别力，而且与总量表的概念一致，因此学习适应性量表具有较好的结构效度。

二、流动中学生学习适应性问卷（中学卷）的修订与编制

1. 研究目的

本研究是总课题下的子课题。[1] 旨在探索影响流动中学生学习适应性的主要因素；在研究一的基础上，修订流动中学生《学习适应性问卷》（中学卷），微调学习适应性问卷的结构。

2. 研究过程

(1) 问卷题目的编制

本研究通过以下途径编制题目：

[1] 总课题是国家社科基金项目教育学一般项目“十一五”教育科学规划立项课题：“流动人员子女城市生活适应性与学习适应性研究”课题批准号 BHA100060.

① 查阅文献：本课题组成员胡海沅针对流动初中生编制了《学习适应性问卷》，本研究查阅并参考了前人关于学习适应性的研究资料，对胡海沅编制的《学习适应性问卷》做修订。

② 半结构访谈：在文献查阅的基础上，结合本研究探讨的流动中学生学习适应性问题，采用半结构访谈的方法获取被试的信息。访谈对象为初中一年级至高中二年级的流动学生，结果发现，流动中学生的学习适应存在一些问题：a. 学习自觉性差，基本不会预习或复习知识。b. 没有学习愿望以及学习目标，不知道上学是为什么，也不知道不上学能干什么。c. 家长忙于生计，无暇顾及孩子学习，教育方式严重滞后。d. 平时作业质量差，遇到不懂的问题不会问，听之任之，对自己取得好成绩没有信心。

将以上所收集到的题目进行归类和总结，同时参考现有的量表，形成了包括 67 个题项的预测问卷。请多名心理学教授以及心理学研究生修改问卷，提高问卷的内容效度。

（2）问卷初测

① 研究对象。采用方便抽样的方法，在福州、厦门两所流动中学生较多的学校进行取样，选取福州二十中学学生 170 名，厦门六中学生 170 名。

② 实施方法。a. 用一节课 45 分钟的时间进行集体施测，主试是心理学研究生。b. 检查收回的问卷，剔除问卷答案呈明显规律性问卷。

③ 研究工具。使用 SPSS 16.0 软件对数据进行项目分析、探索性因素分析和信效度分析。

3. 研究结果与分析

（1）初测问卷的项目分析

采用独立样本 t 检验和相关法进行项目分析，对高、低分组被试的差异进行独立样本 t 检验，最后，将 t 检验结果未达到显著水平的题项进行剔除[1]。根据以上标准删除 A19、A52、A62。其余 64 题项均达到显著性水平，可进行下一步的探索性因素分析。

（2）初测问卷的探索性因素分析

① 因素分析的适当性。因素分析的目的在于求得量表的结构效度，以最少的公因素对总变异量作出最大的解释。因素分析的先决条件是题目间的相关性，我们用 Bartlett 球形检验题目间的相关特点，结果需要达到显著。结

〔1〕 吴明隆. Spss 统计应用实务［M］. 北京：中国铁道出版社，2000.

果显示，本研究的 *KMO* 指标为 0.871（*KMO* 系数在 0.8—0.9 之间适合做因素分析）[1]，同时 Bartlett 球性检验值为 2636.003（$df=300$，$p=0.000$）达到显著水平，说明可以进行下一步的探索性因素分析。结果见下表 5－6：

表 5－6　*KMO* 与 Bartlett 检验

Kaiser-Meyer-Olkin 取样适切性		0.871
Bartlett 球形检验	近似卡方分布	2 636.003
	自由度	300
	显著性	0.000

② 项目筛选。因素负荷量是指因素结构中，各题项进行因素分析时抽取出的共同因素的相关。因素负荷值越大说明该题项和公共因子的关系越紧密。在本研究中，题项数在 50 题以上，可限定因素抽取数目，本研究限定为 4 个因素。因素分析采用的是主成份分析法与正交转轴法提取共同因素。对问卷进行反复探索性因素分析，按照以下标准删除不适合的题目：a. 因素负荷值小于 0.3。b. 一个题目在两个或两个以上因素负荷均高且近似的题目，负荷之差小于 0.3 予以删除。c. 每个因素所包含的题项小于 3 个予以删除。最终显示结果见表 5－7。

表 5－7　初测问卷的因素分析

题项	因素载荷				共同度
	因素 1	因素 2	因素 3	因素 4	
A25	0.809				0.694
A42	0.731				0.550
A26	0.728				0.557
A23	0.708				0.516
A33	0.686				0.558
A31	0.644				0.477
A2	0.632				0.513
A67	0.613				0.405
A54	0.569				0.364
A8		0.673			0.468
A47		0.659			0.468
A22		0.653			0.487

〔1〕 吴明隆. Spss 统计应用实务［M］. 北京：中国铁道出版社，2000.

续表

题项	因素载荷				共同度
	因素 1	因素 2	因素 3	因素 4	
A24		0.643			0.439
A21		0.639			0.487
A6		0.626			0.411
A50		0.625			0.426
A60		0.570			0.423
A51		0.568			0.388
A63			0.762		0.680
A56			0.672		0.571
A20			0.608		0.506
A5			0.541		0.346
A37				0.654	0.495
A11				0.613	0.517
A4				0.537	0.427
特征值	4.650	3.738	2.042	1.633	0.368
贡献率	18.599%	14.953%	8.169%	6.531 %	

本研究抽取 4 个因素。第一个因素命名为学习自主性，学习自主性是指：学生主动学习的特性，在没有学习任务的时候，主动学习；第二个因素命名为学习能力，学习能力是指学生有效完成学习任务的心理品质；第三个因素为学习动机，指推动学生进行学习活动的内在原因，是学习活动的推动力；第四个因素命名为学习环境，学习环境是指影响学生学习的主客观因素，这些影响因素可来自家长、教师、同伴及其学习条件。

（3）正式问卷的验证性因素分析

① 研究目的。通过正式问卷的调查收集资料，进一步通过验证性因素分析确定模型对实际数据的拟合程度，从而证明修订编制的流动中学生《学习适应性问卷》（中学卷）的结构效度。

② 研究方法。确定研究方法和研究工具。

a. 研究对象。采用方便抽样方法，在流动中学生较多的学校取样，以同安一中、厦门六中、海沧中学、盖山中学、福州二十中、福鼎中学的中学生为被试，共发放 1 098 份问卷，回收 1 050 份。

b. 研究工具。修订的《流动中学生适应性问卷》，共 4 个因素，25 道题目。

（4）研究结果

通过探索性因素分析，本研究确立了流动中学生学习适应性问卷的四个维度：学习自主性、学习能力、学习动机和学习环境。为检验理论模型与数据的拟合度，对学习适应性问卷验证性因素作分析，见下图 5-3。

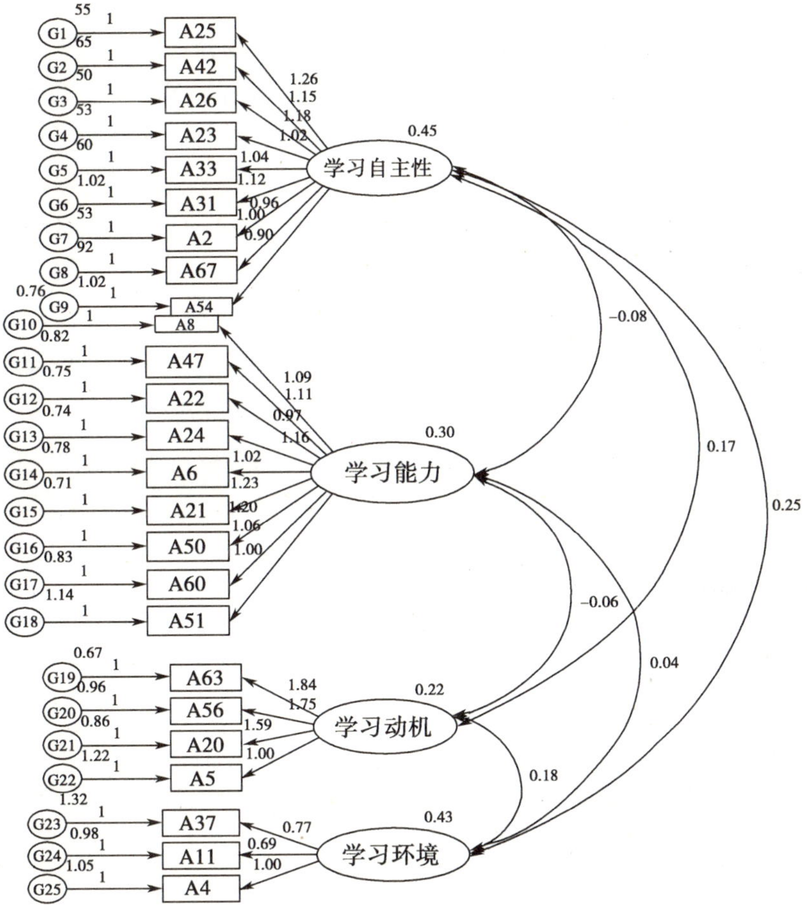

图 5-3　学习适应性问卷的验证性分析模型

本研究得到的假设模型拟合指数结果见下表 5-8。

表 5-8　学习适应性问卷拟合指数表（N=996）

X^2	df	x^2/df	RMSEA	GFI	AGFI	NFI	IFI	CFI	RMR
792.835	269	2.974	0.044	0.939	0.926	0.882	0.919	0.918	0.063

从数据的结果可以看出[1]：

① 卡方检验，即 x^2/df 为 2.974<5，可以认为模型的拟合度比较好；

② 近似误差指数 *RMSEA* 为 0.044、RMR 为 0.063，拟合指数低于 0.05；另一绝对拟合度指标 GFI 为 0.939，拟合指数接近 1，表明模型拟合度越好。

③ 增值拟合度指标 AGFI、NFI 和 IFI 拟合指数分别为 0.926、0.882 和 0.919，拟合指数的值接近于 1，则该模型拟合较好，由于 NFI 会受到样本大小的影响，因此采用 CFI 进行补充，拟合指数 CFI 为 0.918，越接近 1 表示模型适合度越好。

对结构模型拟合程度的最终统计结果表明，该模型结构效度较为理想，可以接受所构建的学习适应性问卷的结构模型。

(5) 正式问卷的信度分析

在探索性因素分析完后，确定了流动中学生学习适应性问卷的基本结构，为了进一步了解问卷的可靠性与有效性，要做信度检验。

① 信度检验。本研究采用克隆巴赫内部一致性系数作为学生适应性量表的信度指标。

表 5-9 学习适应性问卷的信度

	克隆巴赫 α 系数
总量表	0.760
学习自主性	0.867
学习能力	0.780
学习动机	0.680
学习环境	0.652

从上表中可以看出，学习适应性总量表的 α 系数为 0.760，各个分量表的 α 系数均在 0.6 以上，说明此量表的信度颇佳，作为测量学习适应性是可靠的。

② 正式问卷的效度分析。本研究的效度评估采用两个指标：内容效度和结构效度。

〔1〕 荣泰生. AMOS 与研究方法[M]. 重庆：重庆大学出版社，2009：3.

表 5-10 学习适应性问卷各因素间的相关矩阵

	学习自主性	学习能力	学习动机	学习环境	量表总分
学习自主性	—				
学习能力	0.269*	—			
学习动机	0.436*	0.259*	—		
学习环境	0.332*	0.60	0.357*	—	
量表总分	0.740*	0.411*	0.576*	0.584*	—

注：*** 代表 $P<0.001$；** 代表 $p<0.01$；* 代表 $P<0.05$，以下皆同。

从内容效度来看，问卷的题项参考国内权威量表，结合开放式问卷调查整理的结果，形成后的问卷请15名专家评定，均认为本问卷的题项能反应学生学习适应性，内容效度良好。

从结构效度来说，由表5-10可知，学习适应性四个因素中的大部分相关显著，相关系数0.259—0.6之间，呈低或中度的相关。说明各因素不仅方向一致，且有所差异，不可互相替代。四个因素与总量表的相关在0.411—0.740，呈中到较高度的相关，表明各因素与总量表概念一致，总量表之间的相关明显高于各分量表之间的相关，说明分量表对整个量表作出了贡献，又各自有独立性。这些都说明学习适应性问卷具有较好的内部结构效度。

4. 结论

修订后的《流动中学生适应性问卷》(中学卷)由四个维度学习自主性、学习能力、学习动机和学习环境构成，有较好的信度、效度指标，均符合心理测量学要求，是有效工具。

三、流动儿童学习适应性问卷(小学卷)的编制

1. 问卷题项的编制

本研究主要通过三个途径编制问卷题项：

(1) 查阅文献

收集一部分题项用于本研究。

(2) 半结构访谈

采用半结构访谈的方法获取小学三至六年级流动儿童信息，并事先编制了访谈提纲，全程做好记录和录音。访谈提纲主要围绕以下四类问题：第一部分是受访学生的基本信息；第二部分是有关任课老师的教学情况、自己的学习变化情况、同伴关系等；第三部分是有关受访学生平时及周末的学习、玩

要情况、父母关心自己学习的情况等；第四部分为有关受访学生的理想、学习目标、学习动机等方面情况。

（3）问卷编制

对所收集到的题项进行归类汇总，合并意义相近的题项；请心理学专家从语意和内容效度两方面对每一条目进行评价、修改，并整理出题项 41 个初测问卷。

2. 问卷初测与结果分析

根据研究目的，采用分层抽样方法，选取福州郭宅小学 400 名学生，有效问卷有 318 份。使用 SPSS17.0 软件对初测数据进行分析和处理。

（1）初测问卷的项目分析

题项分析是指区分度分析。本研究采用临界比率值（CR）进行题项分析。题项分析结果共剔除题项 5 个，其余 36 个题项的题项区分度较好，适合做下一步的探索性因素分析。

（2）初测问卷的探索性因素分析

对小学流动儿童学习适应性初始问卷题项分析后的 36 个题项的测试数据进行 *KMO* 和 *Bartlett's* 球形检验。结果显示，采样充足度 *KMO* 指标为 0.928(0.50)，*Bartlett's* 球形检验的近似卡方值为 4 161.192.467，$Sig=0.000$，因此说明数据适做因素分析。

采用的是主成分分析法抽取因素，抽取特征值大于 1 的因素。通过多次反复探索性因素分析后，删除了 14 个题项，最终确定保留 22 个题项。再对剩余的 22 个题项运用最大变异法进行正交转轴旋转，得出的结果显示，共抽取了四个因素，可解释的变异总量达到 48.612%。结果见图 5-4 及表 5-11、表 5-12。

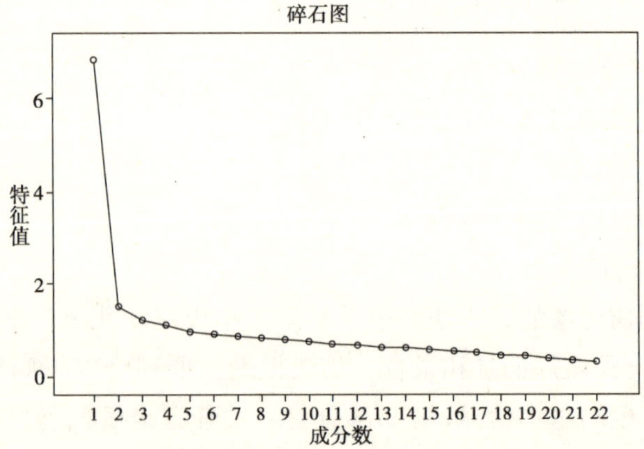

图 5-4　小学流动儿童学习适应性问卷探索性因素分析的碎石图

表 5 - 11 小学流动儿童学习适应性初测问卷的探索性因素分析及负荷矩阵

	因素载荷			
	*F*1	*F*2	*F*3	*F*4
X30	0.719			
X31	0.690			
X35	0.643			
X39	0.595			
X24	0.546			
X38	0.529			
X19	0.478			
X25	0.456			
X20	0.432			
X11		0.681		
X1		0.660		
X16		0.617		
X15		0.612		
X26		0.541		
X6			0.748	
X21			0.693	
X36			0.570	
X2			0.461	
X3				0.717
X13				0.691
X18				0.641
X9				0.548

表 5 - 12 小学流动儿童学习适应性初测问卷的探索性因素分析结果

因素	特征值	变异百分比(%)	变异累计百分比(%)
*F*1	6.867	31.215	31.215
*F*2	1.580	7.181	38.396
*F*3	1.232	5.600	43.996
*F*4	1.015	4.615	48.612

3. 问卷正式施测与结果分析

采用预测阶段确定的小学流动儿童学习适应性问卷进行正式施测。正式施测采用分层抽样法取样，先后在福州郭宅中心小学、厦门集美小学选取被试，共发放问卷 700 份，回收并剔除无效数据后得到有效问卷 663 份。

(1) 正式问卷的信度分析

本研究采用内部一致性系数和分半信度(Spearman-Brown 系数)这两个指标来鉴定学习适应性问卷的信度。学习适应性问卷各因素层面及总量表的信度结果,如表 5-13 所示。

表 5-13 正式问卷及各维度的信度

因素名称	题项数	Alpha 系数	分半信度
学习策略	9	0.837	0.834
学习习惯	5	0.761	0.765
学习态度	4	0.703	0.707
学习环境	4	0.718	0.713
学习适应性	22	0.889	0.850

"一般认为,一份信度系数好的问卷,其总问卷的信度系数最好在 0.80 以上,在 0.70～0.80 之间,是可以接受的范围;如果是分问卷,其信度系数最好在 0.70 以上,在 0.60～0.70 之间,是可以接受的"。[1] 根据以上说法,本问卷具有较好的内部一致性,4 个维度的内部一致性系数在 0.703～0.837 之间,分半信度系数在 0.707～0.834 之间;总问卷的内部一致性系数达到了 0.889,分半信度达到了 0.850。这说明自编的学习适应性问卷及各个维度均具有较高的信度,结果是可靠的。

(2) 正式问卷的效度分析

关于正式问卷的效度检验从内容效度和结构效度两个方面来检验问卷的效度。

① 正式问卷的内容效度。"内容效度是指一个测验实际测到的内容与所要测量的内容之间的吻合程度"。[2] 本问卷在查阅大量文献基础上提出理论维度,形成初始问卷题项。又通过开放式问卷的结果,对问卷题目进行增减、修改。接着请几位心理学教授、小学教师对问卷的题项进行评定、修改,并请多位心理学专业研究生对问卷题项做评价。反复修改后的本问卷具有较好的内容效度。

② 正式问卷的结构效度。主要通过两种方法来检验正式问卷的结构效度:一是验证性因素分析,二是问卷各维度之间、各维度得分与问卷总分之间

〔1〕 郑日昌,蔡永红,周益群. 心理测量学[M]. 北京:人民教育出版社,1999: 3.
〔2〕 戴海崎. 心理教育测量[M]. 广州:暨南大学出版社,2008: 10.

的相关程度分析。

a. 正式问卷的验证性因素分析

本研究采用 Amos7.0 对探索性因素分析中抽取的 4 个因素进行验证性因素分析。

评价一个模型的拟合度可以用以下几个指标来进行:"第一,以 x^2/df 为检验,如果 x^2/df 小于 5 则该模型可以接受,小于 2 则说明该模型比较理想;第二,采用近似误差指数 *RMSEA*,该指数越小越好,一般认为小于 0.08 模型可以接受,小于 0.05 则说明该模型比较理想;第三,采用拟合优度指数 *GFI* 和常规拟合指数 *NFI*,一般的标准认为 *GFI*、*NFI* 大于 0.85 的值均可以接受,大于 0.9 的值比较理想;第四,比较拟合指数 *CFI* 在 0.95 以上表明模型拟合较好,而一般的研究 *CFI* 在 0.85 以上就表示模型可以接受[1]。"

数据来源于正式施测所得的 663 份有效问卷。验证性因素分析的结果见表 5-14。

表 5-14　小学流动儿童学习适应性问卷模型的拟合指标

MODEL	x^2	df	x^2/df	*GFI*	*NFI*	*CFI*	*RMSEA*
研究模型	449.128	203	2.212	0.939	0.893	0.938	0.043

从表 5-14 中可见,小学流动儿童学习适应性问卷的 x^2/df 值为 2.212(<5),*RMSEA* 为 0.043(<0.05),*NFI* 为 0.893(>0.85),*GFI* 为 0.939(>0.9),*CFI* 为 0.938(>0.9),表明本问卷的模型可以接受。

b. 正式问卷各维度之间及与问卷总分之间的相关程度分析

采用 Pearson 积差相关分析,它是一种揭示两个变量线性相关方向和程度最常用的方法。

表 5-15　小学流动儿童学习适应性问卷各分维度间及与问卷总分的相关

	学习策略	学习习惯	学习环境	学习态度
学习策略				
学习习惯	0.719**			
学习环境	0.626**	0.618**		
学习态度	0.401**	0.376**	0.393**	
学习适应性	0.925**	0.868**	0.784**	0.659**

注:* 表示 $p<0.05$,** 表示 $p<0.01$,*** 表示 $p<0.001$。以下皆同。

〔1〕 吴明隆. SPSS 统计应用实务[M]. 北京:中国铁道出版社,2000: 9.

从表 5－15 可知，各分维度既存在一定程度相关，同时相关达到了显著性水平；各分维度与问卷总分之间也达到了 0.01 的显著性水平。

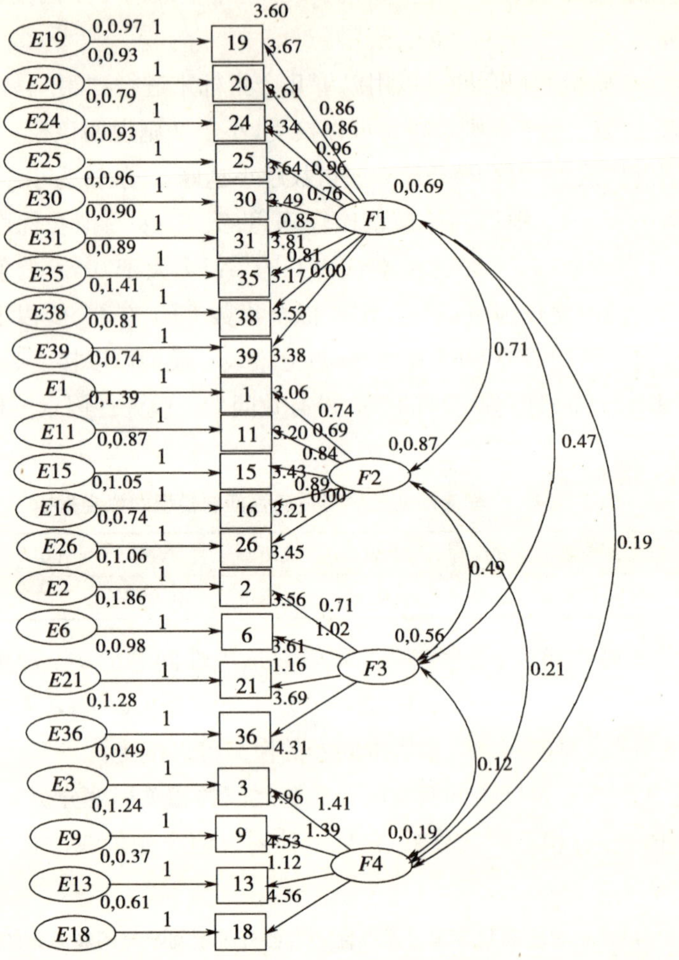

图 5－5　小学流动儿童学习适应性正式问卷的验证性因素分析的路径图

4. 小结

(1) 本研究所编制的小学流动儿童学习适应性问卷共计 22 个题项，包括学习策略、学习习惯、学习环境和学习态度四个维度。

(2)《流动儿童学习适应性问卷》(小学卷)的信度的各项指标在整体上均达到心理测量学的要求，是可靠的测量工具，可用之测试小学流动儿童学习适应性与其他变量的相互关系。

(3) 对小学流动儿童学习适应性问卷进行各分维度之间及各分维度与总

问卷之间的相关分析，结果表明大部分维度之间呈中等程度的正相关，各维度与总问卷之间呈中等或较高程度正相关。说明学习适应性各维度具有其独立的结构内涵，并且与问卷的整体概念一致。采用结构方程模型技术进行验证性因素分析结果表明，学习适应性问卷理论模型的各项拟合指标均达到要求，达到了心理测量学要求。因此，学习适应性问卷具有较好的效度，是有效的测量工具。

第二节　流动儿童城市生活适应性与学习适应性的关系

一、研究目的与意义

1. 研究目的

本研究旨在研究流动儿童的城市生活适应性和学习适应性之间的相关关系；探讨制约流动儿童城市生活和学习适应性的影响因素；考察流动儿童在流入陌生城市后能否尽快适应并融入新城市的生活和学校学习生活。

2. 研究意义

本研究意义在于我们能够根据研究揭示影响流动儿童城市生活适应性、学习适应性的因素，探讨帮助流动儿童掌握科学的方法和策略，从而提高流动儿童的城市生活、学习生活的适应能力，让他们能够更快地融入城市化过程中，促进教育机会的公平。

二、研究方法

1. 研究对象

本研究对象为福州盖山中学（农民工子女较集中的一所学校）初中在校中学生，针对初中三个年段随机抽取 9 个班进行问卷调查，共 360 人。

2. 研究工具

(1)《流动儿童的城市生活适应性量表》

采用陈敏、黄爱玲等总课题组成员编制的《流动儿童的城市生活适应性量表》，该问卷共 52 个项目，包含了 6 个维度，分别为家庭关系适应、师生关系适应、同伴关系适应、自我认识、邻里关系适应、环境适应。该问卷的信度、效度指标较好（详见第四章第一节）。

(2)《流动儿童的学习适应性问卷》

采用胡海沅、黄爱玲等总课题组成员编制的《流动儿童的学习适应性问卷》,它由 19 个题目组成,包含了学习自主性、学习动机、学习策略和学习环境这 4 个维度。经检验,该量表具有较好的信度和效度(详见第五章第一节)。

3. 调查方法

本研究采用问卷调查法和文献法。在取得教师的支持后,由心理学专业的学生主持,在福州盖山中学发放问卷 370 份,采用统一的指导语进行团体施测,并当场收回问卷。

4. 结果处理

运用 SPSS 13.0 统计软件包对所得数据进行分析处理。

三、研究结果

1. 问卷情况

总共发放 370 份问卷,回收 370 份,有效问卷 360 份,回收率为 100%,剔除无效问卷 10 份,有效率为 97.2%。

2. 研究对象的人口学特征

表 5-16 的数据显示,研究对象中有 65.8%是从外地迁入福州的,有 122 个被试从出生就在福州了,但是被试取得福州户口的年限概况并不与之一致:有相当数量的研究对象(54.7%)表示他们到现在还没有取得福州户口,取得福州户口半年到三年之间及三年以上的比例仅占 17.2%。这表明,由于我国严格的户籍制度,流动儿童很难在新城市中取得城市户口。

表 5-16 研究对象迁入福州的时间及取得福州户口的年限概况

变量	类别	人数	百分数(%)
迁入福州的时间	不到半年	4	1.1
	半年到一年	7	1.9
	一年到三年	24	6.7
	三年以上	202	56.1
	从出生就在福州	122	33.9
取得福州户口的年限	还没取得福州户口	197	54.7
	不到半年	6	1.7
	半年到一年	7	1.9
	一年到三年	3	0.8
	三年以上	46	12.8
	从出生就取得福州户口	91	25.3

3. 流动儿童城市生活适应性和学习适应性的描述性统计概况

对360名流动儿童的城市生活适应性各维度与学习适应性各维度上的得分进行描述性分析。将流动儿童在城市生活适应性和学习适应性各维度的总分除以每一个维度的项目数计算出其平均分(*M*)和标准差(*SD*),具体结果如表5-17所示。

表5-17 流动儿童城市生活适应性和学习适应性的描述性统计概况

	家庭关系适应	师生关系适应	同伴关系适应	自我认识	邻里关系适应	环境适应	学习自主性	学习动机	学习策略	学习环境
M	38.439	23.797	40.456	18.011	20.264	21.767	28.853	23.308	35.694	19.911
SD	10.533	6.240	9.101	5.457	6.528	5.451	8.532	5.353	9.744	4.720

4. 城市生活适应性在人口学变量上的差异

(1) 城市生活适应性在迁入福州的时间上的差异

为了了解流动儿童的城市生活适应性在迁入福州的时间上是否存在差异,用单因素方差分析做数据处理。结果发现,流动儿童环境适应在迁入福州的时间上存在显著差异(见表5-18)。

表5-18 城市生活适应的分维度环境适应在迁入福州的时间上的差异(*M*±*SD*)

	不到半年	半年到一年	一年到三年	三年以上	从出生就取得福州户口	*F*
环境适应	26.750±3.594	23.286±6.576	21.833±5.685	20.639±5.336	23.385±5.150	4.937***

注:*** 表示 $p<0.001$,下同。

事后检验发现,流动儿童在迁入福州不到半年的环境适应得分上显著高于迁入福州三年以上的得分,从出生就在福州的学生在环境适应得分上显著高于迁入福州三年以上的得分。

(2) 城市生活适应性在取得福州户口年限上的差异

用单因素方差分析流动儿童在取得福州户口年限上的差异,结果发现,流动儿童的城市生活适应性在环境适应上有显著差异(见表5-19)。

表5-19 城市生活适应性的分维度环境适应在取得福州户口年限上的差异(*M*±*SD*)

	到现在还没取得户口	不到半年	半年到一年	一年到三年	三年以上	从出生就取得福州户口	*F*
环境适应	20.614±5.450	27.500±4.324	23.000±6.532	25.667±10.066	21.761±4.388	23.528±5.074	4.850***

注:*** 表示 $p<0.001$,** 表示 $p<0.01$,* 表示 $p<0.05$,本文类同。

事后检验发现，从出生就取得福州户口的流动儿童在环境适应上的得分显著高于到现在还没取得福州户口的流动儿童的得分，取得福州户口不到半年的流动儿童在环境适应的得分上显著高于到现在还没取得福州户口以及取得福州户口三年以上的流动儿童的得分。

5. 学习适应性在人口学变量上的差异

(1) 性别差异

采用独立样本 t 检验，发现男女生在学习适应性上存在显著性差异，且女生显著高于男生。其中，男女生在学习自主性和学习动机这 2 个维度上存在显著差异(如表 5－20)。

表 5－20　不同性别流动儿童学习适应性的差异检验

变异来源	男生		女生		t
	M	SD	M	SD	
学习适应性	102.076	26.587	114.967	21.980	−4.975*
学习自主性	26.934	8.874	31.244	7.512	−4.974*
学习动机	22.106	5.684	24.794	4.541	−3.964***

注：* 表示 $p<0.05$，*** 表示 $p<0.001$

(2) 父母关心流动儿童的学习程度上的差异

为了了解父母在关心流动儿童的学习程度上对流动儿童学习适应性的差异，采用方差分析。结果如下表所示，父母关心流动儿童的学习程度在其学习适应性上均存在显著差异。

表 5－21　父母关心流动儿童的学习程度情况的差异检验

	经常关心		偶尔关心		很少关心		从不关心		F
	M	SD	M	SD	M	SD	M	SD	
学习自主性	30.990	7.725	27.019	7.897	23.359	10.522	19.500	5.972	10.798***
学习动机	24.966	4.643	22.047	4.994	18.743	5.793	15.250	5.560	18.989***
学习策略	38.115	9.214	33.245	9.004	30.231	10.767	29.000	11.045	9.208***
学习环境	20.692	4.356	19.264	4.677	17.641	5.532	15.000	1.826	6.382***

注：*** 表示 $p<0.001$

用 Post Hoc 进行进一步的检验发现，在学习自主性上，父母关心流动儿童的学习存在显著差异，父母越关心学习，其学习的自主性越好。在学习动机上，父母关心学习存在显著差异，父母越关心学习，流动儿童的学习动机就越强。在学习策略方面，父母关心学习存在显著差异，父母越是关心流动儿童的学习，他们就越有动力对自己的学习进行规划、调整，提高学习效率。在学习环境上，父母关心学习存在显著差异，经常给予流动儿童学习上的关注，父母的关心鼓励有利于促进流动儿童与老师、同学间的沟通与互动，有利于孩子的学习。

6. 城市生活适应性与学习适应性的相关分析

用城市生活适应性及各维度与学习适应性进行 Pearson 相关分析，结果见表 5－22。表 5－22 的结果表明，城市生活适应性与学习适应性存在显著的中度正相关，其分维度也与学习适应性存在显著的中度正相关，由此可见，流动儿童的城市生活适应情况会影响他们的学习适应性。

表 5－22　流动儿童城市生活适应性及各维度与学习适应性的相关

	家庭关系适应	师生关系适应	同伴关系适应	自我认识	邻里关系适应	环境适应	城市生活适应性
学习适应性	0.454**	0.662**	0.494**	0.608**	0.524**	0.422**	0.681**

注：** 表示 $p<0.01$

7. 学习适应性对城市生活适应性各维度的多元逐步回归分析

以城市生活适应性的 6 个分维度（家庭关系适应、师生关系适应、同伴关系适应、自我认识、邻里关系适应和环境适应）为自变量（X），以学习适应性为因变量（Y），进行多元逐步回归分析。结果表明，师生关系适应、自我认识、邻里关系适应和环境适应这 4 个维度进入了回归方程。其中，师生关系适应（预测率为 43.8%）最先进入方程，说明相对于自我认识、邻里关系适应、环境适应及生活适应性的其他维度，师生关系适应对预测流动儿童的学习适应性更有效，影响也更大。

表 5－23　学习适应性对城市生活适应性各维度的多元逐步回归分析

选出的变量顺序	R	R^2	ΔR^2	F	系数	常数
师生关系适应	0.662	0.438	0.436	278.751	1.607	43.743
自我认识	0.727	0.529	0.091	200.460	1.349	32.279
邻里关系适应	0.740	0.547	0.018	143.263	0.557	29.061
环境适应	0.744	0.554	0.007	110.358	0.454	24.071

城市生活适应性各维度对学习适应性的多元逐步回归分析结果如表 5－23。数据显示，多元相关系数为 0.744，其联合解释变异量为 0.554，即 4 个变量联合预测学习适应性 55.4%的变异量。即流动儿童的城市生活适应

性对其学习适应性有显著的正向预测作用,流动儿童的城市生活适应性越好,其学习适应性就越好。其标准化回归方程式为:

$$学习适应性 = 24.071 + 1.607 \times 师生关系适应 + 1.349 \times 自我认识 + 0.557 \times 邻里关系适应 + 0.454 \times 环境适应$$

四、讨论

1. 流动儿童城市生活适应性在迁入福州的时间与取得福州户口年限上的差异

(1) 迁入福州时间不同的差异分析

本研究发现,流动儿童迁入福州的时间在环境适应这个分维度上存在显著差异。事后检验发现,流动儿童在迁入福州不到半年的环境适应得分上显著高于迁入福州三年以上的得分,在环境适应上,从小出生在福州的学生的得分显著高于迁入福州三年以上的学生的得分。究其原因是,从小在新城市出生的流动儿童,因为他们没经历过"流动",再加上年龄小的因素,他们就很有可能将自己定位为城市人,因此具有很高的城市归属感。周斌、聂洪辉等人认为,因为城市生活优于农村生活,使得流动儿童具有较高的城市认同感,而作为"外地人"的身份是父母及身边的人灌输给他们的,"农村人"和"外地人"在他们心中只是个符号。[1] 而迁入福州三年以上的流动儿童,他们多多少少还是会受到城市人的身份歧视,认为他们始终是"流动人口"、"外地人"。因而,从出生就在福州的流动儿童的环境适应要优于迁入福州三年以上的流动儿童。而迁入福州不到半年的流动儿童的环境适应得分显著高于迁入福州三年以上的流动儿童的得分,其原因可能是,新迁入福州的流动儿童,由于刚到一个陌生的大城市,对于周围的一切充满了新鲜感和探索欲,他们会怀着好奇心感知、接受周围的人和事物。而对于迁入福州三年以上的流动儿童,随着城市生活时间的延长,他们越多感受到了周围人的身份排斥、教育不公平等待遇,发现需要适应的方面也更多。因此,迁入福州不到半年的流动儿童的环境适应性要好于迁入福州三年以上的流动儿童。

(2) 是否取得福州户口年限的差异分析

研究发现,流动儿童取得福州户口的年限除了在城市生活适应性的分维

[1] 周斌,揭新华,聂洪辉. 新生代农民工和流动儿童的城市融入与社区建设——兼论巴黎骚乱对构建和谐社区的启示. 福建省社会主义学院学报,2008(2).

度环境适应上有显著性差异外，在其他5个维度上均不存在差异性。事后检验发现，从出生就取得福州户口的流动儿童在环境适应上的得分显著高于到现在还没取得福州户口的得分，取得福州户口不到半年的流动儿童在环境适应的得分上显著高于到现在还没取得福州户口以及取得福州户口三年以上的流动儿童的得分。分析原因，可能是因为从出生就取得福州户口的流动儿童，他们的身份认同感和城市归属感较高，认为自己出生在城市，本来就是城市人，而非“外地人”。而对于那些迟迟取不到福州户口的流动儿童来说，他们感受到了我国严格的户籍制度给他们带来的制度排斥、教育排斥、身份排斥等，即使自己已在城市生活多年因未取得城市户口，也免不了被人扣上“外地人”的标签，因而相对来说，自我认同感不高。因此，从出生就取得福州户口的流动儿童的环境适应能力显著高于到现在还未取得福州户口的流动儿童。同理，取得福州户口半年的流动儿童，首先在心理上他们终于冲破了周围人冠于他们“外地人”、“流动人口”的标签而产生的心理束缚，有利于他们更好地融入新城市，产生城市归属感，加快城市化的步伐。随着取得城市户口时间的延长，或者受到外在的一些因素，如文化因素、政策因素、社会不公待遇等等的制约，当初那种强烈的城市归属感就渐渐地减弱了。因此，取得福州户口不到半年的流动儿童，他们的环境适应性要好于到现在还没取得福州户口及取得福州户口三年以上的流动儿童。

2. 流动儿童学习适应性在性别、父母关心流动儿童学习的程度上的差异分析

(1) 性别差异分析

表5-20的数据可以看出，性别在流动儿童的学习适应性上存在显著的差异，并且女生显著高于男生，这与曾婧等人对中小学生学习适应性的性别差异研究结果是一致的。本研究结果发现，男女生在学习自主性和学习动机这2个维度上存在显著差异，而在学习策略和学习环境上则不存在显著差异。究其原因，可能是因为在初中阶段，女生在心理成熟上较男生发展得早一些，在学习上她们有较高的自觉性、主动性和自律性，做事较谨慎细微，相对于男生来说更能在学习上按照自己、老师以及父母的要求来约束自己。另一方面，流动儿童不同于留守儿童，他们是跟随父母来到新城市共同生活的，本研究发现流动儿童的父母都比较关心子女的学习，因自身文化程度偏低因而对子女都赋予了较高的学习、学历期望。性别刻板印象的社会规范差异也使女生更尊重家长、老师等人的要求，使自己比男孩更加努力地学习，不辜负父

母、老师的希望。这些特点都使得女生比男生更能适应学习上的种种困难与挑战。

(2) 父母关心流动儿童学习的程度上的差异分析

表 5-21 的数据表明,父母在关心流动儿童的学习程度上对其学习适应性存在显著性的差异。在学习动机上,父母偶尔关心与很少关心及从不关心存在显著差异。在学习策略方面,父母经常关心学习与偶尔关心、很少关心存在显著差异。在学习环境上,父母经常关心流动儿童的学习与偶尔关心、很少关心及从不关心均存在显著差异。分析其原因可能是:本研究数据显示,有 57.8%的父母经常关心子女的学习,偶尔关心的有 29.4%,10.8%的父母很少关心他们的学习,从不关心的有 1.1%。可以看出,虽然这些进城务工的父母整日忙于在外赚钱,但还是比较关心子女的学习。经常关心子女学习的父母一方面在辛勤劳动以改善家庭生活条件及子女学习环境的同时,还给予子女一定的学习指导和鼓励,这些都能大大地激发子女学习的自觉性,增强他们学习的动机,促使其合理地对学习进行规划及注重与老师、同学之间建立良好的关系。再加上流动儿童的父母在他们身上寄予的学习、学历期望,以摆脱城市人对"外地人"的身份歧视,更促使流动儿童要好好学习。而偶尔关心、很少关心甚至从不关心子女学习的父母,流动儿童首先在心理上就觉得父母不大关心自己的学习,这会使得他们缺乏学习兴趣和信心,在学习上也会放宽对自己的要求。

3. 城市生活适应性与学习适应性的相关分析

从表 5-22 的结果可以看出,城市生活适应性与学习适应性存在显著正相关。表 5-22 的数据表明,流动儿童城市生活适应性的各维度均与学习适应性存在显著的正相关。这说明,流动儿童在城市生活各方面适应良好,其学习适应性就越好。

以学习适应性为因变量(Y),以家庭关系适应、师生关系适应、同伴关系适应、自我认识、邻里关系适应和环境适应为自变量(X),进行多元逐步回归分析(表 5-23),结果表明,师生关系适应、自我认识、邻里关系适应和环境适应这 4 个维度进入了回归方程。其中,师生关系适应最先进入方程,其预测率达到 43.8%,相对于其他维度,师生关系适应对预测流动儿童的学习适应性更有效,影响也更大。这是因为,流动儿童来到一个新的学习环境,师生关系是影响他们学业成绩和学习适应的关键因素。良好的师生关系,会让他们感受到温暖与被关注。教师对流动儿童的肯定、鼓励及期待,能够增强他们的自信心和自我效能感，激发其学习的动机，提高学习适应能力。邹泓、屈智勇研究发现，师生关系对学校态度、学业行为和社会行为均有显著的预测作用，不良的师生关系可能使学生对学校产生消极情感，表现出退缩等行为，影响其学业行为和动机。[1] 流动儿童在学习上的自我认识，主要表现在其学业自我效能感上。研究表明：学生的自我效能感与学生的学业成绩具有重要关系，如 Bandura（1977，1986）和 Schunk（1983）等人的研究表明学业自我效能水平可以准确预测学生学业成绩的高低，高学业自我效能者有较高的成绩，低学业自我效能者的成绩则很低。[2] 良好的邻里关系对构建和谐社区、提高流动儿童的城市归属感和城市生活适应性有积极的作用，这种积极的作用可以迁移到学习中去，提高其学习适应性。而良好的环境适应能力有赖于流动儿童与教师、同学间的和睦相处。流动儿童能够接受并适应老师的教学方式，与同学同伴相处融洽，能够互帮互助、互相促进学习，这无疑能给他们创造一个良好的学习氛围和学习环境，从而促进其更好的学习。反之，则可能会产生各种学习适应不良状况。

城市生活适应性各维度与学习适应性的多元逐步回归分析结果表明，流动儿童的城市生活适应性对其学习适应性有显著的正向预测作用，尤其是城市生活适应性中的师生关系适应、自我认识、邻里关系适应和环境适应对其学习适应性有显著的正向预测作用，即流动儿童的城市生活适应性越好，其学习适应性就越好。

五、结论

1. 在城市生活适应性上，迁入福州的时间与取得福州户口的年限，在流动儿童的城市适应性分维度环境适应上，差异显著。

2. 流动儿童的学习适应性在性别上存在显著性的差异，女生高于男生。

3. 父母关心流动儿童的学习的程度在其学习适应性上存在显著性差异。父母经常关心流动儿童的学习状况，其学习适应性表现良好。反之，则可能会产生很多的学习适应不良状况。

4. 城市生活适应性与学习适应性有显著正相关，流动儿童的城市生活适应性对其学习适应性有正向预测作用。

---

〔1〕 邹泓，屈智勇，叶苑. 中小学生的师生关系与其学校适应. 心理发展与教育，2007(4).

〔2〕 钱珍. 初中生父母教养方式、学业归因、学业自我效能感与学业成绩的关系研究. 华中师范大学硕士学位论文，2008.

5. 流动儿童的城市生活适应性对其学习适应性有显著的正向预测作用。即流动儿童的城市生活适应性越好，其学习适应性也越好。

第三节　小学流动儿童父母教养方式、学习适应性与学习满意度的关系

一、研究目的

探讨小学流动儿童父母教养方式、学习适应性与学习满意度的关系。

二、研究对象与研究工具

本研究对象主要是处于小学阶段的中高年级（三至六年级）的流动儿童。

（1）父母教养方式评价量表(EMBU)

本研究采用的父母教养方式评价量表，简称 EMBU，由瑞典 Umea 大学精神医学系 C. Perris 等人共同编制。该量表分为父亲教养方式和母亲教养方式两个分量表。父亲教养方式量表有 58 个题项，共 6 个因子：情感温暖理解、严厉惩罚、拒绝否认、偏爱被试、过分干涉和过度保护；母亲教养方式量表有 57 个题项，共 5 个因子：情感温暖理解、严厉惩罚、拒绝否认、偏爱被试和过分干涉与保护。在本研究中，对此量表的信度与效度进行了检验，用内部一致性法求得量表的内部一致性信度系数为 0.928，对量表进行验证性因素分析，其结构效度系数为 0.88，由此可见该量表具有良好的信度与效度。

（2）流动儿童学习适应性问卷（小学卷）

本研究采用自编的《流动儿童学习适应性问卷》（小学卷）。经检验，此问卷的总体内部一致性系数为 0.889，分问卷的内部一致性系数介于 0.603～0.837 之间；总问卷的分半信度为 0.850，分量表的分半信度介于 0.607～0.850 之间。最后经验证性因素分析，各个指标均符合统计学标准，是可靠的测量工具，可用于进一步的研究。

（3）小学生学习满意度量表

本研究参照 2010 年湖南师范大学胡秀硕士毕业论文所编制的小学生学

习满意度量表。[1] 此量表由35个项目构成，分为教师教学技能、师生关系、同学关系、家庭关系4个分量表。采用4分制计分，各题项间的相关在0.309～0.833之间，且相关达到显著性水平；各题项的通俗性水平在0.49～0.90之间。总量表的a系数和分半信度系数分别为0.853和0.890，重测信度为0.729。各分量表与总量表的相关在0.536～0.910之间，明显高于各分量表之间的相关。本研究也对此量表进行了信度和效度的检验，检验结果表明其心理学指标良好。

三、小学流动儿童父母教养方式、学习适应性与学习满意度的相关研究

1. 小学流动儿童父母教养方式与其学习满意度的相关研究

采用皮尔逊（Pearson）积差相关分析来探讨其相关。具体结果见下表5-24。

表5-24 小学流动儿童的父母教养方式与其学习满意度的相关分析

	维 度	教师教学技能	师生关系	同伴关系	家庭关系	学习满意度
父亲	教养方式总分	−0.078*	−0.101**	0.002	−0.160**	−0.094*
	情感温暖理解(F1)	0.310**	0.320**	0.347 7**	0.449**	0.414**
	严厉惩罚(F2)	−0.366**	−0.400**	−0.288**	−0.584**	−0.469**
	拒绝否认(F3)	−0.353**	−0.384**	−0.292**	−0.532**	−0.449**
	偏爱被试(F4)	−0.067	−0.089*	−0.052	−0.047	−0.078
	过分干涉(F5)	−0.041	−0.064	−0.004	−0.212**	−0.078
	过分保护(F6)	−0.096*	−0.115**	−0.077*	−0.220**	−0.143**
母亲	教养方式总分	−0.032	−0.084*	0.013	−0.175**	−0.074
	情感温暖、理解(M1)	0.354**	0.358**	0.368**	0.465**	0.450**
	严厉惩罚(M2)	−0.339**	−0.385**	0.298**	−0.595**	−0.461**
	拒绝否认(M3)	−0.343**	−0.395**	−0.315**	−0.574**	−0.467**
	偏爱被试(M4)	−0.088*	−0.132**	−0.068	−0.079	−0.111**
	过分干涉与保护(M5)	−0.055	−0.106**	−0.035	−0.294**	−0.130**

注：*** 表示 $p<0.001$，** 表示 $p<0.01$，* 表示 $p<0.05$，本文类同。

通过相关分析结果，我们发现：小学流动儿童的父母情感温暖理解维度与学习满意度呈显著的正相关；父亲惩罚严厉、父亲拒绝否认、父亲过度保护、母亲过分干涉保护、母亲拒绝否认、母亲惩罚严厉和母亲偏爱被试与学习

〔1〕 该论文为湖南省教育科学"十一五"规划重点资助项目(课题批准号：XJK08AXLOOI)．

满意度呈显著的负相关。

2. 儿童的学习适应性与学习满意度的相关研究

采用皮尔逊(Pearson)积差相关分析来探讨相关。具体结果见下表5-25。

表5-25 小学流动儿童的学习适应性与学习满意度的相关分析

维度	学习策略	学习习惯	学习环境	学习态度	学习适应性
教师教学技能	0.108**	0.177**	0.196**	0.028	−0.030
师生关系	0.105**	0.184**	0.188**	0.020	0.024
同伴关系	0.114**	0.208**	0.191**	0.016	0.066
家庭关系	0.143**	0.288**	−0.227**	−0.002	0.043
学习满意度	0.137**	0.248**	0.234**	0.019	0.047

注：*** 表示 $p<0.001$，** 表示 $p<0.01$，* 表示 $p<0.05$，本文类同。

结果表明，小学流动儿童的学习适应性与其学习满意度在整体上不存在显著相关，而在学习策略、学习习惯及学习环境的适应性方面与学习满意度呈显著相关。

四、小学流动儿童的学习满意度对其父母教养方式、学习适应性的回归分析

从以上的相关分析发现，小学流动儿童的父母教养方式、学习适应性与学习满意度某些维度之间存在显著的相关，它可能反映了父母教养方式经由学习适应性间接影响学习满意度。对此进行一系列回归分析，以探讨父母教养方式和学习适应性对学习满意度的预测作用。

1. 小学流动儿童的学习满意度对其父母教养方式的回归分析

以父母教养方式各维度作为自变量，学习满意度作为因变量，做逐步回归分析，见下表：

表5-26 小学流动儿童的学习满意度对其父母教养方式的逐步回归分析

因变量	自变量	R	R^2	ΔR^2	*Beta*	F
学习满意度	情感温暖、理解(M1)	0.569	0.324	0.324	0.279	139.911***
	拒绝否认(M3)	0.587	0.345	0.021	−0.139	102.172***
	偏爱被试(M4)	0.598	0.357	0.012	−0.151	80.808**
	拒绝否认(F3)	0.602	0.363	0.006	−0.194	66.097***
	严厉惩罚(F2)	0.469	0.220	0.143	−0.190	165.189***

由上表的结果可知，父母教养方式中父母教养方式的总分对学习满意度有影响。在父母教养方式各分维度中，父亲严厉惩罚（F2）和拒绝否认（F3）、母亲情感温暖理解（M1）、拒绝否认（M3）和偏爱被试（M4）进入了回归方程，多元相关系数为 0.469，其联合解释变量为 0.220，即表中各维度共同解释变异量的 50.6%。从这五个分维度的解释量来看，母亲情感温暖、理解（M1）的预测力最佳，其解释变异量的 32.4%。

标准化回归方程式为：

学习满意度＝0.279×情感温暖、理解（M1）－0.139×拒绝否认（M3）
－0.151×偏爱被试（M4）－0.194×拒绝否认（F3）
－0.190×严厉惩罚（F2）

2. 小学流动儿童的学习满意度对其学习适应性的回归分析

以学习满意度为因变量，以学习适应性的各维度为自变量，运用逐步回归分析法进一步分析它们之间的关系。具体结果见表 5－27。

表 5－27　小学流动儿童的学习满意度对其学习适应性的逐步回归分析

因变量	自变量	R	R^2	ΔR^2	$Beta$	F
学习满意度	学习习惯	0.248	0.061	0.061	0.203	43.295***
	学习环境	0.306	0.091	0.032	0.185	34.091***

由上表结果可知，学习适应性中的学习习惯和学习环境两个分维度进入回归方程，多元相关系数为 0.306，其联合解释变量为 0.091，即表中各维度能联合预测学学习满意度 9.1%的变异量。从这两个分维度的解释量来看，学习习惯的预测力最佳，其解释变异量为 6.1%。

标准化回归方程式为：

学习满意度 ＝ 0.203 × 学习习惯 ＋ 0.185 × 学习环境

3. 小学流动儿童的学习满意度对父母教养方式、学习适应性的回归分析

以父母教养方式的 11 个维度和学习适应性的 6 个维度作为预测变量，对学习满意度进行逐步回归分析，具体结果见表 5－28。

表 5-28 小学流动儿童的学习满意度对父母教养方式、学习适应性的回归分析

因变量	自变量	R	R^2	ΔR^2	$Beta$	F
学习满意度	严厉惩罚(F2)	0.469	0.220	0.219	−0.129	165.189***
	情感温暖、理解(M1)	0.569	0.324	0.104	0.340	139.911***
	拒绝否认(M3)	0.587	0.345	0.021	−0.143	102.172***
	偏爱被试(M4)	0.598	0.357	0.012	−0.111	80.808***
	学习习惯	0.603	0.364	0.007	0.082	66.508***
	拒绝否认(F3)	0.607	0.368	0.004	−0.127	56.380***

结果显示，父亲的严厉惩罚(F2)和拒绝否认(F3)、母亲的情感温暖、理解(M1)、拒绝否认(M3)和偏爱被试(M4)及学习习惯 6 个变量进入回归方程，并且 p 系数具有显著性，对学习满意度具有预测效应。

五、分析与讨论

1. 小学流动儿童的父母教养方式、学习适应性及学习满意度的整体情况分析

本研究的结果显示，父母的情感温暖理解方面得分偏高，严厉惩罚和拒绝否认维度上的得分偏低，而过分干涉与保护方面的得分处于中等水平。说明父母对待小学生阶段的子女更多使用情感温暖等积极的教育方式，而消极的教养方式较少。而且母亲比父亲更容易表现出情感温暖理解、拒绝否认和过度干涉保护，而父亲比母亲更多地表现出惩罚严厉。

本研究中，无论父亲还是母亲的教养方式，在情感温暖理解和严厉惩罚这两个维度，本地和流动家庭均存在差异性。这一结论与叶小红、陈丹群等人的研究结论大体一致。分析其可能的原因，主要有：第一，流动家庭的经济条件较差，虽然有逐年改善的趋势，但小学流动儿童的父母更多的时间和精力还是放在了工作和生存上，因此，他们对子女虽有表达温暖理解的感情，但往往容易采取简单、消极的教养方式，甚至是惩罚；第二，流动家庭无法建立良好的家庭沟通机制，有可能导致父母特别是母亲对子女的单向管教，这就导致了父母不善于表达对子女的情感。

本研究中，小学流动儿童的学习适应性整体水平及各个维度上的水平都低于平均水平。这说明现在的流动儿童虽然对城市的学习已比较满意，但是由于农村的教学环境与城市存在较大差异，以及小学流动儿童年龄尚小，在适应的能力方面还存在不足，这就导致了小学流动儿童在对学习环境分维度

上还较容易适应，但对学习策略、学习习惯、学习态度等学习适应性的内部因素方面的适应还不尽如人意。此外，也有研究证明小学流动儿童的进城时间越长并不意味着他们的学习适应性的发展就会越好，也就是说时间并不能解决流动儿童的学习适应性的问题，因此，我们更应该注重对小学流动儿童学习适应性能力的培养。

在本研究中，小学流动儿童的学习满意度在整体上得分偏高，且除了对家庭关系分维度的满意度偏低以外，学习满意度其他分维度的得分还是比较高的，这说明小学流动儿童从农村进入城市后，对学习各方面的期望达到了自己的需求；由于家庭经济条件及家庭学习环境较差，父母文化水平及交流时间有限等原因，可能也是造成小学流动儿童对家庭关系的满意度偏低的原因。另一方面，在对小学流动儿童与本地学生的学习满意度的比较中，在整体上两者差异显著。

2. 小学流动儿童父母教养方式、学习适应性与其学习满意度的关系分析

(1) 小学流动儿童父母教养方式与其学习满意度的相关分析

小学流动儿童父亲教养方式的情感温暖、理解(F1)维度与学习满意度各维度及总分均成正相关；严厉惩罚(F2)和拒绝否认(F3)这两个维度与学习满意度的各维度及总分均成负相关。母亲教养方式的情感温暖、理解(M1)维度与学习满意度的各维度及总分都表现出非常显著的正相关；严厉惩罚(M2)、拒绝否认(M3)、偏爱被试(M4)和过分干涉与保护(M5)四个维度与学习满意度总分均成显著负相关。由此就说明了父母积极的教养方式对其子女的学习满意度存在正向的影响作用；反之，父母消极的教养方式对其子女的学习满意度存在着负向的影响作用。因此，结合本研究的结果，可以得出，要想进一步提高小学流动儿童的学习满意度，不仅需要学校、教师的努力，更需要父母的关心爱护及积极的教育方式。

为进一步考察父母教养方式对小学流动儿童的学习满意度是否具有预测作用，以父母教养方式的各个维度为自变量，以学习满意度为因变量，进行逐步回归分析。由回归分析结果可以看出，母亲的情感温暖理解(M1)、拒绝否认(M3)、偏爱被试(M4)及父亲的严厉惩罚(F2)、拒绝否认(F3)维度对小学流动儿童的学习满意度有预测作用，且解释率达到了 22.0%。在本研究中，情感温暖、理解维度对学习满意度有着积极的预测作用，即父母采用情感温暖理解的教养方式对待小学流动儿童，则他们就会表现出较高的学习满意度。而父亲若采用拒绝否认和严厉惩罚及母亲采用拒绝否认和偏爱被试的

教养方式,这对小学流动儿童的学习满意度存在着消极阻碍作用。这就突出了家庭教育的重要性,对于小学流动儿童来说,家庭是他们的第一教育场所,父母的教育起着至关重要的作用,采用积极的教养方式会使他们对城市学习环境的满意度有所提高,起到了积极作用。

现节选半结构访谈的对话,证明本研究得出的结论。

访:爸爸妈妈是做什么的?有几个兄弟姐妹?

学:爸爸做小买卖,妈妈在家照顾妹妹。

访:爸爸妈妈关心你的学习吗?怎么关心的?

学:有的时候就问我作业写完了没有,也给我检查作业。

访:爸爸妈妈有没有给你报学习班或者请家教?家里有没有学习资料、图书什么的?……

学:没有报补习班,有几本故事书。

访:爸爸妈妈有没有参加你的家长会?平时有没有跟老师联系过?

学:妈妈会来参加家长会。应该会联系吧,我不是很清楚。

访:喜欢这里的学习和生活吗?有没有不喜欢的地方?学习成绩怎么样?

学:喜欢。因为这里比老家的条件好。就是学习成绩不会很好,妈妈也不会教我,在家照顾妹妹多一些……

(2)小学流动儿童学习适应性与其学习满意度的相关分析

小学流动儿童的学习适应性与其学习满意度在整体上不存在显著相关,而在学习策略、学习习惯及学习环境的适应性方面与学习满意度呈显著相关。本研究为进一步考察小学流动儿童的学习适应性对其学习满意度是否具有预测作用,以学习适应性的各个维度为自变量,以学习满意度为因变量,进行逐步回归分析。

由本研究的结果可以得出:第一,学习适应性与学习满意度之间并不一定存在着必然的联系,即学习适应的水平高了,并不能说明学习满意度的水平也高,同样,学习满意度高了,并不能说明其学习适应性水平就高。第二,结合本研究的数据结果,了解到了我国的小学流动儿童在城市的学习满意度还是比较高的,但是这不代表他们的学习适应性能力也高。事实证明大部分的小学流动儿童在某些方面的适应还较差。在本研究的前期的半结构访谈中,有不少的学生反映,他们对现在学校的学习环境、老师、同学等感到很满意，但提到学习的时候，则表露出了较难适应的情况。

访：喜欢这里的学校吗？这里的学习生活与老家的有什么不同之处吗？

学：很喜欢这里的学校，因为这里比老家那边的学校好多了，有操场，有电脑，老师教的也详细，很负责任，每次都会问我们听懂了没有，以前的老师感觉讲的很模糊，有很多不懂的地方。……

访：现在是否能跟上老师的教学进度？在学习上有没有经常遇到的困难？

学：还可以吧。有的时候会听不懂。

访：为什么听不懂？怎么解决的？

学：比方说英语，以前的老师都不上英语课，我不懂的地方很多。语文的话，就是有些字和词语不会写、不知道什么意思。问老师和同学啊，都会给我讲……

访：来福州上学后，你觉得自己有了什么变化？

学：喜欢上学了，因为这里有很多的好朋友可以一起玩。然后就是学习成绩比以前好了一点……

(3) 小学流动儿童的学习满意度对其父母教养方式、学习适应性的回归分析

父母教养方式中，父亲严厉惩罚(F2)和拒绝否认(F3)、母亲情感温暖理解(M1)、拒绝否认(M3)和偏爱被试(M4)对学习满意度的回归分析，解释了变异量为0.368，说明父母教养方式对小学流动儿童的学习满意度有着显著的预测作用。学习适应性中的学习习惯和学习环境对小学流动儿童的学习满意度有显著的预测作用。因此，可以说明，流动儿童父母积极的教养方式对其子女的学习适应性、学习满意度存在着影响，且小学流动儿童对学习习惯的适应会提高他们的学习满意度，也就是说小学流动儿童的父母教养方式能够通过影响他们的学习习惯的适应性来影响他们的学习满意度。

3. 小学流动儿童的父母教养方式、学习适应性及学习满意度的人口学变量差异分析

(1) 小学流动儿童的父母教养方式的人口学变量差异分析

在不同性别方面。从父亲的教养方式来看，严厉惩罚、拒绝否认、过分干涉和过分保护这四个维度的性别差异具有显著性。从母亲的教养方式来看，

在严厉惩罚和拒绝否认这两个维度上的性别差异具有显著性。这应该是与父亲和母亲的角色定位有关。

在不同年级方面。从父亲的教养方式来看，严厉惩罚、拒绝否认和过分干涉这三个维度的年级差异具有显著性。从母亲的教养方式来看，在严厉惩罚和拒绝否认这两个维度的年级差异具有显著性。这不仅与父母的角色有关，而且也与子女的成长发展有关。

在是否独生子女方面。父亲教养方式在严厉惩罚和拒绝否认这两个维度存在显著差异。母亲教养方式在情感温暖理解、拒绝否认和过分干涉和保护这三个维度上存在显著差异。

在父母的不同文化程度上。对于不同文化程度的父亲，无论父亲还是母亲的教养方式，在情感温暖理解这个维度上，均存在显著差异性。而在其他几个维度上，父亲不同的文化程度，并不存在差异。文化程度为本科及以上的父母表现出更为明显的情感温暖、理解，与之相对的是文化程度为文盲或小学的父母，两者的差异达到了显著水平。

在家庭的不同等级的月收入水平上。在父亲的情感温暖、理解(F1)和母亲的情感温暖、理解(M1)这两个维度上，均存在显著差异。家庭收入越高的流动儿童父母会表现出更多的情感温暖、理解，而家庭收入越低的流动儿童父母则会表现出越少的情感温暖、理解。

(2) 小学流动儿童的学习适应性的人口学变量差异分析

在不同性别方面。小学流动儿童的整体学习适应性在不同性别上的差异达到了显著水平。这和严桂芬的研究结果一致：小学阶段女生的学习适应性高于男生。其原因有，第一，男生和女生的性格特征不同，女生在学习上更有计划性、更主动，也更容易形成良好的学习习惯；第二，小学阶段的女生生理发育一般比男生发育早两年，所以相应的认知等方面男生不如女生。

在不同年级方面。小学流动儿童的学习适应性在学习环境这个分维度上，达到了差异的显著性。理论上来讲，学习适应性在年级方面应当差异显著，而且随年龄的增长而增长，并且在学习适应性的发展速度上，低年级学生快于高年级学生。造成本研究结果和以往研究结果不同的原因可能是：研究对象上的差别，本研究的研究对象是流动儿童。流动儿童首先要经历对生活环境的适应，而这个过程本身就是对学习适应性的一种阻碍，因为小学流动儿童的年龄小，心智发展不够成熟，同时对生活和学习进行适应，难免有点力不从心。

在是否是独生子女方面。小学流动儿童的学习适应性在学习环境这个分维度上也达到了差异的显著性。分析其原因可能在于，第一，独生子女在家里对父母会有过多的依赖，导致其适应能力差；第二，在学习环境方面，独生子女很少能主动从同伴同学中得到各种支持和帮助，这种在情感上的不独立和缺乏支持对独生子女的学习适应性造成了较大影响。

在父母不同的文化程度方面。小学流动儿童的学习适应性虽然在整体上没有达到差异的显著性，但在学习习惯和学习环境两个分维度上，却表现出父母文化程度越高，其学习适应性得分越高的现象。这也说明了父母的文化程度会影响到子女的学习适应情况。究其原因主要为：父母的文化水平会直接影响到父母对孩子的学习辅导效果，文化程度高的父母，利用自己的学习经验教授孩子，并灌输学习策略类的知识和经验，这很大程度上影响了学生的学习适应性情况。

(3) 小学流动儿童的学习满意度的人口学变量差异分析

小学流动儿童的整体学习满意度在不同性别、是否独生和父母的文化程度方面，存在学习满意度的显著差异。

在不同性别方面，女生的学习满意度显著高于男生。

在是否独生子女方面，独生小学流动儿童的学习满意度显著高于非独生小学流动儿童的学习满意度。这说明，独生子女会比非独生子女得到更多来自父母的关注和教导，这无疑对提高他们的学习满意度有积极的作用。

在父母的不同文化程度方面。父母的不同文化程度对小学流动儿童在学习满意度整体及分维度上都达到了显著的差异。并且表现出父母的文化程度越高，其子女的学习满意度相应的也越高。对此结果，分析其原因，可能在于：文化程度高的父母，对子女一般都会采用较为科学的教育方式和沟通方式，并且也较有空闲时间指导子女的学习，这都对小学流动儿童的学习满意度有着积极的影响。

第四节　初中流动儿童学习适应性、学业自我效能感与心理健康的关系

一、研究对象

本研究主要研究初中流动儿童。研究者随机抽取流动儿童比较集中的厦门、福州两地的初中学生作为研究对象。采取整群取样的办法，以班级为

群体发放问卷。分别从集美乐安中学、同安中学、同安洪塘中学、灌口中学、上塘中学发放问卷。发放问卷考虑到年级的差异、性别差异和流动与常住人口的差异。正式问卷一共发放800份,有效问卷676份。

二、研究工具

1. 心理健康量表

本研究采用李虹等人2001年编制的一般健康问卷(GHQ－20),包括20个项目,三个分量表:自我肯定量表,忧郁量表,焦虑量表。分量表的内部一致性在0.60和0.75之间。GHQ－20及其分量表的校标关联效度在0.30和0.70之间,表明效度良好。

2. 学业自我效能量表

本研究参照华中师大梁宇宗编制的学业自我效能量表,量表分为学习行为自我效能感和学习能力自我效能感相互独立的两个维度。在其因素分析中,这一量表两个因素的可解释总变异的79.8%,效度良好。学习行为自我效能感Cronbach a系数0.752,学习能力自我效能感Cronbach a系数0.820,表明内部一直性良好,有良好的信度。

3. 学习适应性量表

本研究采用本课题组自编的学习适应性问卷,经过预测问卷分析,编制的问卷包括四个维度,分别为学习自主性(5题)、学习策略(5题)、学习动机(6题)和学习环境(3题),问卷总共有19题。学习适应性内部一致性系数(Cronbach a系数)为0.900,分半系数(Split-Half Coefficient)为0.837。可见,学习适应性问卷的信度各项指标整体上达到心理测量学要求,是可靠的测量工具。详见第五章第一节。

三、研究方法

本研究采用SPSS 17.0和LISREL 8.51进行数据处理。利用的主要的统计方法有:描述性统计分析、多因素方差分析、相关分析、回归分析和路径分析。

四、研究结果

1. 学习适应性整体状况分析

采用SPSS软件对学习适应性的总体得分情况进行分析,包括平均数(*M*)、中位数(*MO*)、标准差(*SD*)、最大值(*MAX*)和最小值(*MIN*),对学习适应性的得分情况有个整体的把握。

表 5-29　学习适应性的整体得分情况

	项目数	*M*	*MO*	*SD*	*MAX*	*MIN*
学习动机	6	21.70	22	4.88	30	24
学习自主性	5	14.52	14	4.37	25	20
学习策略	5	15.72	16	4.00	25	5
学习环境	3	8.12	8	2.73	15	12
总分	19	60.12	60	1.30	94	71

由表 5-29 可知，平均分值上看，学习动机分值最高(21.70)，学习策略次之(15.72)，学习自主性第三(14.52)，学习环境最低(8.12)，这可能和流动人员子女的流动性有关。从标准分上看，初中生在学习环境上的得分比学习动机、学习自主性和学习策略的得分更稳定。从流动性上看，流动性对初中生学习动机、学习自主性和学习策略的影响大，流动性对初中生学习环境的影响小。

2. 学习适应性的各人口学变量差异分析

(1) 性别差异

采用独立样本 t 检验法分析流动人员子女与常住学生学习适应性是否存在性别差异，结果显示，女生总体学习适应性显著高于男生 [(63.80±11.626) vs (57.42±13.253)，$p<0.001$]，其中，女生在学习动机、学习自主性、学习策略等方面也均显著高于男生。由此可知，性别因素对流动人员子女学习适应性具有影响。这与王华容的研究相同，王华容研究得出女生在学习适应性水平上普遍高于男生。[1]

表 5-30　学习适应性的性别差异比较

	男	女	*t*
学习动机	20.42±4.945	23.42±4.241	-8.262^{***}
学习自主性	13.79±4.293	15.53±4.285	-5.206^{***}
学习策略	15.15±4.022	16.49±3.837	-4.393^{***}
学习环境	7.99±2.771	8.30±2.678	−1.436
总　分	57.42±13.253	63.80±11.626	-6.505^{***}

注：$^{***}p<0.001$

〔1〕 王华容. 大学生学习适应性及其影响因素研究[D]. 南京师范大学，2006.

（2）年级差异

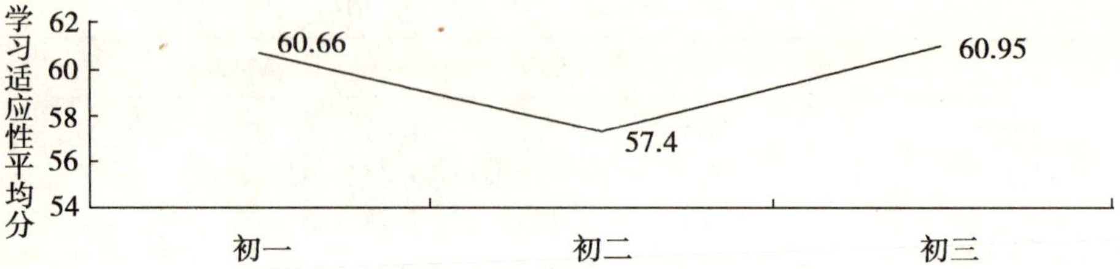

图 5-6　学习适应性平均分在各年级的趋势图

从图 5-6 可以看出，学习适应性各年级得分，初三最高，其次是初一，最低的是初二。总体来看，初中阶段学习适应性的发展随年级而发展提高，但在初二有幅度不小的下降。

表 5-31　学习适应性的年级差异比较

	初一	初二	初三	*F*
学习动机	21.89±4.710	21.02±5.533	21.77±4.739	1.503
学习自主性	14.85±4.710	13.44±4.468	14.65±4.587	4.947**
学习环境	8.07±2.483	7.74±2.860	8.49±3.057	2.997*
总分	60.66±12.205	57.40±13.921	60.95±13.556	3.471*

注：* $p<0.05$，** $p<0.01$

由上表可得知，学习自主性（$p<0.01$）、学习环境（$p<0.05$）和总分（$p<0.05$）在年级上存在着显著差异。事后多重比较结果显示，学习自主性在初一与初二间差异显著；学习环境在初二与初三间差异显著；学习适应性总分在初二与初一之间、初二与初三之间差异显著。这与刘海燕、徐小军的研究结果相似，刘海燕[1]和徐小军[2]研究结果显示大学生学习适应性四个年级间存在显著差异。年级的差异，可能与被试施测的时间是 9 月份开学不久有关系，初一学生刚迈入中学，自己期望和家庭要求较高，刚升上初三学生升学压力较大，而初二学生学习压力小、学习动力不足，使得学习适应水平骤然下降。

〔1〕 刘海燕，刘爱芹，王奎峰. 高师院校大学生学习状况调查与对策研究[J]. 山东师范大学学报，2002，47(4)：100-103.

〔2〕 徐小军. 大学生学习适应性：结构、发展特点与影响因素研究[D]. 西南师范大学教科所，2004.

（3）是否独生子女

采用独立样本 t 检验方法比较 173 名独生子女和 503 名非独生子女在学习适应性总分及其各分量表得分是否存在差异，结果显示（表 5－32）非独生子女在学习适应性总分、学习动机得分、学习自主性得分和学习策略得分均高于独生子女。

表 5－32　学习适应性在是否独生子女上的比较

	是	否	t
学习动机	21.05±5.064	21.92±4.809	−1.988*
学习自主性	13.82±4.472	14.78±4.315	−2.447*
学习策略	15.16±3.926	15.92±4.008	−2.162*
总分	58.17±13.483	60.82±12.734	−2.256*

注：* $p<0.05$

（4）家庭差异

① 父亲文化程度。图 5－7 表明，父亲文化程度高，学习适应性的得分就高，呈现学生随父亲文化程度增高而学习适应性得分增高的趋势。这表明父亲的文化程度是影响学生学习适应性的因素之一，且这种影响是正向积极的。

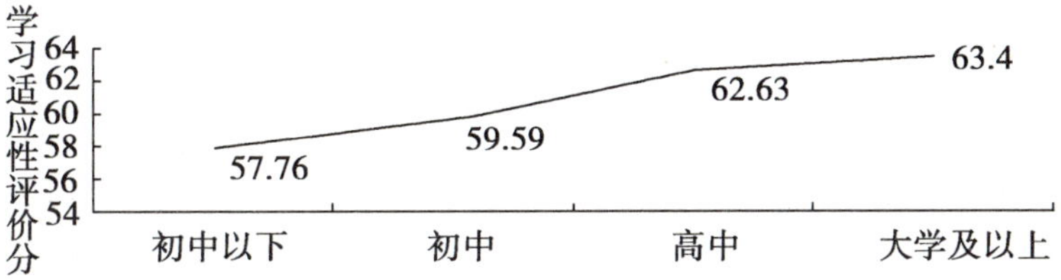

图 5－7　学习适应性平均分在父亲文化程度上的趋势图

表 5－33　影响学习适应性的父亲文化程度差异比较

	初中以下	初中	高中	大学及以上	F
学习环境	7.88±2.958	8.04±2.558	8.69±2.781	9.27±3.750	2.853*
总分	58.76±13.329	59.59±12.832	62.63±12.702	63.40±12.960	2.159

注：* $p<0.05$

学习适应性各维度在父亲文化程度差异的方差分析表明：学习环境在父亲文化程度差异上差异显著 $F=2.853^*$（$p<0.05$）；其他维度均不存在显著差异。这是由于父亲受教育程度的高低直接影响到对孩子学习的重视程度，很大程度影响着学生的学习适应性。

② 母亲文化程度。图 5-8 表明,除了初中文化程度比初中以下文化程度在学习适应性得分低且下降外,大体来看学习适应性在母亲文化程度上,学习适应性的得分呈现出学生随母亲文化程度增高而学习适应性得分增高的趋势。这表明母亲的文化程度是影响学生学习适应性的因素之一,且这种影响是正向积极的。

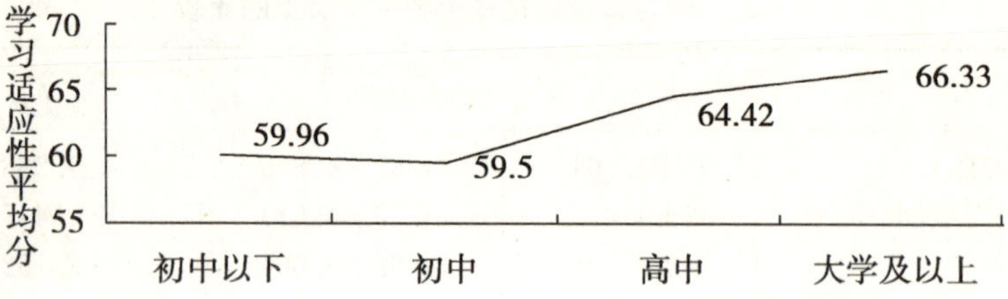

图 5-8 学习适应性平均分在母亲文化程度上的趋势图

表 5-34 学习适应性在母亲文化程度上的差异比较

	初中以下	初中	高中	大学及以上	F
学习动机	21.62±5.004	21.52±4.788	23.14±4.500	22.67±5.785	1.672
学习自主性	14.76±4.551	14.05±4.162	15.88±4.134	16.17±4.708	3.395*
学习环境	7.76±2.773	8.31±2.570	8.94±2.913	10.50±4.324	5.335**
总分	59.96±13.404	59.50±12.499	64.42±12.354	66.33±14.348	2.478

注:* $p<0.05$,** $p<0.01$

学习适应性各维度在母亲文化程度差异的方差分析发现,学习自主性和学习环境在母亲文化程度差异上存在着显著差异,学习自主性 $F=3.395^{*}$ ($p<0.05$),学习环境 $F=5.335^{**}$ ($p<0.01$),整体来看母亲比父亲更加关心孩子的学习。

③ 家庭住房。采用独立样本 t 检验法分析流动人员子女与常住学生学习适应性是否存在家庭住房上的差异,结果显示(表 5-35),家里租房子的学生总体学习适应性显著低于住自家房子的学生学习适应性的得分。其中,家里租房子的学生在学习动机、学习自主性和学习环境等方面也均显著低于住自家房子的学生,而在学习策略上,差异不显著。其原因可能是租房子的家庭非常看重自己子女的学习有关,家长的关注度会反映在学生的学习适应性上,而学习策略上的差异不显著,可能是由于初中阶段的学生还没达到利用学习策略的阶段。

表 5-35　学习适应性在家庭住房上的差异比较

	自家的房子	租的房子	t
学习动机	22.43±4.968	21.43±4.833	2.268*
学习自主性	15.58±4.693	14.15±4.185	3.689***
学习策略	16.17±4.200	15.54±3.905	1.694
学习环境	9.04±2.865	7.82±2.622	4.876***
总分	63.22±13.804	59.03±12.489	3.474**

注：* $p<0.05$，** $p<0.01$，*** $p<0.001$

五、初中流动儿童学习适应性与心理健康、学业自我效能感的关系研究

1. 三者相关分析

如表 5-36 显示，学习适应性总分及其各维度与学业自我效能感总分及其各维度相关显著。学习适应性总分与学业自我效能感总分相关达 0.742；学习适应性总分与心理健康总分相关显著（$r=0.278^{**}$）。学业效能感与心理健康的相关显著（$r=0.304^{**}$），学业效能感对心理健康有良好预测效果。

2. 学习适应性与学业自我效能感的关系

(1) 学习适应性与学业自我效能感的相关

表 5-37　学习适应性与学业自我效能感以及各维度间的相关分析

	学业自我效能感	学习能力效能感	学习行为效能感
适应性总分	0.742**	0.670**	0.625**
学习动机	0.674**	0.646**	0.518**
学习自主性	0.624**	0.544**	0.551**
学习策略	0.658**	0.588**	0.562**
学习环境	0.368**	0.307**	0.344**

注：** $p<0.01$

相关分析的结果显示，学习适应性及其各维度与学业自我效能感及其各维度相关显著。学习适应性总分与学业自我效能感总分相关系数达 0.742，学习适应性与学业自我效能感有高相关。为了进一步分析学习适应性对学业自我效能感的影响，即学习适应性及其各维度对学业自我效能感的预测作用，接下来分析学习适应性对学业自我效能感的回归分析。

表 5－36 学习适应性、学业自我效能感和心理健康以及各维度间的相关分析

	1	2	3	4	5	6	7	8	9	10	11	12
1 适应性总分	1											
2 学习动机	0.857**	1										
3 学习自主性	0.861**	0.616**	1									
4 学习策略	0.833**	0.645**	0.618**	1								
5 学习环境	0.626**	0.367**	0.490**	0.366**	1							
6 效能感总分	0.742**	0.674**	0.624**	0.658**	0.368**	1						
7 学习能力	0.670**	0.646**	0.544**	0.588**	0.307**	0.911**	1					
8 学习行为	0.625**	0.518**	0.551**	0.562**	0.344**	0.833**	0.530**	1				
9 心理健康总分	0.278**	0.223**	0.267**	0.225**	0.181**	0.304**	0.342**	0.166**	1			
10 自我否定	0.473**	0.345**	0.406**	0.381**	0.255**	0.374**	0.360**	0.285**	0.566**	1		
11 抑郁	0.090*	0.079*	0.101	0.056	0.067	0.142	0.146**	0.097*	0.692**	0.071	1	
12 焦虑	0.034	0.029	0.034	0.018	0.043	0.101**	0.178**	−0.032	0.765**	0.057	0.428**	1

注：* $p<0.05$，** $p<0.01$

(2) 学业自我效能感对学习适应性的回归分析

为了研究流动人员子女学习适应性及其各维度对学业自我效能感的预测作用，以学习适应性总分、学习动机、学习策略、学习自主性和学习环境为自变量，以学业自我效能感作为因变量，进行逐步多元回归分析。结果如下表所示。

表 5－38　学业自我效能感对学习适应性及各维度的回归分析

因变量	预测变量	R	R^2	ΔR^2	F	$Beta$
学业效能感						
	学习适应性	0.742	0.551	0.550	821.147***	0.742
	学习动机	0.674	0.454	0.097	555.885***	0.343
	学习策略	0.734	0.539	0.085	391.177***	0.294
	学习自主性	0.754	0.568	0.029	292.366***	0.231

注：*** $p<0.001$

学业效能感对学习适应性总分的回归，解释了变异量为 0.551，学习适应性对学业效能感的影响显著。在学习适应性四维度对学业效能感的回归分析中，除了学习环境没有进入学业自我效能感回归方程外，学习动机、学习策略和学习自主性都进入了回归方程，多元相关系数为 0.754，其联合解释变量为 0.568，即表中各维度能联合预测学业自我效能感 56.8%的变异量。从三个维度的解释量来看，学习动机预测力最佳，其解释变异量为 0.454，学习策略解释变异量为 0.294，学习自主性解释变异量为 0.231。

学业自我效能感的回归方程式为：

$$\text{学业自我效能感} = 0.343 \times \text{学习动机} + 0.294 \times \text{学习策略} + 0.231 \times \text{学习自主性}$$

3. 学习适应性与心理健康的关系

(1) 学习适应性与心理健康的相关

表 5－39　学习适应性及其各维度与心理健康总分的相关分析

	学习适应性	学习动机	学习自主性	学习策略	学习环境
心理健康	0.278**	0.223**	0.267**	0.225**	0.181**

注：** $p<0.01$

表 5－39 显示，心理健康与学习适应性及其各维度间相关显著。学习适

应性总分与心理健康总分相关系数 0.278，学习动机、学习自主性、学习策略和学习环境都与心理健康相关显著。我们进一步分析学习适应性对心理健康的影响，即学习适应性及其各维度对心理健康的预测提供基础。

（2）心理健康对学习适应性的回归分析

表 5 - 40　心理健康对学习适应性及各维度的回归分析

因变量	预测变量	R	R^2	ΔR^2	F	$Beta$
心理健康						
	学习适应性	0.278	0.077	0.076	55.990***	0.278
	学习自主性	0.267	0.071	−0.006	51.185***	0.209
	学习策略	0.277	0.077	0.006	27.674***	0.094

注：*** $p<0.001$

学习适应性总分对心理健康的回归，解释变异量为 0.077，学习适应性对心理健康的影响显著。在学习适应性四维度对心理健康的回归，学习策略和学习自主性进入了回归方程，其联合解释变量为 0.077，即表中各维度能联合预测心理健康 7.7%的变异量。在二个维度的解释量来看，学习自主性预测力最佳，其解释变异量为 0.071，学习策略解释变异量为 0.006。

心理健康的回归方程式为：

$$心理健康 = 0.209 \times 学习自主性 + 0.094 \times 学习策略$$

4. 三者关系的路径分析

为进一步探讨学习适应性、学业自我效能感和心理健康的影响机制，根据强迫输入复回归分析的结果进行路径分析。结果如图所示。

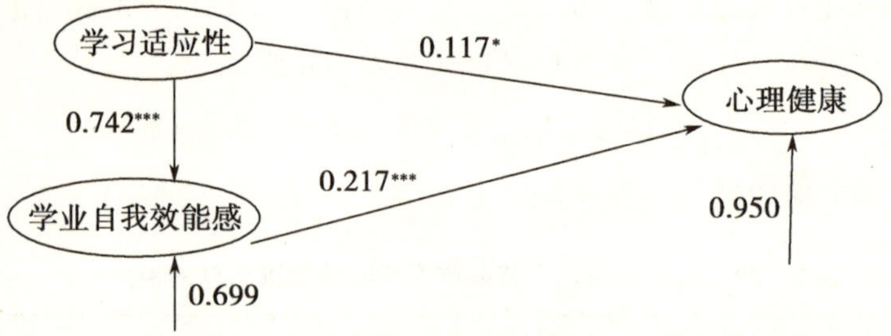

图 5 - 9　路径分析图

结果显示有两条显著性的路径：一条是学习适应性对心理健康的效应；另一条是学习适应性通过学业自我效能感对心理健康产生的间接效应。其中学习适应性通过学业自我效能感对心理健康产生影响的路径非常显著，这也说明了学习适应性通过学业自我效能感影响心理健康比学习适应性直接影响心理健康更明显，作用更大。学业自我效能感在心理健康与学习适应性中起中介桥梁作用。在李海华等人的研究中，发现学习环境对心理健康的症状因子有着显著预测作用。〔1〕张永凤研究结果显示学业自我效能感与心理健康水平有较高的相关性。〔2〕王洪礼和胡寒春的研究也证实了学业自我效能感与心理健有高相关。〔3〕

六、分析与讨论

1. 流动人员子女学习适应性的特点

流动人员子女（初中流动儿童）的学习适应性在男女性别上差异显著，女生在学习动机、学习自主性、学习策略等方面也均显著高于男生。这和严桂芬的研究结果一致，女生在学习适应性及其各维度均高于男生。〔4〕2005 年白晋荣的研究表明：小学各阶段，女生在学习适应性上的得分显著高于男生。1998 年王惠萍调查表明：农村女生的学习适应性总分显著高于男生。2000 年张承芬、张金宝的调查研究发现：山东省初中女生在学习习惯、学习方法和学习态度上比男生优先。更多的研究表明，男女性别上，女生的学习适应性好于男生。其原因有，第一，男生和女生在初中阶段的性格特征不同，初中阶段的男生好动、贪玩，而女生文静、好学。好动贪玩的男生得不到老师和家长的青睐，而文静、听话的女生更能得到家长和老师关注，这种差异让女生在学习上更有计划性、更自主；第二，初中阶段的女生生理发育一般比男生发育早两年，所以相应的认知等方面男生不如女生；第三，初中阶段的知识以认知型为主，女生更能规规矩矩地学习，更适合女生的认知方式，所以女生的学习适应性优于男生。

流动人员子女学习适应性总分、学习自主性和学习环境在年级上差异显

〔1〕 李海华，等. 高中生的社会支持、学习适应性和人格与心理健康的关系[J]. 四川精神卫生，2007，20(3)：154－155.

〔2〕 张永凤. 护生心理健康与学业自我效能感的相关研究[J]. 护理研究，2008，22(9)：2362－2364.

〔3〕 王洪礼，胡寒春. 贵州省高师本科大学生学业自我效能感与心理健康水平的研究[J]. 心理科学，2005，28(3)：675－677.

〔4〕 严桂芬. 城乡结合部预初新生学习适应性研究——以松江区新桥中学为例[D]. 上海师范大学硕士论文，2009.

著。总体来看,学习适应性在年级方面差异显著,这和大部分研究不尽相同,在大部分对学习适应性上年级差异的研究中,学习适应性在年级上有显著差异,但是随着年级的增加,学习适应性得分减少,高年级的学生学习适应性不如低年级学生的学习适应性。1998年王惠萍等人的调查研究表明:农村初一年级的学生学习适应性在平均分上显著地高于初二与初三年级的学生。1997年戴育红的调查研究表明:初中生在学习适应性上明显地高于高中生。1999年赵守盈的调查研究发现:在学习适应性的发展速度上,低年级学生的速度快于高年级学生。本研究的研究结果是,学习适应性初三学生好于初一学生,好于初二学生,造成本研究结果和以往研究结果不同的原因可能是:研究对象上的差别,本研究的研究对象是流动人员子女。流动人员子女经历过离开原居住地的不适应到迁入地的逐渐适应,这本身就是对学习适应性的一种促进。当流动人员子女在生活和学习上适应迁入地时,这种经历对其学习具有良好的促进作用。另一方面,流动人员子女到初三时,家长会重新审视孩子,比平时更多地帮助和关怀,所以,表现出学习适应性在初三阶段高于初二、初一阶段。表明初三学生在升学压力的影响下,家庭对其独特关照,以及学校管理的严格均为其创设了良好的学习环境。

流动人员子女学习适应性在是否独生子女上差异显著,且在学习适应性得分上非独生子女高于独生子女。在学校,独生子女表现为依赖父母,很少能从同伴同学中得到各种支持和帮助。另一方面,独生子女学生相比非独生子女学生,家庭中缺少同伴支持,这种学习和情感的支持对学生的学习适应性有重要影响。

整体来看,流动人员子女学习适应性在父母文化程度上差异不显著,但是表现出父母文化程度越高,学习适应性得分越高的现象。这说明父母的文化程度会影响到学生的学习,但总体影响不大。父母的文化水平直接影响到父母对孩子的学习辅导效果。文化程度高的父母,利用自己的学习经验教授孩子,并灌输学习策略之类的知识和经验,这很大程度上影响了学生的学习适应性。父母文化程度高低一定程度上给孩子一定程度的榜样影响作用,子承父业的例子比比皆是。

流动儿童的学习适应性在家庭住房上差异显著,家里租赁房子的学生学习适应性在总分、学习动机、学习自主性和学习环境得分上均低于住自家房子的学生。这符合常理——家境好学习环境好,学习也会更好。究其原因为:其一,家里租房的学生,其跟随父母而流动环境经常改变,所以适应性差;

其二，经济的压力使家里租房的学生压力倍增，使其在学习动机、学习自主性上差于住自家房子的学生；其三，学习环境不光指学习的“硬性环境”，其实更重要的是学习的“软环境”，有时候父母的无微不至的关怀能起到适应学习的作用。而住自家房子的学生，其家长更加关注下一代的学习，他们的言传身教更能起到教育下一代的作用。

2. 学习适应性与学业自我效能感和心理健康的关系

学习适应性总分及其各维度与学业自我效能感总分及其各维度相关显著。学习适应性总分与学业自我效能感总分相关达 0.742，这说明学习适应性对学业自我效能感有重大影响。学习成绩作为学习适应性的标杆，很大程度上反应了学习适应性的情况。

1999 年王凯荣等人的研究发现：学业自我效能感对学习成绩产生直接影响。1999 年李荟等人的研究发现，初中生学业自我效能感与学习成绩存在显著的相关。更多研究发现，学业自我效能感与学习适应性有较强的相关，学业自我效能感对学生学习成绩的影响是重大的。学习适应性中的学习动机很好地表现在学习能力的效能感上，当学习动机强的时候，学生的学习欲望增强，对学习结果的效能感就偏高，这对提高学习能力的效能感有积极正向的影响，反之则严重影响学习效能感。拥有良好的学习策略的学生，学习行为更成功，更能增加学习行为效能感。学业自我效能感更多地表现在学习自主性上，当学业效能感高时，学生学习的频率和质量就会提升，当学业效能感低时，学生对学习提不起劲，学习效果不好，学习的自主性就会下降。学习适应性的情况在某种程度上可以说是学业自我效能感的状况，而自我效能感是学习适应性结果的表现。在学习适应性各维度对学业自我效能感的逐步回归分析中，学习动机、学习策略和学习自主性对学业自我效能感的联合解释量达 0.568。学习适应性各维度对学业自我效能感有很大的正向预测作用。

学习适应性总分与心理健康总分相关显著。学习适应性的好坏能在一定程度上预测初中生的心理健康水平。与流动人员子女的研究相对应的是农村留守儿童的研究，在不少研究中，留守儿童的心理健康水平普遍低于常模。黄爱玲在 2004 年研究的结果显示，留守儿童在心理健康上呈阳性，总检出率为 27.13 %，普遍偏高[1]。本研究的结果也论证了学习环境对学习适应

〔1〕 黄爱玲.“留守孩”心理健康水平分析[J].中国心理卫生杂志，2004，(05).

性和心理健康的重要影响。在心理健康对学习适应性各维度的逐步回归分析中，学习自主性和学习策略联合解释量为 0.077，而学习动机和学习环境没有进入回归方程。流动人员子女心理健康受各种因素的影响，其中来自学习适应性的重要影响是其中之一。流动人员子女学习能适应，心理就不会孤独自卑，反之则容易产生孤独自卑情绪，影响他们的学习，进而影响到其心理健康。徐明的研究认为孤独的情绪是学生阳光生命下的阴影[1]。总体来看学习适应性对心理健康有一定的预测作用。

第五节　流动中学生学习适应性与学习主观幸福感、应对方式的关系研究

一、研究目的

探讨流动中学生学习适应性与学习主观幸福感、应对方式的关系。

1. 研究对象

参见本章第一节研究二。

2. 研究工具

(1) 学习适应性问卷

自编《学习适应性问卷》，问卷采用 5 点计分，共 25 题，分为四个维度：学习自主性、学习能力、学习动机、学习环境。详见本章第一节研究二。

(2) 中学生学习主观幸福感问卷

《中学生学习主观幸福感问卷》由付丽丽编制，该问卷共 28 题，包括七个维度：学业成绩、学习压力、学习期望、同伴关系、学校环境、家长支持和自由满意。采用五点计分，问卷重测信度在 0.594～0.774 之间，内部一致性信度在 0.672～0.875 之间，具有较好的信度。

(3) 中学生应对方式量表

《中学生应对方式量表》共有 30 个题项。量表分为 6 个维度，即忍耐、退避、幻想、求助、发泄、问题解决。黄希庭等人编制的。把应对方式归为两类：一类是积极应对方式，包括问题解决和求助，也叫重问题应对方式；另一类是

[1] 徐明. 班集体与学生的孤独情绪[J]. 高等函授学报(哲学社会科学院)，2006(5)：75-76.

消极应对方式，也叫重情绪应对方式，包括幻想、退避、发泄和忍耐。该量表各维度的相关系数在 0.68—0.89 之间。[1]

二、流动中学生应对方式在学习主观幸福感与学习适应性间中介作用分析

中介效应是指变量间的影响关系（$X\rightarrow Y$）不是直接的因果关系，而是通过一个或一个以上变量（M）的间接影响产生的，此时我们称 M 为中介变量，而 X 通过 M 对 Y 产生的间接影响称为中介效应。对各个变量做中介效应分析的前提是各个变量具有相关关系。为了进一步了解流动中学生学习主观幸福感、应对方式与学习适应性之间的关系，对其做了相关分析。

表 5－41　流动中学生学习主观幸福感与学习适应性的相关分析

	学习适应性	学习主观幸福感	应对方式
学习适应性		0.501**	0.499**
学习主观幸福感	0.501**		0.523**
应对方式	0.499**	0.523**	

由上表可知，学习主观幸福感、应对方式与学习适应性之间呈显著正相关。对此我们进行下一步的中介效应分析。根据中介效应依次检验程序的要求必须进行如下步骤的验证分析[2]：

首先，计算出自变量 X—学习主观幸福感、中介变量 M—应对方式所在量表的总分以及因变量 Y—学习适应性所在量表的总分的离均差以进行中心化。

其次：以学习主观幸福感为自变量，学习适应性各维度为因变量，进行回归分析，检验方程 $y=cx+e$ 中的 c 是否显著。检验结果如下表：

表 5－42　学习适应性与学习主观幸福感的回归方程

	Beta	*t*	*Sig*	调整后 R^2
学习自主性	0.520	19.329	0.000	0.270
学习能力	−0.142	−4.536	0.000	0.019
学习动机	0.404	14.020	0.000	0.163
学习环境	0.342	11.552	0.000	0.117

〔1〕 黄希庭，余华，郑勇．中学生应对方式的初步研究[J]．心理科学，2000，23(01)：1－5.

〔2〕 温忠麟，张雷，侯杰泰等．中介效应检验程序及其应用[J]．心理学报，2004(36)：614－620.

由上表可知，方程 $y=cx+e$ 的回归效应显著，c 的显著性为 $p<0.000$。回归方程结果显示，学习主观幸福感对学习适应各个维度的回归方程都达到了显著的作用，学习主观幸福感对学习适应性的四个维度的回归系数为0.520、−0.142、0.404、0.342。

其次，以应对方式为因变量，学习主观幸福感为预测变量，进行回归分析，检验方程 $m=ax+e$ 和方程 $y=c'x+bm+e$ 中 a 和 b 的显著性。结果见下表：

表 5-43　应对方式与学习主观幸福感的回归方程

	Beta	t	*Sig*	调整后 R^2
应对方式	0.498	18.176	0.000	0.247

由表可知，方程方程 $m=ax+e$ 中，a 值 0.498，显著性 $p<0.000$，学习主观幸福感与应对方式的回归方程也是显著的，回归系数为 0.498。

以学习主观幸福感和应对方式为预测变量，学习适应性为因变量，进行回归分析，检验方程 $y=c'x+bm+e$，结果如下表：

表 5-44　应对方式在学习主观幸福感与学习适应性之间的中介作用

	Beta	t	Sig	调整后 R^2
学习自主性	0.420	13.811	0.000	0.301
	0.203	6.681	0.000	
学习能力	−0.217	−6.081	0.000	0.036
	0.153	4.290	0.000	
学习环境	0.255	7.546	0.000	0.137
	0.172	5.092	0.000	
学习动机	0.288	8.885	0.000	0.205
	0.236	7.272	0.000	

由上表的结果分析可知，方程 $y=c'x+bm+e$ 中，b 值(0.203、0.153、0.172、0.236)的显著性 $p<0.000$，因此方程 $m=ax+e$ 和方程 $y=c'x+bm+e$ 中 a 和 b 都非常显著。当应对方式加入到学习主观幸福感与学习适应性各个维度之间，学习自主性、学习能力、学习环境、学习动机的回归系数分别为0.420、−0.217、0.225、0.288，学习主观幸福感的回归系数明显下降，解释程度也降低了，说明应对方式具有中介作用。

最后，检验部分中介与完全中介，即检验 c' 的显著性：由上表可知，c' 值(0.420、−0.217、0.225、0.288)的显著性 $p<0.000$。因此应对方式在学习主观幸福感与学习适应性各维度间起着部分中介作用。其中，

(1) 应对方式在学习主观幸福感与学习自主性间的中介效应占总效应的比值为 $\text{effect}_m=ab/c=0.498\times0.203/0.520=0.194$，中介效应解释了因变量的方差变异为 sqrt(0.301−0.270)=0.176，即占17.6%的方差变异。

(2) 应对方式在学习主观幸福感与学习能力间的中介效用占总效应的比值为 $\text{effect}_a=ab/c=0.498\times0.153/-0.142=0.537$，中介效应解释了因变量的方差变异为 sqrt(0.036−0.019)=0.130，即占13%的方差变异。

(3) 应对方式在学习主观幸福感与学习环境间的中介效应占总效应的比值为 $\text{effect}_m=ab/c=0.498\times0.172/0.342=0.25$，中介效应解释了因变量的方差变异为 sqrt(0.137−0.117)=0.141，即占14.1%的方差变异。

(4) 应对方式在学习主观幸福感与学习动机间的中介效用占总效应的比值为 $\text{effect}_a=ab/c=0.498\times0.236/0.404=0.29$，中介效应解释了因变量的方差变异为 sqrt(0.205−0.163)=0.204，即占20.4%的方差变异。

三、讨论

1. 流动中学生学习主观幸福感的总体情况

流动中学生的学业成绩是影响学习主观幸福感的首要因素，其次是学校环境和学习压力。已有研究发现学业成绩能预测中学生学习主观幸福感，且成绩好的学生学习主观幸福感显著高于成绩差的学生。中学生生活中最首要的任务是学习，学习成绩是他们将来升学的唯一标准。因此家长和教师最看重的是他们的学习成绩，在升学的压力以及家长和教师的施压下，他们不得不努力学习。与此同时，取得好成绩可以得到老师的青睐、家长的赞许以及同学的羡慕，因此学业成绩在一定程度上影响流动中学生对学习主观幸福感。学校环境的经常变更，使得流动中学生要不断适应新的班级环境以及教师的教学方式，加之其基础较差，想提高学业成绩，难上加难，因此学校环境以及学习压力影响着流动中学生的学习主观幸福感。

甘雄的调查也发现初中女生在现有成绩感受上显著高于男生。本研究认为造成男生女生有显著差异的原因在于：

(1) 在流动人员家庭中，家长来自农村，文化程度偏低，有着重男轻女的思想，对女孩倾注的期望相比男生较少，更多希望男生努力学习，出人头地。

因此女孩在来自父母方面的学习压力较小，更为自由。

(2) 在初中阶段，女生的心智成熟程度、学习成绩要优于男生，比男生能较好地适应学校环境以及处理好同伴关系。因此女生的学习主观幸福感更高。

高一新生和初一新生都要面临陌生的学校环境，课业增多增难，存在一定的学习压力，但高一新生在心智上比初一新生要成熟，他们能较好地适应新的学习环境，因此学习主观幸福感的体验较好。这可能是高中生的思维能力、分析能力不断增强，能客观地对自我与外界事物进行评价。同时，也有研究发现中学生学习主观幸福感随年级的增长而降低，并认为是由于随着学习任务越来越繁重，还有各种大考小考的压力，导致幸福感的下降。其次，高中生的生活较为枯燥乏味，少有娱乐活动，除了学习还是学习。

2. 流动中学生应对方式的总体状况

流动中学生在应激事件中首要采用解决问题以及求助的应对方式。这说明流动中学生能够以积极的态度面对生活中的困难与挫折。原因可能在于随年龄的增长，中学生认知成熟程度提高，能够理智分析和解决问题情境，并积极寻求帮助。总之，问题解决是流动中学生使用最多的应对方式，这一结论与李思霓、赵兴红等研究结论一致。

这与赵凌燕、应湘等人的研究结论一致，类似的研究还有胡芳芳、桑青松的研究，他们认为在流动中学生中，男生更多使用退避和幻想的应对方式。本研究得出这样的结论在于：本研究的流动中学生大多是初中生，他们正处于青春期，女生的心理发展比男生成熟得早，较懂事。因此在困难和挫折面前，女生更能使用问题解决的应对方式。男生在迎来生理发育的第二个高峰期，心理上的成熟滞后于生理上的成熟，青春期的叛逆是让家长最为头疼的，他们易冲动、激惹，问题行为较多，遇事甚至采用打架斗殴来发泄情绪。

初二是中考的转折点，高一新生刚升学，他们所要面临的是升学的压力、课业的繁重。但随着年龄的增长，中学生认知成熟程度提高，能越来越理智地面对生活和学习中的压力，而随着自我意识的增强，他们更多地选择独自面对生活和学习中的各种压力，即便如此，退避这一消极应对方式能够暂时缓解压力，所以高年级的学生较多使用这些应对方式。

3. 流动中学生学习主观幸福感、应对方式与学习适应性的中介效应分析

对应对方式中介效应检验发现，学习主观幸福感是通过应对方式这一中介变量对学习适应性各个维度产生影响，起部分中介效应作用，且效应显著。

说明应对方式在学习适应性中有一定的重要作用。学习主观幸福高的流动中学生倾向于采取积极的应对方式，从而提高自身的学习适应性水平。因此，要提高流动中学生的学习适应性水平，就不得不重视应对方式的中介作用，教师和家长可有针对性地对其应对方式进行指导。

第六节　提高流动儿童学习适应性的教育对策

为了提高流动儿童的学习适应性水平，我们建议从以下几方面采取教育对策。

一、学校层面

1. 重视流动儿童的学习适应性引导，增强学生学习动机

流动人员子女虽然仅是青少年群体中的一个特殊群体，但是他们的学习适应性问题不可忽视。流动人员子女的学习适应性应该引起政府、教育行政部门的重视，流动人员子女学习适应性有待提高。本课题及其他更多的相关研究都表明，流动人员子女的学习适应不良，这不仅仅只是流动人员子女的学习问题，也反映了整个迁入地的各种因素的结果。我们要重视流动人员子女学习适应性。首先，政府相关部门应该加强为流动人员子女的学习问题提供各种可能的便利；其次，政府相关部门和学校要联合行动，提高流动人员子女的学习适应性；再次，加强宣传欢迎流动人员的思想，强调他们对城市现代化建设所作出的重大贡献。

学习动机是学生渴望获得知识的动力，能很好地促进学习。第一，良好的学习兴趣能够转变成积极的学习动机，提高学习热情，教师应该培养流动人员子女的学习兴趣，提高其学习适应性。教师可以提出些新颖的、能引起好奇和注意的知识，提高流动人员子女的学习兴趣。改变教学模式，改善教学方法，最大程度地提高学生的学习兴趣。第二，对流动人员子女过去的成功经历进行强化，不断增强其在学习过程中的学业自我效能感。学习中经常有失败和成功的体验，而对于成功的体验，有经验的教师就会不断地提醒学生有过成功，而不是否认学生，这样必然会增加流动人员子女的学习兴趣。第三，教师对流动儿童表达出适当的期望。教师的期望是学生学习动机的外部动机，而这种外部期望，有时候会产生积极的效果，著名的皮格马利翁效应就说明了这点。第四，提高流动人员子女的学习自我效能感。教师应该鼓励

学生做自己能力范围之内的事，这能提高学生的学习自我效能感。对学生能力范围以外的学习任务，适当地鼓励学生去争取，当学生失败的时候适当地宽慰学生。对不同难度的学习任务进行适当的取舍，培养学生良好的学业自我效能感。

2. 教会流动儿童掌握学习策略，提高他们学习能力

学习策略是学习适应性的重要组成部分，掌握学习策略知识的多少以及学习策略运用的好坏都影响到学习效率，并且直接关系到学习的效果。所以加强学习策略能力的培养能大幅度地提高学生的学习成绩，能最大程度地激发学生的学习潜能。培养流动人员子女提高学习策略能力的方法有：第一，让学生理解学习策略在认知过程的作用。让学生了解认知过程，特别是记忆过程和提取过程，使学生清晰地认识到学习策略运用的时间和环节，让学生认识到运用学习策略的巨大作用；第二，介绍常见的几种学习策略。比如让学生理解和运用这些学习策略，并在平时教学中注意这方面的教育训练。比如简单的快速记忆法、课前预习课后复习方法。同时要检验学生运用学习策略的效果，使学生认识到学习策略能起事半功倍的效果，让学生敢于运用学习策略，乐于运用学习策略；第三，学生在熟悉和运用简单的学习策略后，鼓励其创造属于自己的学习策略，形成属于自己风格的学习方法、学习策略。在这基础上，鼓励学生形成自己的学习习惯，养成运用学习策略的学习习惯。

3. 改善流动儿童的学习环境，创设良好学校氛围

学习环境是影响流动人员子女学习效果的重要的外部因素，良好的学习环境对学生努力学习、提高学习效果有积极的作用。本研究发现，流动人员子女的学习环境和城市常住儿童的学习环境差异显著，流动人员子女的学习环境比不上城市常住儿童的学习环境。很多家庭的父母因为工作的原因不经常呆在家里，更别提能有时间辅导孩子的学习了。此外，学校老师会比较关注城市常住儿童，流动人员子女因为流动性，使他们对迁入地学校陌生，增加了他们在学习和生活适应中的困难。在同伴关注上，他们要重新建立同伴关系网，这为他们的学习适应增加了困难。提高流动人员子女的学习环境，要从社会、学校和家庭三位一体、全方位地改善。[1] 首先，在整个社会上提高重视流动人员子女适应性问题的认识，为流动人员子女的学习创设良好的社会环境，比如优化学校附近的游乐场。以社会环境的改良促进流动人员子女

〔1〕 黄爱玲. 留守孩儿的心理健康问题及教育对策[J]. 中小学心理健康教育，2002，(01).

学习适应。其次，优化学校环境。教师应该更加重视流动人员子女，从心理上给予足够的关怀，在学习上积极帮助和辅导，努力提高流动人员子女的学习适应性。创设良好的学校学习气氛，班级之间形成竞争和友好的氛围，增进流动人员子女与同伴的友谊，让流动人员子女的同伴关系越来越和谐、亲密。再次，加强对流动人员的教育，为流动人员子女提供良好的家庭环境。让流动人员意识到自己的“失职”对孩子的学习产生了重要影响，教授其掌握和孩子沟通的技术和方法。尽量让流动人员花更多的时间陪自己的孩子，促进流动人员子女的生活适应和学习适应。

4. 实施学习辅导，及时对他们开展心理行为的辅导和干预

根据个体差异，对流动儿童的学习做适应性心理辅导。从心理辅导、心理干预的角度来提升流动儿童的学习适应性、学习主观幸福感，引导使用积极的应对方式，从而更好适应学习环境。

不少流动人员子女已经形成不好的学习习惯、不良的思想，甚至有的已经有犯罪思想苗头。对这些流动人员子女要进行适时、适当地辅导干预。学校应该开展有效的心理教育活动，为流动人员子女学生提供心理辅导和教育支持。也可对流动人员子女进行心理测试，对相应的测评结果安排心理辅导与咨询，有效地帮助流动人员子女克服不良情绪，有效帮助流动儿童克服学习困难，提高学习适应能力。对学习问题已经比较严重的学生，采取必要的行为干预，帮助学生摆脱不良思想，帮助学生克服不良学习习惯，形成正确的思想和良好的学习习惯。

调查结果显示，流动中学生学习适应性、学习主观幸福感、应对方式等都存在着不同程度的个体差异。学校应根据他们的身心发展规律和个性特点，开设相应的心理健康课程，帮助流动中学生塑造积极的学习心理品质。同时，学校可以对流动中学生的学习习惯、学习兴趣、学习自觉性、学习态度等方面问题开展心理团体辅导，或进行个别心理咨询，以激发他们的学习兴趣，端正他们的学习态度，为其形成良好的学习习惯，提高其学习能力创造有利条件。在访谈中，我们发现流动小学生、中学生学习基础普遍较弱，缺乏科学的学习方法。学校教师可根据各年级学生学习适应的差异，调整相应的教学计划，有针对性地实施学习辅导。例如，针对低年级的学生开设学习适应辅导课程，指导学生找到适合自己的学习方法。针对高年级的学生则是采取优生强化政策，加强对学生学习的监督，及时解决学生的学习问题，帮助流动人员子女树立学习上的信心，提高其学习适应性水平。

5. 提升流动儿童的学习主观幸福感

学习主观幸福感是指学生依据自己设定的标准对自己的学习活动做出的整体评价。调查发现，学习主观幸福感与学习适应性有密切的关系，学业成绩的高低、对自己未来学业是否充满信心以及是否拥有良好的学习环境都影响着流动人员子女的学习适应水平。而这一切离不开教师、家长的引导。首先，教师应平等对待每一位学生，多关注基础较差的流动中学生，客观地评价他们的学业成绩，关注他们学习的点滴进步，并给予鼓励和赞扬，适当地缓解他们的学习压力，让他们体验到学习的快乐。同时，建议建立学习互动小组，倡导合作学习，让他们在合作中互相学习，互相帮助，这样不仅可以为他们建立良好的同伴关系，同时可以为他们学习主观幸福感的提升创造一个和谐融洽的学习环境。其次，流动儿童家长的教养方式及其文化水平与孩子的学习适应性有显著相关，文化程度越高，家庭教养方式越积极，流动中学生的学习适应性水平越高。然而流动儿童家长的文化水平普遍较低，缺乏合理正确的教育观，又忙于生计，无暇顾及孩子的学习，对孩子的学习问题要么漠然视之，要么责备批评。因此，应加强家校合作，通过家访、家长会、家校 QQ 群等方式拓宽合作渠道；与此同时，学校或相关部门可根据流动儿童家庭教育的需要，为家长举办家庭教育的培训讲座，宣传科学教养方式的知识，灌输正确的教育观，指导家长如何采用民主的教养方式，如何进行亲子沟通等等。这样可以为流动人员子女的学习生活创造温暖、理解的空间。

6. 引导流动儿童采用积极的应对方式

本课题研究发现，学习适应性差的流动儿童并非都会采用发泄、退避、忍耐等消极的应对方式，相反，学习适应性较好的流动中学生也并非都会采用问题解决、求助积极的应对方式。越是倾向于使用问题解决、求助应对方式的流动中学生，其学习适应性水平则越高。本课题研究发现应对方式在学习主观幸福感和学习适应性之间起着部分中介的影响作用，因此，要提高流动人员子女的学习适应性，就要重视应对方式的中介作用，引导流动儿童使用正确、积极的应对方式来面对困境和挫折。对此，我们可以为流动儿童举办应对方式的训练活动，可以从以下两个方面进行：(1) 认知行为应对技能训练，这种训练方式对个体应对活动进行全方面的干预和训练，临床效果明显，主要包括三个阶段：A. 概念形成阶段，B. 技能的获得与启动，C. 训练与应用；(2) 生活技能训练：通过学习和培训，提高个体应对日常生活中的困难和压力的能力。培养流动儿童积极的应对方式，增强其心理适应能力和社会生活适应能力。

7. 创设良好学校教育环境,完善教育管理制度

小学、中学流动儿童的学习适应性、学习满意度、学习主观幸福感等问题已成为重要的教育问题,我们必须创设良好学校教育环境,完善教育管理制度。

首先,完善学校的管理制度。如加强电子学籍管理系统,保证流动儿童的相关信息能够被及时有效地提供给所转入的学校。这样,无论学生转学到哪个学校,其所有信息都能够被及时地通过因特网或电子邮件快速、便捷地发送到对方学校,从而迅速地了解流动儿童的信息,这就避免了出现学生学籍或档案丢失的现象,同时这也是帮助他们适应新环境的第一步。此外,适当提高教师的待遇。在流动儿童集中的学校,教师既当教师又当家长,工作特别繁重。这既可以调动教师的教学积极性,又能够吸引优秀教师加入到对流动儿童的教育队伍中来。

其次,加强对教师的培训。为提高流动儿童的学习满意度和改善他们学习适应性的能力,学校要有一套有效的机制,敦促教师加强学习和研究,探索出适合自己学校、班级的流动儿童教育的模式和方法,以适应流动儿童教育的要求。教师可以学习、借鉴国外的经验,如补偿教育、心理健康教育、文化适应教育等,有选择地为我所用;还要定期加强对教师教学技能的培训,鼓励多与优秀教师交流,提高自己的教学能力。

最后,教师应当加强与流动学生的情感交流。教师作为教学活动的主导者,应当用自己健康、积极的情感、言行去感染流动学生,让他们产生强烈而积极的内心体验和归属感,有助于把教师的教学要求内化为学生自己的动机与需要。这既有利于学生兴趣爱好、求知欲等积极心态的养成,又有利于拉近师生间心理距离,使学生对学习保持稳定而持久的情感。

二、家庭层面

1. 改善家庭教育环境,创设温馨家园

家庭环境对流动儿童的认知、情感和适应能力都有显著的影响。父母不恰当的教养方式会影响子女的健康成长。研究结果表明,父母对流动儿童情感温暖理解、民主的教养方式,容易使他们产生温暖、信任、平等和安全感,有助于形成良好的个性、学习习惯和适应能力。相反,如果父母的教养方式不科学、与子女的亲子关系紧张或对子女的期望值过高或过低都会导致子女形

成不良性格和产生不良的情感，适应能力差。

首先，父母多一点情感温暖理解，少一点干涉保护和拒绝否认的教养方式，能给予流动儿童探索周围世界的勇气和信心，增加对生活和学习的满意度，增强孩子的学习适应性。

其次，在家庭中形成良好的学习氛围，正确发挥父母的榜样作用。实践证明，如果父母事业心强，具有正确的思维方法，家庭生活有丰富的精神内容，那么在这样的家庭中成长的流动儿童，在父母的熏陶下，就容易形成良好的学习习惯和学习态度。所以，流动人口父母要以身作则，提高自身修养，营造家庭学习氛围。这就要求父母为了子女的成长而树立终身教育观念，懂得不断更新知识和观念，激发孩子的学习兴趣。另外，还可以借助书籍、电视、网络上的教育知识等实现这一目的。

最后，培养良好的亲子关系。由于流动人口父母每天都忙于挣钱，就会忽视对子女生活上的照顾和学习上的关心。这就导致了家庭的经济功能几乎完全取代了家庭的教育功能和感情功能，造成家庭功能失调，这无疑增加了家庭教育的难度。因此，建立良好的家庭亲子关系对流动儿童的学习和成长起着重要的作用。比如，父母应当积极发现子女的长处和潜能，并常加以夸奖，并投其所好，助其所为，而尽量不要一味地溺爱纵容或者拒绝冷漠、简单粗暴。此外，父母还应当调整自己不切实际的期望水平，帮助子女制订适当的学习内容和计划，在学习过程中关注他们的情感反应，并对其进行较多的积极评价和鼓励，这样都能营造良好的亲子关系，培养子女良好的情感品质及对待学习的信心。

2. 加强流动儿童家庭教育、学校教育与社会教育的紧密结合

流动儿童的家庭教育、学校教育与社会教育要三位一体，紧密结合，形成教育合力，满足流动儿童的心理需求，改善流动儿童的学习适应问题，提高他们的学习满意度。首先，开展家庭教育指导工作。家庭教育的改进，是对学校教育的有力支持。因此，家长要积极配合学校，及时跟教师交流情况，保持经常性联系，这样就可以与学校共同形成对子女教育的统一要求和统一行动，提高教育效果。其次，加强社区建设，充分发挥社区在流动儿童教育中的作用，也是流动儿童教育三结合不容忽视的方面。对流动人口集中居住的城乡结合部，应加大社区环境的治理和社区组织的建设，使其对家庭教育的指导作用得以体现。建设和谐融洽的社区环境和良好的社区文化氛围，为社区教育功能、家庭教育功能的发挥提供可能。

第六章　流动儿童语文学习适应性的教学模式及教学管理对策

关于语文学习适应性，学者有不同的诠释。王华（2011）认为语文学习适应性就是语文学习的态度、兴趣，语文学习能力，克服语文学习中遇到困难的意志力和能力。[1] 本研究认为语文学习适应性是指学生在语文学习的过程中，根据学习环境的变化，掌握学习方法，克服语文学习中的困难，获得良好学习效果的一种综合能力。它包括学习兴趣、学习态度和习惯，克服学习困难的意志力，及分析问题、解决问题的能力等方面。

流动儿童的语文学习适应性，在小学阶段和初中阶段的具体表现和侧重点也是有所不同。由于各种主客观原因，他们普遍存在自信心缺失、不善于交流、学习习惯不良、学习策略掌握困难、缺乏正确的学习方法、学习成绩不高等问题。语文作为基础学科，是培养学生学习能力的主要渠道。教师要根据小学生、中学生的年龄特征和心理发展特点，实施有区别性的教学，促进流动儿童的语文学习适应性，提高学习能力。

第一节　小学流动儿童语文学习适应性的教学模式及特征

小学阶段流动儿童的语文学习适应性最主要表现为增强信心，培养兴趣，养成习惯，学会方法。实验学校的一线任课教师[2]及本课题组成员在教学改革实践中，通过各种渠道研究小学流动儿童的学习特点，摸索总结出一套适合小学流动儿童语文学习“以教促学”的教学模式，即“树—养—学—促”的教学模式，通过“树信心—养习惯—学方法—促自主”四步骤培养流动儿童

---

〔1〕 王华. 小学一年级新生语文学习适应性调查及研究[D]. 苏州大学，2011.

〔2〕 说明：福州市仓山区郭宅中心小学系本课题研究的合作单位、实验学校之一，他们承担总课题的子课题研究“小学流动儿童学习适应性研究”，也是获得福州市级立项的研究课题.

的自信心，良好的学习态度与习惯，增强语文学习适应性，提高学习能力，让他们尽快融入城市学校的生活，快乐学习。

一、树信心

和谐的班集体，融洽的师生关系、同学关系，可让孩子们在城市生活中找到归属感。流动儿童大多来自偏远的地方，他们大多有很强的自卑感。要想让他们适应城市学习，教师要设身处地为他们着想，进行换位思考，体会他们内心的需求，为他们创设平等和谐的学习环境来增强他们学习的自信。

1. 爱的给予

和谐的师生关系是培养学习兴趣的催化剂。流动儿童的内心更加敏感，他们来到陌生的城市生活学习，需要更多的关爱。教师们应遵循一条原则：决不能伤害流动儿童的自尊心，语文教师在教学中要更加关注到他们的差异和需求，进行帮辅。如：刚转学进来的学生，有可能在口音上存在方言严重的现象，课堂上朗读或发言时有可能引发其他学生的讥笑等现象。在这样的状况下，教师如没有及时正确引导其他学生，可能导致这位学生严重的自卑心理，从而不敢表现自己。作为语文教师，就应该利用课余时间尽力帮助学生纠正语音，更重要的是教育其他学生做到不挖苦、不讽刺，发动其他同学一起来帮助他。和谐的师生关系、同学关系，才能让流动儿童的学习兴趣更加浓厚。

2. 真诚沟通

语文老师们在平时的课堂教学中应注重师生之间的沟通、生生之间的沟通，常用课前的聊天、课堂中小组的交流、师生之间的互动、课后的家访等多种形式来拉近与学生之间的距离，特别重视理解、尊重流动儿童，对他们鼓励、关心、理解，让他们经常得到成功、重视的感觉，从而激励学习兴趣。如：课前安排师生互动环节，让学生轻松又愉快地走进课堂；课堂中设计老师与学生的比赛，教师转变角色从居高临下向平等融洽转变，以朋友的身份与学生进行交流，使师生双方的关系达到一种和谐，为沟通建立一个很好的开端。课堂上，教师要始终保持和蔼的教态，用亲切的话语与学生进行互动沟通，让孩子们在轻松快乐的氛围中完成教学任务。

3. 教学渗透

充分运用语文教材，通过课堂教学的情感渗透、口语交际的正确引导或者习作训练的情感激发，促使学生领悟为他人着想、乐于助人、团结协作等正确的情感价值感，从而营造团结和谐的学习气氛。如在教学《检阅》一课时，教师紧紧抓住“这个小伙子真棒！”、“这些小伙子真棒！”这两句关键句，引导学生通过重点词句的领悟，去想象人物的内心世界，从而让学生明白：博莱克身残志坚，自尊、自强是很棒的；同学们为他人着想是很棒的！之后，让城里的学生联系身边需要帮助的外来同学谈谈自己的感悟，让流动儿童谈谈自己的自强自信。这样通过教学中教师有意识的引导，让学生都能互相关心，和谐相处。此外，巧用口语交际课和习作课，设计一些话题，如《同学情》、《我们是一家人》、《自信》等话题，引导学生紧密联系自己的生活实际进行口语交际和习作，学生在教师的引导下，打开话匣子，就能更进一步进行心与心的交流，架起城里孩子和流动儿童之间的心灵桥梁，从而创设了和谐的学习氛围。

4. 激励评价

在语文课堂中，老师要善于运用鼓励性言语对流动儿童多肯定，帮助学生树立信心。学生哪怕是取得很小的进步，教师都应及时给予表扬，并且适当放大，这对孩子们来说是一种激励。例如，孩子刚来到新环境时，在不敢举手发言的情况下，教师可设计简单的问题指名让他发言，回答正确后，就抓准时机进行表扬。一句“你真棒！”、“说得真不错！”，此类看似平常的话语也会滋润他们自卑的心灵，从而爱上发言。当他们一时紧张，想不起来或说不出问题答案来时，一句“你们再想想”、“善于动脑是很好的学习方法”等，这些鼓励性的语言，会使孩子们倍感自信；当他们回答不够准确时，教师不直接予以否定而是委婉地说出“还有不同意见的吗？”“有不同的答案吗？”等此类语言，消除孩子们难堪的心理，树立了孩子们学习的自信心。

二、养习惯

良好的学习习惯是提高学习效率的保证。特别是在小学阶段，良好的学习习惯能使学生终生受益。在语文教学中，我们要扎实有效地培养这些流动儿童良好的学习习惯。

1. 行为要求要明确

在这些流动儿童中不乏各方面素质都很优秀的学生，但更多的是随着自己父母漂泊在不同的城市之间，被迫接受不同地区的教育，教育缺乏一种持续性，孩子的学习目标很茫然，学习松散，自然也形不成良好的学习习惯。作为语文老师在开学初就要明确学习要求，养成良好的学习习惯。如课前要明确预习的要求：读熟课文，知道课文主要讲了什么内容，自学生字词，不理解的可以提问，带着问题进入课堂；课上听课时要做到明确目标、专心听讲、积极思考、记好笔记；课后要做到及时复习，消化巩固；在完成作业时要做到先复习再练习，独立思考，仔细检查。只有做到要求明确，才能有的放矢。

2. 监督评价要到位

有了明确的要求，监督评价还得跟上，否则容易因个人意志坚持不了。我们要加强家校联系，形成教育合力。每天透过家校联系本，让家长监督孩子在家按时完成每天的学习任务。在校请组长检查作业，教师随机抽查。同时教师定期进行综合评比，将习惯养成情况与优秀小组的评比结合起来，利用集体的力量督促流动儿童养成良好的学习习惯。

三、学方法

课堂是教学活动的主阵地，知识的传授、能力的培养都要通过课堂来实现。因此，课堂教学的效果直接关系到教学的质量。部分流动儿童对学习不感兴趣，无视课堂。还有一部分流动儿童虽然在语文上工夫花不少，但学习成绩总不理想，这主要是学习不适应，缺乏科学的学习方法。作为语文老师要发挥个人魅力，把他们吸引到课堂上来，加强对他们学习方法的指导，让流动儿童尽快适应城市学习。

1. 创设适宜学习情境

合理安排教学内容，创设适宜的学习情境，可以启发学生发现问题，调动思维的积极性，促进师生之间及学生之间的多边互动，使课堂教学变得有生气，学生的学习动机被持续地激发，变被动学习为主动学习。如：主讲教师在上一年级识字课《自选商场》一课时，先在教室里摆放着孩子带来的各种各样的东西，模拟“小超市”。课上让孩子在“小超市”去看一看、摸一摸这些物品，再读一读旁边的小卡片，试着记住它们的名字，进而认读书上的词语“面包”、“牛奶”等词语。并设计如下情节：(1) 教师拿出一种物品，让孩子把它的小卡片举起来，大声读。比一比，看谁找得快，读得准。(2) 给物品贴标签，让实物和生字能对应起来。(3) 给物品做广告。教室里学生兴趣极高，精彩广告不断：“ 想要长得更高吗，请喝牛奶”，“肚子饿了，填块面包吧”等等。这样，他们通过看一看、摸一摸、读一读、认一认，然后再给这些物品贴标签、做广告等活动中，调动了多种感官参与识字认字，学生始终处于兴奋状态中，整个识字活动是在自然愉快的气氛中进行的，识字不再那么枯燥，而是一种游戏、一种享受。

2. 注重学习方法指导

授人以鱼不如授人以渔，叶圣陶先生说过“课文无非是例子”的话，我们应该从这例子出发，把它当作开启知识宝库的钥匙，在课堂教学中强化对阅读方法的指导。课后可以让学生将课堂学习方法迁移到课外，让学生继续用这种学习方法学习其他文章，以获得更多的知识和技能，达到举一反三的目的。如：可以根据文章特点教给学生各种阅读方法，即根据自己需要或兴趣选择浏览、略读、跳读、精读等不同的读书方式。浏览法等可以加快阅读速度，加大阅读信息量；也可以精读与泛读相结合，动脑与动手相结合。同时指导流动儿童做好读书笔记。俗话说："不动笔墨不读书。"孩子阅读如果仅仅是读完就完了，他的能力是得不到提高的，而且容易养成囫囵吞枣，只关注故事情节的习惯。因此教师要指导孩子学会做读书笔记。第一阶段可以放低要求，要求孩子摘抄书中的好词好句，学会欣赏他人的作品。第二阶段可以写写赏析性片段，对文中一些优美词句，甚至段落谈谈自己的理解。教师指导学生如何抓住人物的语言、动作、神态、心理活动等去体会人物性格特点，发表自己独特的见解。第三阶段要求孩子针对自己所看的文章结合身边事例写写读后感，让孩子通过读写结合不断将知识内化。只有让流动儿童掌握正确的学习方法，才能事半功倍。

四、促自主

流动儿童见识少，家长忙于工作，无暇对他们进行辅导，又不懂学习方法。教师在课堂上应注重授之以渔，培养学生自主学习的能力，才能使学生适应时代需求，终生受益。

1. 创设自主的学习空间，发展学生特长

教学是教与学的统一，教师采用各种方法，创设各种机会和空间激发孩子们自主学习、探究的兴趣，从而提高他们自主学习的能力。在进行综合性学习《走进信息世界》这一单元的教学中，让学生明确学习的目标后，教师可让学生自由组合成小组，每个小组根据各自学生的特长进行分工合作，展开综合性的学习活动内容。在过程中，教师要关注学生活动的进展情况，了解他们遇到的问题和困惑，对他们进行点拨引导。学生学习的兴趣浓厚，有的学生搜集了大量的信息传递方式的资料；有的学生展开调查，了解信息与教师们生活的关系；还有的学生记录了一天中获得的信息。学生通过综合性学习活动，真正感受到了信息与生活的息息相关，也提高了自己通过不同渠道搜集信息和处理信息的能力。成果展示课上，学生们尽情汇报自己的学习成果和感受，充分展示自己的喜悦，增强学好语文的信心。更值得一提的是，在小组合作学习的活动中，具有不同智慧水平、不同知识结构、不同思维方式的成员可以相互启发，相互补充，这种学习方式，促使小组同学之间的互学、互助、互化、互励，使学生们学会了关心和友爱，更增长了他们各自的才干！

2. 开展多样的学习活动，激发学习热情

小学生都具有争强好胜的特点，活动时紧张、兴奋的心理状态，能有效地促进知识传递和吸收。语文教学中，老师要能结合教材和年级特点，有效地开展一些活动。如引进竞争机制，开展各种小组竞争、男女生竞争，评选“阅读之星”，低年级拼音竞赛，中高年级课外阅读知识竞赛，作文竞赛等活动，激励学生积极思维；开展一些读书会、演讲会、话剧表演、辩论会等活动，激发学生善于表现自我，发挥表演的天赋。课堂教学活动就好比推动学生自主学习的发动机，学生长期在教师精心设计的各种具有开放性、主体性、挑战性的学习活动中，自然而然地有了强烈的参与热情，自主学习的能力、获取知识信息的能力、创造性解决问题等能力会不断地得以开发和提升。

总之，我们要充分利用学科的优势，在语文教学实践中不断探索和总结，让这些流动儿童树立学习信心，养成良好的学习习惯，培养良好的学习方法和自主的学习能力，他们就能不断提高自身语文素养，更好地融入城市生活，快乐健康地成长。

第二节　提高小学流动儿童语文学习适应性的教学管理对策

小学阶段流动儿童语文学习适应性状况、学习效果直接制约他们中学阶段语文学习的质量。整体上看，流动儿童的学习习惯较差，素质偏低，且在学习上、思想上、行为上都存在或多或少的问题。要提高流动儿童的语文教学质量，我们要特别关注流动儿童中的学困生，根据流动儿童的身心发展特点和学习能力的实际情况，摸索出一套适合他们学习特点和心理发展规律的教学管理对策，促进他们尽快适应城市学校的学习。

一、凸显教学管理对象的主体性，强调尊重和关爱

1. 创设自主学习空间，发挥学生特长，挖掘潜能

流动儿童见识少，家长忙于工作，无暇对他们进行辅导，又不懂学习方法。教师在课堂上应注重授之以渔，培养学生自主学习的能力，才能使学生

适应时代需求，终生受益。教学是教与学的统一，教师采用各种方法，创设各种机会和空间激发孩子们自主学习、探究的兴趣，从而提高他们自主学习的能力。如，在进行综合性语文学习的教学中，让学生明确学习的目标后，教师可让学生自由组合成小组，每个小组根据各自学生的特长进行分工合作，展开综合性的学习活动内容。在过程中，教师要关注学生活动的进展情况，了解他们遇到的问题和困惑，对他们进行点拨引导。学生学习的兴趣浓厚，有的学生搜集了大量的信息传递方式的资料，有的学生展开调查，了解信息与我们生活的关系。还有的学生记录了一天中获得的信息。学生通过综合性学习活动，真正感受到了信息与生活的息息相关，也提高了自己通过不同渠道搜集信息和处理信息的能力。成果展示课上，学生们尽情汇报自己的学习成果和感受，充分展示自己的喜悦，增强学好语文的信心。在小组合作学习的活动中，具有不同智慧水平、不同知识结构、不同思维方式的成员可以相互启发，相互补充。这种学习方式，促使小组同学之间的互学、互助、互化、互励，使学生们学会了关心和友爱，更增长了他们各自的才干。

2. 关爱和帮扶

流动儿童进入新的环境，难免有诸多不适应之处，语文教师要设身处地地为孩子着想，要多渠道、多形式开展关爱活动。如：面对基础知识较差的流动儿童，语文教师要利用课余时间帮助孩子补缺漏，同时可以发动班级学习较好的同学和他们进行结对子帮扶；有的学生由于父母忙于打工，家长经常不在家中，缺少家庭的关爱，教师和同学们适时地多关心他们，以师生之爱和同学之情弥补其父爱和母爱的不足；对于他们偶尔出现的错误，教师们要态度和蔼地进行教育、引导。语文教师的关爱和帮扶能获得每位流动儿童的尊重与信任，从而爱上新环境、爱上学习。

3. 赏识和激励

语文教师要睁大慧眼，努力发现流动儿童身上的闪光点进行放大，帮助孩子克服不适应新环境带来的自卑心理，从而阳光自信，融入新的学习环境。如，流动儿童×××，三年级时从安徽老家转学来，刚开始时由于教材不一样，环境不同，她感到极度不适应，不善于和同学交流，上课不敢发言。语文老师特别注意到她语音标准，课堂上就经常让她朗读，后来又送她参加学校的朗诵班进行训练，这孩子在老师的鼓励下，渐渐敢于表现，老师和同学们也越来越喜欢她。现在的她不仅朗诵好，而且还写得一手好字，积极参与班级管理。六年级时，由于她全面发展，还当选为学校的大队委员，活跃于学校各种活动中。这个成功案例在小学语文教育教学中具有较广泛的代表性。

二、注重教学管理环境的和谐性，强调家校密切配合

1. 构建和谐氛围

近年来，面对大批涌入的流动儿童，学校引导全体教师树立“民主与平等”的观念，引导教师不断增强事业心和工作责任心，树立正确的教育观、质量观和人才观。要求全体教师积极调整心态，为流动的花朵付出更多的爱与汗水。语文教师和学生接触的机会更多，要通过各种措施创设师生平等交流、共同进步的民主气氛。如在语文课堂上，结合教材内容开展竞赛、互动交流、合作等丰富多彩的班集体活动，增强集体的凝聚力，帮助流动儿童在集体活动中建立良好的人际关系，帮助他们在集体活动中磨练意志，着力构建平等和谐的师生关系、生生关系。

2. 帮助家长更新教育观念

流动人员通常知识水平较低，家庭教育方式粗暴简单。学校定期举办讲座，邀请有关专家来校授课，把家教专家、心理教育专家请到学校与家长面对面交流。为了激励家长提高家庭教育水平，学校可以定期开展评选“好家长”活动。各班由学生讲述自己家长的具体事例，进行评议，让“好家长”介绍自己教育子女的成功经验、现身说法。通过家长学校的开办，丰富家长的家教知识，更新和改变家长的家庭教育观念，从而指导家长进行科学的家庭教育。

3. 家校密切联系，加强沟通

语文教师要时刻关注流动儿童的学习情况，对于流动儿童存在的不适应现象，教师要及时通过和孩子的聊天、调查等渠道了解、分析原因。最重要的是要及时和家长多沟通，及时告知孩子的学习情况，商量帮助孩子的方法，共同寻求最佳的引导方式 。如，一位流动儿童刚到学校时，对于语文老师布置的课前收集资料的作业常常不做。刚开始语文老师不知道原因，批评了他，哪知那孩子干脆什么作业也不做了。老师赶紧找他聊天，询问原因，结果孩子告诉老师，他家没有电脑，也没有课外书籍，他完成不了这项作业。老师赶紧向他道歉，并且和家长沟通了解决办法，让家长给孩子买些课外书籍，或者抽空带孩子逛逛书店，看看书，同时发动班上的孩子交流课外书籍，资源共享。从那以后，这位孩子再也没有不做作业了。这样，家校形成合力，帮助孩子提高了学习的适应性。

三、强调教学管理过程的有效性，实施有效教学

流动儿童的父母大多忙于工作，他们根本没有时间和条件对孩子的学习进行辅导。课堂的学习效果决定了他们的学习情况。因此，学校要开展有效教学活动，紧扣“有效”教学，指导教师从备课、上课、作业、辅导等环节入手，提高教学效率和质量。并从落实教科研活动过程、巡查、反馈、评价等方面提高校本教研实效，促进教师教学能力的提升。

1. 有效备课，重视二次备课与反思

学校在抓常规集体备课的同时，为了提高课堂实效，要求教师对第一次集体备课的教案，结合本班级学生的实际，进行二次备课。学校对各环节的二次备课进行明确、规范要求，或赏析原教案，或进行二次备课。教学结束后，还要对一节课的教学情况进行总体的反思，反思成功、不足之处及改进的措施等内容。这样，教师的备课实效性明显提高，课堂有效性得到了前提保证，教师的业务能力也得到提升。

2. 有效课堂，重视落实课堂教学实效性

学校坚持随堂听课制度、巡课制度。除了规定不同层面教师的听课节数，校长、分管校长、教导主任还要每天巡查课堂上教师的教案、板书、师生课堂上的专注度、交流互动情况，做到课堂教学环节规范有效。发现问题及时与授课老师交换意见，帮助教师改进教学方法，提高课堂教学质量，使学生利用课堂四十分钟时间有效掌握知识，减轻流动儿童课余学业负担。

3. 有效作业，重视作业重批重改

学生作业的情况直接反映了学习的接受程度。因此，每位教师要注重对学生作业的批改，特别是要落实错误题目的重批重改。学校教导处可不定期对学生的作业进行一次抽查，定期对学生的作业进行一次全面检查，规范作业的封面、书写、格式，关注作业设计的有效性、实践性、层次性，及时反馈整改。这样一来，有效地促进了流动儿童的作业良好习惯和作业的正确率，学生的语文学习情况得到了及时的反馈和提高。

4. 有效辅导，重视学困生转化

由于流动儿童回家得不到学习辅导，学校要特别关注他们的“培优辅困”工作。学校可规定每天中午半小时的“培优辅困”时间，要求教师做到定内容、定措施，对优生进行提高训练，对学困生进行耐心辅导，有针对性地帮助学生，以此帮助家长排除无法为孩子学习进行辅导的后顾之忧。

5. 有效教科研，提升教师业务能力

“有效教科研”是实现有效课堂的关键，为提高教师的业务能力，学校要重视教科研活动的有效性。可以《流动儿童城市学习适应性》为课题开展有效课题研究活动。例如：语文分低、中、高年段，进行识字、阅读和习作的子课题研究。通过开展调查、分析、比对、调研等活动引导教师们及时发现流动儿童语文学习适应性存在的问题，课题组成员定期交流实验感悟和困惑，努力学习课题研究的理论，撰写教学叙事，及时调整、改进实验方法，从而促进流动儿童语文学习的适应性。学校还可通过开展“我与专家比亮点”、“有效教学反思”、“片段教学”以及邀请名师来校上课、专家讲座等系列活动，促进语文教师业务的发展，提高语文课堂的有效性。

四、实施健全人格教育，培养坚强意志

教师要引导孩子们学会自我管理，在能力、气质、性格等个性心理特征方面和谐发展，培养意志力，养成主动学习、自我评价的能力，从而促进学生养成良好的人格。

1. 文道结合，汲取力量

语文教材多以鲜明的形象，生动的语言，激发学生的感情，使学生潜移默化地接受正确的、高尚的道德熏陶。引导学生学习文中先进人物的美好品质，汲取无穷的力量，磨练自己的意志。如在教学第十册《桥》一课中，教师引导学生通过重点段、重点句、重点词的领悟，来深入领会文中老汉大公无私、沉着坚强的个性。特别是通过文中拟人句、比喻句的体会，启发学生品味作者是如何巧妙地遣词造句的，最后再通过感情朗读，让人物的形象深深地印在学生的脑海里，从而在思想感情上受到潜移默化的教育。

2. 自我培养，养成习惯

教学中，语文教师总是要适时地对学生进行意志激励，使他们的学习能够坚持下去，使他们养成勤学的品格。每节课，教师在导入课题时引导学生质疑，带着疑问学习，这不仅帮助学生明确了学习目标，也培养了学生边读书边思考的好习惯。整节课中，教师适时提示学习方法，进行多项的语言文字训练，提升学生语言表达的能力。多样的教学手段不仅充分地调动了学生课堂参与的主动性，更充分体现对学生意志力的培养。通过老师的点拨引导，学生明白了原来语文学习是有章可循的，只要养成好习惯，讲求好方法，其实也是一件乐事。

五、注重教学评价的动态性，推行教学质量监控

1. 分层评价，激发学习信心

首先，教师合理的教学评价能激励学生树立信心，明确努力方向。教师针对不同学生的原有能力进行分层评价，可激励不同程度学生的进步。其次，学生之间恰如其分的评价，满足了不同程度学生的成就感，提高了学生的学习自信心，也使整个课堂更加和谐。如教学《草原》一文时，教师请平时内向、不敢发言的学生小宇读"在这境界里，连骏马和大牛都有时候静立不动，好像回味着草原的无限乐趣"一句，小宇站起来十分认真地读了一遍，可漏了"都"字。看他那认真样儿，教师不忍心告诉他少读了字，就说："你刚才读得太高兴了，所以少读了个字，再读一次好吗？"于是，他又很有感情地正确地读了一遍，赢得了同学们热烈的掌声。对于极富表现力的同学，教师可以委婉地给他们提出更高的要求。通过这样的课堂评价，学生能学会如何去尊重同学之间存在的差异，学会了针对同学的能力进行纵向的比较，学会了从欣赏的角度评价不同水平的同学的进步。

2. 善用激励，动态评价，重在提高

在语文课堂教学中，老师要善于运用鼓励性言语对流动儿童多肯定、多激励，帮助学生树立信心。学生哪怕是取得很小的进步，教师都应及时给予表扬，并且适当放大，这对学生来说是一种激励。例如，学生刚来到新环境时，不敢举手发言的情况下，教师可设计简单的问题指名让他发言，回答正确后，就抓准时机进行表扬。一句"你真棒！"、"说得真不错！"，此类看似平常的话语也会滋润他们自卑的心灵，从而爱上发言。当他们一时紧张，想不起来或说不出问题答案来时，一句"你们再想想"、"善于动脑是很好的学习方法"等这些鼓励性的语言，会使学生倍感自信；当他们回答不够准确时，教师不直接予以否定而是委婉的说出"还有不同意见的吗？""有不同的答案吗"等这些语言，消除学生难堪的心理，增强学习的自信心，获得不断提高。

3. 多元评价，质量监控

鉴于小学流动儿童语文学习基础弱、学习习惯差等问题，教师对他们学习的评价不能仅限于每次考试成绩的高低，应扩大到学习过程与学习结果、语文学习兴趣和掌握语言能力、课堂学习与课外活动、智力因素与非智力因素等多方面的有机结合，实施多元评价。学校教师透过语文学科的教学，对流动儿童的学习过程实施质量监控。

总之，学校在教学管理措施上，尊重关心流动儿童，更新教育教学手段，运用合理的教学管理策略，能够促进流动儿童学习适应性的提高，让他们能够“留得住”、“学得好”，尽快提高学习能力。

六、结　论

本研究以小学流动儿童为研究对象，通过对小学流动儿童语文学习适应性的探讨与分析，并进行三年多“流动儿童语文学习适应性”的教学改革实验和课题研究，得出以下有价值结论：

(1) 小学流动儿童的语文学习适应性有其独特的年龄特征和学习发展特点及规律。

(2) 我们总结出一套适合小学流动儿童的“树—养—学—促”的“以教促学”的语文学习的教学模式。

(3) “树—养—学—促”的“以教促学”教学模式是通过“树信心—养习惯—学方法—促自主”四步骤，有助于培养流动儿童的自信心，养成良好的学习态度习惯，提高小学语文学习适应性。

(4) 语文教师要根据小学流动儿童的实际情况采用适合小学流动儿童的教学模式，研究者提出了针对小学流动儿童特点的教学管理对策。

第三节　初中流动儿童语文学习适应性的现状调查及特点分析

初中阶段流动儿童的语文学习适应性主要表现为学习方法、学习动机、学习效果、双基学习、写作学习等方面。为了深入了解初中流动儿童语文学习适应性的现状，发现他们存在的学习问题，以采取有效的教学措施，促进流动儿童语文学习的适应性，我们做了实证调查研究。

本研究采用随机抽样方法对初中流动儿童语文学习适应性的现状做深入调查，揭示初中流动儿童语文学习的一般心理发展趋势和主要特点，分析学生语文学习适应性的影响因素，探讨影响初中流动儿童语文学习的主要原因，为课堂教学改革提供实证研究基础。

一、研究目的

(1) 通过调查，了解初中流动儿童语文学习适应性的现状及影响因素；

(2) 考察流动儿童语文学习适应性的发展特点，比较流动儿童与城市儿童语文学习适应性的差异，以及流动儿童语文学习适应性在性别、年级等人口学变量上的差异；

(3) 探索适合初中流动儿童语文学习特点的语文教学模式，提高初中流动儿童语文学习质量。

二、研究对象

本研究是总课题[1]下的子课题，研究对象主要来自两所学校：福州第二十中学[2]、福州时代中学。前者是一所流动儿童相对集中的中学，另外一所则是本地学生比较集中、生源很好的私立初中学校。这两所中学的生源背景存在比较典型的差异。研究者采取整群抽样的方法抽取这两所学校中的初一、初二、初三学生为调查对象。

三、研究工具

采用自编的《初中语文适应性问卷》，并作信度、效度检验。问卷分两部分：

(1) 一般情况问卷，主要收集研究对象的社会人口统计学资料和一般状况资料。主要包括：性别、年级、是否从外地来到福州、父母文化程度、父母工作情况等共 9 个项目。

(2)《初中语文学习适应性问卷》，该问卷是自编问卷，经中学语文老师和专家的评订，进行多次修改，形成 50 个题项，分为学习方法、学习动机、学习效果、语文双基、语文写作 5 个维度。每个题项采取李克特式 5 点计分，单选形式，按学生的同意程度分为五级评分，从"非常不符合"、"不太符合"、"说不清楚"、"比较符合"到"非常符合"，分数逐步递增。问卷具有较好的信度和效度，详见以下分析。

1. 研究工具的信效度分析

本研究采用 SPSS 16.0 软件包进行数据的统计处理，做了以下信度、效度分析。

(1) 问卷的信度分析。我们对《初中语文学习适应性问卷》做了 Alpha 系

---

〔1〕 总课题是国家社科基金立项的"十一五"教育科学规划课题："流动人员子女城市生活适应性与学习适应性研究"(课题编号 BHA100060)。

〔2〕 福州二十中学是本课题的实验合作学校，学校与本课题组开展长达三年的教育实验与合作研究。

数的信度分析，Alpha 系数为 0.880，可以认为本问卷在一致性信度指标上较好，可作为本研究的参考依据。

（2）问卷的效度分析。

2. 问卷的项目分析

项目分析的目的在于分析各题目相关矩阵和各题目与问卷总分的相关，将未达到显著水准的题项删除。按照总分的高低排列，找出低分组 27%处的分数，高分组 27%处的分数，用 t-test 检验高低二组在题项上的差异，把未达到显著水平的 14 题予以删除，其余的 34 题均达到显著水平，进行下面的探索性因素分析。

3. 探索性因素分析

用探索性因素分析法确定问卷的结构，采用 *KMO* 和 *Bartlett* 球形检验度量。

KMO 值=0.848；Bartlett 球形检验值为 4 492.991，自由度为 630，sig=0.000。以上两个指标表明本研究的数据可以进行因素分析。

对正式问卷调查所获数据进行主成分分析提取共同因素。根据原来的理论架构，限定抽取因子数为 5，并对因子进行最大方差正交旋转（Varimax）得到因素的负荷矩阵，把负荷量小于 0.4 的题项删除，把每个因素中题项少于 3 题的予以删除，结果见下表 6-1。

表 6-1 初中生语文学习适应性问卷的探索性因素分析结果

项目	因素 1	因素 2	因素 3	因素 4	因素 5	共同度
B18	0.720					0.533
B21	0.570					0.461
B20	0.569					0.410
B16	0.568					0.437
B24	0.561					0.433
B25	0.428					0.336
A9		0.665				0.498
A1		0.593				0.574
B8		0.570				0.467
A2		0.555				0.506
B2		0.530				0.474
B5		0.446				0.422
A12			0.806			0.661
A11			0.643			0.556
A17			0.584			0.540

续表

项目	因素 1	因素 2	因素 3	因素 4	因素 5	共同度
A13			0.524			0.394
A15			0.494			0.410
A23				0.623		0.431
A20				0.605		0.397
B12				0.425		0.320
B14					0.758	0.602
B13					0.641	0.484
B15					0.590	0.583
特征值	2.681	2.628	2.193	2.183	2.063	
贡献率	10.723	21.234	30.005	38.738	46.988	

表 6-1 中看出，因素 1 的特征值为 2.681，方差贡献率为 10.723，对应的六个题目的内容主要包括对字词、修辞、现代文阅读、文言文阅读的掌握情况等内容，命名为“双基学习”。因素 2 的特征值为 2.628，方差贡献率为 21.234，对应的题目内容主要包括预习、复习、制定学习计划情况等内容，命名为“学习方法”。因素 3 的特征值为 2.193，方差贡献率为 30.005，对应的题目的内容主要包括喜欢学习语文是否因为语文课文或者语文老师，老师负责任情况等内容，命名为“学习动机”。因素 4 的特征值为 2.183，方差贡献率为 38.738，对应的题目主要包括对待考试成绩的态度等内容，命名为“学习效果”。因素 5 的特征值为 2.053，方差贡献率为 46.988，对应的题目内容主要包括作文课的上课形式、看作文选的效果、老师的指导等内容，命名为“写作学习”。

因此，初中语文学习适应性包括五个维度：(1) 学习方法；(2) 学习动机；(3) 学习效果；(4) 双基学习；(5) 写作学习。这样，就得出了初中流动儿童语文学习适应性的结构。

4. 问卷的效度指标分析

本研究的效度评估采用两个指标：内容效度、结构效度。

(1) 内容效度

本研究的问卷题项来源于之前对流动儿童的访谈，并参考了一些其他学者的问卷进行综合整理后的结果，还请专家和中学语文老师等对题目的可读性和适宜性做出评议、审查或修改，以确保问卷题目能够反映初中流动儿童语文学习适应性的真实情况。本问卷具有较高的内容效度。

(2) 结构效度

内部一致性及相关程度是量表效度的重要指标。从表 6－2 中,可以看到学习适应性各维度之间的相关,各维度之间的相关在 0.284—0.549 之间,呈中等偏低程度相关,且低于各因素与问卷总分之间的相关;各因素与问卷总分之间的相关在 0.584—0.790 之间,存在中等偏高程度相关。可见本量表的内部一致性效度较高。

表 6－2　语文学习适应性各维度之间的相关分析

	学习方法	学习动机	学习效果	语文双基	语文写作	学习适应总分
学习方法	1.000					
学习动机	0.301**	1.000				
学习效果	0.345**	0.243**	1.000			
语文双基	0.549**	0.316**	0.358**	1.000		
语文写作	0.371**	0.284**	0.361**	0.356**	1.000	
学习适应总分	0.790**	0.644**	0.584**	0.782**	0.626**	1.000

注:*** $p<0.001$,** $p<0.01$,* $p<0.05$(下同)

四、研究过程

本研究过程主要分为查阅文件、调查访谈、编制问卷、施测处理、分析讨论、提炼概括等。

1. 查阅文献

了解目前国内有关流动儿童的研究现状及已有的研究内容及学界的研究动态,确定研究的方向和具体内容。

2. 调查访谈

通过搜索的资料,在前人研究的基础上,结合初中语文学科的特点,最终编制访谈提纲。

本研究采取个案抽样法,在福州二十中,对 33 名全部是外来务工子女进行半结构式访谈。其中初一学生 15 名,初二学生 12 名,初三学生 6 名,学生学习情况包括好、中、差,同时对二十中的 12 名语文教师进行访谈,获得第一手研究资料。

3. 编制问卷

在与学生及教师访谈基础上,通过与心理学专家、中学语文老师的反复讨论和修改,最终编制成初中语文学习适应性问卷。

4. 施测处理

选取福州市二十中和时代中学两所学校初一、初二、初三的学生，被试以班级为单位，在班主任的指导下，同一时间进行集体施测。在指导语中，主试向被试强调回答的独立性、真实性和完整性，并向被试说明对其所填信息严格保密，以打消其回答问题时的顾虑。被试在回答问题的过程中若有疑问可举手示意，询问主试。被试做完问卷后现场收回。

采用 SPSS 16.0 软件包进行统计处理，进行项目分析、探索性因素分析和信效度分析，采用的统计方法包括 t 检验、F 检验等。

5. 分析讨论

对本研究所获得的数据结果做深入分析，探讨初中流动儿童语文学习适应性的具体特点及各维度之间的关系，分析初中流动儿童语文学习适应性的影响因素、存在的问题和原因。

6. 提炼概括

根据本研究所获得的调查结果、原因分析、教育对策措施等具体的教学改革实验，做理论层面的思考与探索研究，提炼概括出适合初中流动儿童语文学习适应性的教学模式。

五、结果分析

1. 调查的一般情况

本次调查共发放问卷 535 份，回收 510 份，其中福州二十中发放 385 份，回收 361 份，时代中学发放 150 份，回收 149 份，剔除无效问卷 19 份，有效问卷共 491 份。

(1) 被试样本具体构成如下：

在有效被试 491 名学生中，各种详细信息的具体情况可见表 6-3。

表 6-3　491 名研究被试的一般资料

	组别	人数	构成比(%)
性别	男	268	54.6%
	女	223	45.4%
年级	初一	219	44.6%
	初二	141	28.7%
	初三	131	26.7%

续表

组别		人数	构成比(%)
是否流动儿童	是	274	55.8%
	否	217	44.2%
来福州几年	一年到三年	25	5.1%
	三年以上	195	39.7%
	从出生就在福州	271	55.2%
取得福州户口时间	一直没取得福州户口	158	32.2%
	不到半年	12	2.4%
	半年到一年	18	3.7%
	一年到三年	12	2.4%
	三年以上	92	18.7%
	从出生就取得福州户口	199	40.5%
来自哪个省份	福建省以外的省份	145	29.5%
	福建省(福州市除外)	147	30.0%
	福州市(从出生取得福州市户口)	199	40.5%
来自哪个地方	农村	149	30.3%
	乡镇	100	20.4%
	县城	59	12.0%
	城市	183	37.3%

(2) 流动儿童与城市儿童的一般情况比较

本研究把流动儿童与城市儿童的父母受教育程度、父母工作、父母检查作业情况做了对比,分析其中存在的差异,具体情况见表 6-4。

表 6-4 流动儿童与城市儿童一般情况比较

		流动儿童(n=274)		城市儿童(n=217)	
父亲受教育程度	文盲或小学	46	16.8%	14	6.5%
	初中	154	56.2%	60	27.6%
	高中	47	17.2%	59	27.2%
	大专	4	1.5%	16	7.4%
	本科及以上	23	8.4%	68	31.3%
母亲受教育程度	文盲或小学	71	25.9%	22	10.1%
	初中	147	53.6%	68	31.3%
	高中	29	10.6%	50	23.0%
	大专	7	2.6%	30	13.8%
	本科及以上	20	7.3%	47	21.7%

续表

		流动儿童(n=274)		城市儿童(n=217)	
父亲的工作	当前没就业	4	1.5%	3	1.4%
	务农	6	2.2%	3	1.4%
	打工	96	35.0%	27	12.4%
	个体户(小买卖)	54	19.7%	58	26.7%
	公务员或事业单位员工	30	10.9%	73	33.6%
	工人(如建筑工、搬运工)	53	19.3%	11	5.1%
	教师	6	2.2%	9	4.1%
	其他	25	9.1%	22	10.1%
	服务人员(如饭店、家政服务)	0		4	1.8%
	医生	0		7	3.2%
母亲的工作	当前没就业	51	18.6%	42	19.4%
	务农	6	2.2%	4	1.8%
	打工	111	40.5%	28	12.9%
	个体户(小买卖)	45	16.4%	42	19.4%
	公务员或事业单位员工	28	10.2%	56	25.8%
	工人(如建筑工、搬运工)	6	2.2%	0	
	服务人员(如饭店、家政服务)	11	4.0%	9	4.1%
	教师	9	3.3%	15	6.9%
	医生	2	0.7%	6	2.8%
	其他	5	1.8%	15	6.9%
父母检查作业情况	经常	61	22.3%	77	35.5%
	偶尔	118	43.1%	87	40.1%
	很少	68	24.8%	33	15.2%
	从不	27	9.9%	20	9.2%

从上面的统计结果可以得出以下结论:

(1) 流动儿童父母的受教育程度低于城市儿童父母的受教育程度。流动儿童的父亲和母亲是初中学历的占一半以上,而城市儿童的父亲受过本科教育及以上的占 31.3%,比例最大,母亲虽然是初中学历的占 31.3%,但是受过高中以上教育的超过一半。父母受教育程度不同可能会影响他们教育孩子的方法,也可能会影响到孩子的学习适应情况。

(2) 流动儿童与城市儿童的父母的工作情况不同。流动儿童的父母是打工的居多,城市儿童的父母的工作是公务员或事业单位的居多。可以看到流动儿童的父母来到福州大多是依靠打工或者做小买卖来维持生计,城市儿童的父母的工作大多很稳定，不必担心生计问题。可以看出，流动儿童与城市儿童所处的家庭富裕程度不同。

(3) 父母检查作业情况大致相同，城市儿童父母重视度略高于流动儿童父母。从表中可以看出，流动儿童的父母经常检查孩子作业的占22.3%，而城市儿童的父母经常检查孩子作业的占 35.5%，明显多于流动儿童的父母。而无论是流动儿童的父母还是城市儿童的父母都有 40%左右的是偶尔检查孩子的作业情况，说明，这 40%左右的家长对孩子的作业情况不够关心，通常的原因是因为忙工作或者生意而无暇顾及孩子的学习。

2. 流动儿童与城市儿童在语文学习适应性的比较

流动儿童的语文学习适应性显著低于城市儿童，在写作学习方面两者不存在显著差异。我们采用独立样本 t 检验考察流动儿童与城市儿童的语文学习适应总分及各因子得分的差异。从表 6－5 可以看出：城市儿童在五个维度的得分均高于流动儿童，在学习方法、学习动机、学习效果、双基学习四个维度上差异显著（它们的显著水平依次分别为：$p<0.001$，$p<0.05$，$p<0.001$，$p<0.001$），在写作学习维度上差异不显著。但整体的学习适应性的差异极其显著（显著水平 $p<0.001$）。下表中，$^{**}p<0.001$，$^{*}p<0.05$，本文以下各表相同，省略。

表 6－5　流动儿童与城市儿童语文学习适应性的差异分析

各维度	流动儿童		城市儿童		*t*	*Sig*
	M	*SD*	*M*	*SD*		
学习方法	18.722	4.162	20.452	4.491	-4.396^{**}	0.000
学习动机	16.704	3.658	17.590	4.092	-2.527^{*}	0.012
学习效果	11.716	2.184	12.300	2.139	-2.971^{**}	0.003
双基学习	20.555	3.727	22.051	4.337	-4.306^{**}	0.000
写作学习	11.285	2.538	11.636	2.552	-1.520	0.129
适应性总分	78.990	11.134	84.028	12.511	-4.714^{**}	0.000

3. 流动儿童之间语文学习适应性的差异分析

(1) 初中流动儿童语文学习适应性的性别差异

男女生性别差异不显著。采用独立样本 t 检验考察流动儿童语文学习适应的性别差异。从表 6－6 中可以看出：女生在五个维度上的得分都高于男生，而且在学习效果上差异显著（显著水平为 $p<0.05$），其他四个维度（学习方法、学习动机、双基学习、写作学习）的差异都不显著。从整体上看，男女生

的差异并不显著。

表 6－6　初中流动儿童语文学习适应性的性别差异

	男生		女生		t	Sig
	M	SD	M	SD		
学习效果	11.467	2.167	12.017	2.175	-2.086^{*}	0.038
适应性总分	78.173	11.685	79.976	10.391	-1.336	0.183

(2) 流动儿童语文学习适应性的年级差异

在语文的双基学习方面，流动儿童存在年级差异，从初一到初三呈现逐步提高的趋势。我们采用单因素方差分析考察流动儿童语文学习适应的年级差异，从表 6－7 中看出：三个年级只在“双基学习”上差异显著，初三年级得分最高，初二年级其次，初一年级得分最低（显著水平为 $p<0.05$），其他的四个维度（学习方法、学习动机、学习效果、写作学习）差异不显著。总体上看，三个年级的差异并不显著。

表 6－7　不同年级的流动儿童语文学习适应性的方差分析

	初一年级		初二年级		初三年级		F	Sig
	M	SD	M	SD	M	SD		
双基学习	19.985	3.707	20.940	3.858	21.333	3.414	3.307^{*}	0.038
适应性总分	78.321	11.055	79.542	11.606	79.754	10.713	0.476	0.621

注：$^{**}p<0.001$，$^{*}p<0.05$

(3) 父母检查作业不同情况下流动儿童语文学习适应性的差异

父母检查作业的不同情况影响流动儿童的语文学习适应性。我们采用单因素方差分析考察父母检查作业不同情况下流动儿童语文学习适应性的差异。从表 6－8 中看出，父母经常检查作业的情况下，在这五个维度上得分都是最高的，偶尔检查作业的得分其次，从不检查作业的得分最少。在学习方法和双基学习维度上，存在显著水平差异（分别为：$^{**}p<0.001$，$^{*}p<0.05$）。整体上看，存在极其显著水平的差异（$^{**}p<0.001$），说明父母对孩子学习的监督影响着学生的语文学习的适应性，家长经常督促检查孩子的学习会促进他们语文学习的适应性。

表 6-8 父母检查作业不同情况下流动儿童语文学习适应性的方差分析

	经常		偶尔		很少		从不		*F*	*Sig*
	M	*SD*	*M*	*SD*	*M*	*SD*	*M*	*SD*		
学习方法	21.131	4.372	18.297	3.731	18.015	4.061	17.000	3.711	10.393**	0.000
学习动机	17.033	3.706	16.984	3.352	16.324	3.564	15.704	4.850	1.316	0.270
学习效果	12.312	2.046	11.551	2.082	11.618	2.233	11.333	2.631	2.084	0.103
双基学习	21.984	3.879	20.178	3.629	20.118	3.526	20.074	3.689	3.979*	0.008
写作学习	11.902	2.644	11.195	2.563	11.118	2.315	10.704	2.599	1.838	0.141
适应性总分	84.361	12.523	78.203	9.920	77.191	10.009	74.815	11.907	7.250**	0.000

六、分析讨论

初中流动儿童在语文学习适应性上呈现出以下一般状况和基本特点：

1. *初中流动儿童语文学习适应性在五个方面的一般状况*

经过调查发现，初中流动儿童在语文学习适应性的不同内容上表现也不同。本研究是从五个方面，即学习动机、学习方法、学习效果、双基学习、写作学习来研究初中流动儿童语文学习适应性的情况。就研究情况的结果来说，初中流动儿童在语文学习适应性上存在着较多的问题，亟待改善这种状况，具体分析如下。

(1) 学习动机——以追求学习结果的动机为主，尚缺乏内部学习动机

语文学习动机是指在某种学习需要的基础上指向语文的一种学习意向和愿望。这里的“需要”，包括客观需要和主观需要两方面；客观需要，如国家和学校对学生提出的要求和规定；主观需要，如要了解和掌握有关知识和解决某种问题的要求。[1] 正确的语文学习动机能把语文学习变成自觉的行动，促使学生努力去完成各项学习任务，产生克服困难的勇气和毅力，并能在学习中发挥主动性，提高学习效果。相反，没有树立正确的语文学习动机，就会失去学习的动力，使学习变成在外界压力下的被迫行动，把学习当成一种沉重的负担，甚至会想方设法逃避学习。因此，正确的学习动机对语文学习是非常重要的。

从我们对学生的访谈结果中发现，他们来学校学习非父母强迫，是自愿的。因为上学可以学到知识，在校可以结交朋友，以后还可找到好工作。而具体到语文的学习动机上来，调查问卷数据显示 55%的流动儿童学习语文是

---

〔1〕 佟士凡. 语文学习论[M]. 柳州：广西教育出版社，2007.

为了取得好成绩，还有一部分对于为什么学习语文不清楚，没概念。从访谈中还发现，大多数流动儿童认为虽然学习成绩对学生来说很重要，但不能把成绩看得太重，只为了追求高分而学习。应该看到语文这门课的作用，明白学习语文目的。同时，学习动机与学习兴趣密切相关，浓厚的学习兴趣，可变成巨大的学习动力，学习更持久。

(2) 学习方法——以被动性服从学习为主，尚缺乏掌握科学的学习策略与方法

学习要讲究方法，只有掌握了科学的方法，才能事半功倍，取得好的效果。从表 6-5 中看到城市儿童在学习方法这个维度与流动儿童有显著差异，说明城市儿童一般有较好的学习方法和习惯，如：课前预习课文，定期复习学过的知识，有制定学习计划的习惯。而流动儿童在这方面显得欠缺。下面是一位 F 姓女生的调查访谈片段[1]：

研究者：上语文课前会主动预习或复习课文吗？

学生：不会，老师要求的话会去做。

研究者：语文课上你是怎样一种状态？会主动回答老师提出的问题吗？

学生：认真听老师讲课，偶尔开小差，对于老师提问的问题很少主动回答，怕回答错，一般主动回答的都是那几个学习好的学生。

研究者：你平常是怎么学习语文的？有自己的学习语文方法吗？

学生：对语文的兴趣不是很大，觉得语文很难驾驭，老师要求背，可是我不喜欢背，觉得自己不喜欢的事情就不要勉强去做，所以对语文说不上有学习方法。

研究者：你在学习语文时有没有制定过学习计划？

学生：刚开始有制定过，后来觉得变化的太多，就没有再按计划去做，只是跟着老师的步伐走。

上面的访谈对话可以反映出这位女生没有掌握好学习方法，这是大部分流动儿童较普遍现象。课前预习课文有助于上课听讲抓住要点，解决自己不明白的地方；课后复习有利于巩固学过的知识，加深印象。制定学习计划，会

[1] 摘自本课题研究的实验学校——福州二十中的初中流动儿童访谈记录.

使学生根据自己的实际情况去安排学习进度，也是对时间的一种合理利用。在所有访谈的学生中，只有极个别的学生会有自己的学习计划，会去进行预习和复习，其他的流动儿童都是在老师的要求下才做，根本没有自己的学习计划，连想都没想过。如果这些学生自己知道怎样去学习，自己会主动去预习，上课能认真听讲，能对老师提出的问题积极思考，能认真完成作业和自己去复习，就能很快地适应新的学习。可是，事实上他们不懂得如何去学习，也不会主动地去预习、复习，需要在老师的要求督促下才会去做。一位老师在访谈中说这些学生会按时完成作业，可是这个完成的作业并不是学生自己思考完成的，而是抄来的，就是这种抄来完成了的作业，老师就很高兴了，毕竟抄的时候会有些印象，也会有一点收获。可见，这些流动儿童的学习上主动性比较差，不是自主的学习，而是被动的学习；初中的学习任务一般比较重，学生常常顾此失彼，没有掌握一套科学高效的学习方法。

（3）双基学习——偏重识记和阅读，缺乏理解和灵活运用能力，双基偏弱

双基通常是指学校教学内容中的基础知识、基本技能，简称“双基”。语文双基是指语文基础知识：字、词、句、段及篇章的阅读、理解及应用；语文基本能力：听、说、读、写的基本技能、技巧及应用。《语文课程标准》对7—9年级的识字与认字规定：“能熟练地使用字典、词典独立识字，会用多种检字方法。”对阅读方面规定：“在通读课文的基础上，理清思路，理解、分析主要内容，体味和推敲重要词句在语言环境中的意义和作用。对课文的内容和表达有自己的心得，能提出自己的看法。阅读浅易文言文，能借助注释和工具书理解基本内容。注重积累、感悟和运用”[1]。

从小学开始，学生就一直在接受语文基础知识的训练，老师对课文讲解之前是先对文中的字词进行讲解，学生也已经习惯了，先学习生字生词，小学阶段的一个主要任务是使学生养成独自识字能力。到了初中阶段，学生已经有了这个基础。从访谈的结果中发现在字词方面，学生的掌握程度还是很好的，平时写字的时候偶尔会出现错别字，只有极个别的学生错别字出现多。初中生能正确地拼读大多数字词的读音，只有在遇到生词的时候，会出现困难，但都会运用工具书查询或者问老师和同学。因此，在语文基础知识方面，流动儿童基本能达到《语文课程标准》对识字和认字这方面的一些要求。

在与老师的访谈中得知，许多学生喜欢读课文，因为课文阅读比较有意

---

〔1〕义务教育语文课程标准[M]. 北京：人民教育出版社，2011.

思。但是，一旦让他们去分析课文内容，他们是不会动脑去分析的，很多学生有参考书，就直接看参考书。平常的练习中，现代文阅读这方面，学生经常会出现读不懂题目的情况，连题目都读不懂，更不用说做题了。对于文言文的学习，少部分的学生会先参考注释和工具书自己疏通，然后听老师讲解疑难问题，大部分学生不会做这些，只是上课听老师讲解，效果不是很好。因此，学生的基础过于薄弱，老师想做一些拓展延伸是行不通的。

（4）写作学习——以应付完成写作任务为主，缺乏主动写作的兴趣和愿望

写作是学生运用语言文字进行表达和交流的活动。学生的写作能力集中反映了学生掌握字、词、句的熟练程度以及他们思想情感、生活经验、语文知识和表达技能技巧的掌握运用情况。写作能力，是一种书面表达能力，它是语文能力的一个重要方面，也是社会生活中不可缺少的一种实际能力，但也是最难形成的一项能力，需要花费大的力气去学习和积累。

流动儿童以应付写作任务为主，缺乏主动写作的兴趣。从问卷和访谈的结果看，对写作感兴趣的学生很少，大部分认为作文难写，没什么可写。下面是一位Z姓学生的访谈片段[1]：

研究者：你课外都看什么书？

学生：一些杂志，《意林》上的小故事我很喜欢，还有名著，如高尔基的三部曲。爸爸妈妈也有给我买课外书，可是都放在那里，没看。

研究者：觉得自己的课外阅读量够吗？为什么？

学生：不够，有很多书想看，可是觉得看的多就烦了，看不进去。

研究者：你在阅读中会把那些优美的句子或段落摘抄下来吗？

学生：没有摘抄过，会记在心里，只是会忘。

研究者：你的写作能力怎么样？喜欢写作文吗？

学生：还好，不喜欢。

研究者：你觉得你的写作存在最大的问题是什么？

学生：想象力不够丰富，写作时候缺乏好的句子与词语。

研究者：那你是怎么解决这个问题的？

学生：就是多看课外书，多记。

---

〔1〕摘自本课题研究的实验学校——福州二十中的初中流动儿童学生访谈记录.

这位学生在课外阅读上还是下过一些功夫的，至少会看一些杂志和名著，父母也给予支持了，只是他没能坚持去阅读，也没有摘抄的好习惯，导致写作的时候词语匮乏，因此，对写作也缺乏兴趣。很多流动儿童都存在这位同学类似的问题。在访谈中，许多同学都认为写作存在的问题太多了，不知道从何解决。

以上调查问卷的数据显示，在随机抽样的274名流动儿童中，只有30%的学生会“平时留意身边的事情，印象很深并及时记录下来”，大部分学生是在这方面没留意，没记录下来。由此可见，并不是真的没什么可写，而是学生自己不善于观察和挖掘那些有意义的可写的材料。正像法国著名雕塑家罗丹谈人们对美的认识一样：“美到处都有的，对于我们的眼睛，不是缺少美，而是缺少发现。”像《一件小事》、《背影》以及《白杨礼赞》等这类名篇佳作，也没写什么惊人的事情。这些学生一方面缺少观察与思考，另一方面也缺少材料的积累。访谈中发现很少有学生把看到的优美词语、句子和段落记下来，他们平时也疏于积累这些写作素材，写作材料匮乏。

(5) 学习效果——以关注学习成绩为主，缺乏寻找学习症结的主动性

调查问卷结果表明，50%的学生“考试成绩不理想，会在难过之后找原因”，有70%的学生“我认为通过努力，能在语文考试中取得好成绩”。而城市学生选择这两题项的比例都大于流动儿童，说明他们在对待学习成绩的态度上要好于流动儿童。流动儿童在对待考试成绩方面不是太积极，一半的学生对于自己不理想的成绩不是去找原因，去纠正错误，避免下次继续犯错，而是不理睬。究其原因是这些流动儿童的户籍大部分不在福州，不能参加中考，许多学生在初二下学期就回原籍，而原籍地所用的教材和这里的又不一样，因此，他们对自己考试成绩不好不是特别的在意。大部分流动儿童相信自己通过努力，可以取得语文好成绩。在学生访谈中，许多学生在这方面也都表示较有信心，但是，他们还会表示：信心虽有，但如果没有努力学习，到考试时心理仍没有底、无把握。也就是他们想考得好成绩的理想是美好的，但是现实是残酷的。

2. 流动儿童语文学习适应性呈现女强男弱、随年级逐步提高的特点

(1) 流动儿童语文学习适应性呈现性别差异

从表6-6中可以看出，男生的学习适应性低于女生，即呈现出女强男弱的特点，特别是在学习效果上有显著的差异。在对语文老师的访谈中，也提到女生的学习成绩普遍比男生好，班委大多是女生。原因是在初中阶段，生

理上，女生比男生发育要早，而且心理成熟度高于男生；在学习上，女生普遍比较乖巧听话，老师布置的任务也会努力去完成，同时，她们大多来自农村，家境不是很富裕，每天看着自己的父母忙碌地打工挣钱，能体味到其中的辛苦，因此对自己学习的目的、意义认识更深刻，自制力较男孩子强。而男孩子在这个阶段，心理还不成熟，自制力较差。有位老师在访谈中提到现在的90后、00后的孩子，特别是男生对电脑特别的痴迷，经常会偷着出去玩电脑，而且处在叛逆期，不好管。

（2）流动儿童语文学习适应性呈现年级差异

从表6－7中看出，在总体语文学习适应水平上，初三得分最高，适应最好，初二其次，初一最差，说明流动儿童的语文学习适应性随着年级的递增具有逐渐上升的特点。在双基学习上，初三与初二、初一有显著差异，初三得分最高，初一得分最少。原因是他们的积累比较多，平时老师在教学中对双基也比较重视，而且他们是毕业班，除了学习新知识，还要复习以前的知识，因此，在双基上更有优势。在其他维度上均没有显著差异。之所以出现这种发展趋势，是因为外来务工子女来自五湖四海，基础相当差，一年级还是适应学习阶段，对学校、班级、学习有一个适应过程，因此，会出现适应不良的情况。

3. 父母是否对孩子的监督影响学生的语文学习适应性

表6－8中的统计结果表明，在父母经常检查作业情况下，流动儿童的语文学习适应性较好，而父母从不检查孩子作业的流动儿童的语文学习适应性最差。特别是在学习方法和双基学习上差异显著，这说明父母是否对孩子学习的监督会对流动儿童在学习方法和双基学习方面产生影响。可见，流动儿童的语文学习适应性具有被动性的特点。问卷数据显示，在调查的274名流动儿童中，父母经常检查作业的有61人，占22.3%，偶尔检查作业的有118人，占43.1%，很少检查作业的有68人，占24.8%，从不检查作业的有27人，占9.9%。这说明，大部分家长都是偶尔或者很少检查孩子的作业，只有部分家长会经常检查孩子的作业完成情况。研究结果提示家长要尽量抽出时间监督孩子的学习，这有助于提高孩子的语文学习适应性。

4. 教师不同的教学风格影响学生的语文学习适应性

教学风格就是教师在全部教学活动中所表现出来的具有独创性、确定性和发展性的教学艺术特色，是教师本人人格、品行、素养的再现。[1] 语文课堂教学

〔1〕 魏传宪. 语文教学概论[M]. 成都：四川大学出版社，2002：8(218).

的艺术风格，是教师在处理教材内容、组织教学活动、选择教学手段、运用教学语言以及仪表风度等诸种因素表现出来的独具特征的审美风貌。18 世纪的法国著名作家布封曾说过“风格就是人”的至理名言，马克思对此也大加赞同。

在访谈的学生中，半数以上学生认为语文老师的教学风格会影响到他们对语文这一学科的好恶，并且会影响学习成绩。他们中大部分学生喜欢和颜悦色、博学多识、幽默风趣的老师，而不喜欢疾言厉色、才疏学浅、枯燥乏味的老师。有位流动儿童在访谈中提到：希望语文老师上课能更有意思一点，这样我们可以认真听讲。还有位流动儿童提到：希望语文老师讲课慢一点，太快了，我们跟不上。另外一位学生提到：我非常喜欢现在的语文老师，他讲课很有意思，说话很幽默，会给我们讲课外知识，我觉得他懂很多。可见，语文教师不同的教学风格对流动儿童的影响很明显，不仅影响到他们对这门课的兴趣，还影响到学习成绩。

七、初中流动儿童语文学习适应性不良的成因分析

影响流动儿童学习的因素很多，概括之，流动儿童语文学习的影响因素主要归为两大方面，即外部因素和内部因素，内外部因素相互影响。本研究试从客观原因（社会、学校、家庭）和主观原因（学生自身）两个方面入手，探讨初中流动儿童语文学习适应不良的原因。

1. 客观原因

(1) 社会层面

中国教育资源地域分布的不均衡，是影响流动儿童学习适应性的重要原因。近年，虽然我国经济发展迅速，成为世界第二大经济体，但是我国还是发展中国家，而且人均资源仍低于世界发达国家，在教育资源上也不例外。同时，我国的教育资源的分布情况非常不均衡，呈现出东部多，中西部少；城市多，农村少的特点。这是影响学习适应不良的社会原因。

尚未改革完善的户籍制度约束了流动儿童的学习融入程度。到目前为止，中国实施的是义务教育属地负责、分级管理的财政拨款体制。这种教育体制是以户籍制度为基础的。但是，当人口开始流动，离开户籍所在地时，无法纳入流入地地方财政的统筹拨款与教育资源分配，那么，其教育由谁负责，多数研究主张由流入地政府负责。但是，因为社会体制的原因，要求流入地为外来人口提供同本地居民同样的生活环境，在原有的城市生活体制下，必定会给城市造成难以承载的负担。在某种程度上占用了流入地的教育资源，

导致流入地教育资源的紧张与困难，对城市的教育资源造成了一定的压力。因此，许多流动儿童不能享受城市教育资源或享受不到优质的城市教育资源，游离于正规教育体制之外。

民办打工子弟学校与公立学校在教育投入上存在显著差异。目前，虽然流动儿童是以进入公办学校为主要就读方式，但是，民工子弟学校也承担了相当数量的流动儿童的教育。但是，在实践中，财政教育支出的主要对象是公办学校，几乎是顾及不到民工子弟学校。在政府文件中，流动儿童学校归属于私人举办的民办教育，因此，政府对其投入十分有限。在中国的大多数城市中，公立学校往往基础硬件设施先进，教师工资水平和福利待遇好，教师教学积极性比较高；而以流动儿童为主要生源的民办学校则相对简陋，基础设施落后而短缺，教师工资水平和福利待遇较低，教师教学积极性较差。政府又是以城市学校的标准来规范管理，甚至对这些学校进行不同程度的限制，甚至取缔的做法，制约了民工子弟学校的发展。民工子弟学校本来教育经费就不多，这使其办学经费更加减少，又为了进行教学活动，只能不向上面申报审批。一个学校要进行审批注册是需要很多钱的，这些学校交不起这个费用，因此只能勉强地进行教学活动。这也是教育主管部门对流动儿童学校的认识缺位和教育服务不足造成的。因此，在这种情况下的民办学校开展教育教学活动，难以培养出合格的、品学兼优的好学生。

（2）学校层面

学习环境是影响学生学习适应性的一个重要外部因素。良好的学习环境和学习氛围，有利于学生努力学习，提高学习效果。在流动人口子女的教育过程中，学校将扮演重要的角色，原来由家长承担的责任在一定程度上转嫁给了学校，因此学校要承担双重责任，这对学校教育而言是一个挑战。

教师对学生的关注程度、沟通情况会在一定程度上对流动儿童的学习适应性产生影响。教师除了传授知识，还要引导学生明确生活目标，进而树立正确的三观，结合学生的实际需要和社会现实建立生活、职业和社会三大理想，帮助学生理智地缓解理想与现实间的矛盾。令人痛心的是，教师谈论流动儿童时，会不自觉地谈论他们的缺点，抱怨基础差、缺乏良好习惯的流动儿童给他们带来的麻烦，似乎流动儿童根本没有可以称道的优点。实际上，如果教师更多地考虑流动儿童的特殊性，多与他们接触，就会发现，流动儿童身上有勤劳、朴实等诸多优点，这些往往是城市儿童所不具备的。事实证明，如果教师愿意主动与他们交流，接纳他们，认可他们，他们也会向教师敞开心扉，达到更好的教育效果。

教学内容和教学进度的不同会影响到流动儿童的学习适应性。由于流动儿童来自不同的地方，而我国的教育在地域上存在差异，在课程的设置、教材的选用等方面都存在差异，因此，流动儿童来到城市读书，会由于教材版本、教学内容的不同，导致上课跟不上教学进度，学习跟不上的情况。流动儿童随父母来到城市，转学的时候又会耽误一段时间，而这段时间会落下不少课程，当他们在新的学校就读之后，之前落下的课程知识会使他们很难理解和消化老师课堂上所讲的知识，这些问题的存在都会对他们的学习适应性造成影响。

不同类型的学校对流动儿童的学习适应性也会有影响。一些家庭相对富裕的外来务工人员，可以花钱让孩子上一些好的私立中学，而大多数外来务工人员是负担不起的，只能让孩子上离家近的或者是政策上允许上的一般的或者差一点的中学，要想上一类、二类达标学校是很难的。因此，这些流动儿童知识的学习总体上落后于城市居民孩子，同时学校教育的差距导致两类学生在学校中习到的非学术的东西也各不相同，这使得城市居民孩子更自信、更活泼，知识面更广泛、兴趣更多；而流动儿童则相对自卑、保守，兴趣单调、参与性低。城市孩子所具有的品质往往与现代社会所鼓励和提倡的高层次人才的特征更为相符。

（3）家庭层面

父母的文化程度对子女的学习适应性产生一定的影响。父母在某种程度上来说是孩子的启蒙老师，他们的教育和引导对子女今后的学习和发展有着极其重要的影响。而孩子在学习成长过程出现的差异，很重要的方面也就是由家庭教育的差异所引起的。外来务工人员子女，因父母出身背景的影响，其思维方式、价值观念、行为举止往往有农村文化的痕迹。从表 6-4 中的数据显示，流动儿童父亲的文化程度为文盲或小学的占 16.8%，初中的为 56.2%，高中的为 17.2%，专科的占 1.5%，本科及以上的占 8.4%；母亲的文化程度为文盲或小学的占 25.9%，初中的为 53.6%，高中的为 10.6%，专科的为 2.6%，本科及以上的为 7.3%。这说明流动儿童父母的文化程度总体上处于较低水平，正是这种文化程度的限制，往往不能为子女提供好的学习环境及教育资源等，也不能对子女的学习提供有效的教育和辅导，也不可能让子女像城市孩子那样具有开阔的视野、学习和接触到丰富的知识内容。

父母对子女学习的关注程度及与老师的沟通情况会影响孩子的学习适

应性。从受访老师那里了解到，这些流动儿童的父母对自己的孩子了解太少，他们把学生放在学校，认为教育就是学校的事情，一味地向学校索取，认为学校应该这样或那样，这些家长的责任心偏差，与老师的配合不够。很多时候都是老师主动与家长联系，家长从来不会主动找老师联系。家长的素质偏低，家庭教育也多以暴力为主。许多流动儿童由农村或者另一个城市随父母来到现在的城市，生活环境的变化产生种种的不适，在日常生活中得到的父母的爱、温暖与理解又很少，学习上的辅导更是少之又少，这些在一定程度上影响了流动儿童的学习适应性。

父母对子女过高或过低的期望，对子女的学习适应性也有很大的影响。"望子成龙，盼女成凤"，流动儿童父母也对自己子女的成长有很大期望。但是父母过高的期望，不见得利于学生的学习。家长为使孩子在竞争中取胜，往往把自己的孩子与其他的孩子相比较，要求他们拼命争第一。一些学习成绩不错的学生，有段时间会成绩滑落，心理时时刻刻都充满着紧张与压力，整天郁郁寡欢，心理变得十分的脆弱，同时也影响到学习。一些学生学习成绩很差，但是父母的要求很高，孩子又达不到，再加上父母的指责，孩子的心理压力很大，很容易悲观失落。孩子会认为父母看不起自己，产生自卑心理，对自己缺乏自信。

2. 主观原因

(1) 学习基础偏差，学习能力弱

在访谈和调查中发现，绝大多数农民工子女的学习成绩较差。在学习中具体表现为对新的学习内容不能够很好的理解，上课时不能积极主动地提问或回答老师的问题，基本能按时完成家庭作业，可是质量不能保证，抄袭他人作业严重等。虽然有许多流动学生来到这里超过三年也有的学生小学也是在福州读的，可是时间并不能解决流动儿童语文学习适应性的问题，他们在小学就没有打好基础。他们从农村来到城市，生活环境和学习环境都发生了巨大的改变，很难快速适应这里的环境，再加上城市的小学老师对他们这方面存在的问题不够重视，导致这个问题一直存在。许多在小学就应该掌握的字词的辨析、修辞的运用等方面的内容，对这些孩子来说都挺难掌握的。可见，语文学习基础偏差是影响流动儿童语文学习适应性的原因之一。

(2) 缺乏有效的学习方法与策略

问卷结果表明，流动儿童在学习方法上与城市儿童有差距。上课前的预习和复习，基本上需要靠语文老师的强制。如果老师不要求，很少有学生会主动去做。课堂上，听课不会抓重点、难点，不知如何记笔记。课后的巩固练习，大多是直接抄参考答案，没有认真去完成，缺乏思考。很多学生没有制定学习计划的习惯，基本上是跟着语文老师的计划走，而老师制定的计划不一定适合每个学生，学生应该在老师的指导方向下制定适合自己的计划，这样才能更好地学习语文。可是，这些学生基本没有这个概念，老师让读就读，让写就写，完成老师布置的任务也敷衍了事。他们不会花心思去想用什么样的学习方法或学习策略提高学习成绩，也没想过老师强制让他们去预习、复习和上课记笔记，这过程就是一种好的学习方法，他们不用心发现和思考。因此，缺乏有效的学习策略影响了他们的语文学习适应性。

（3）学习兴趣与动机不强

据受访老师介绍，这些流动儿童对学习没有概念，不知道学习是干什么的，很多都是抱着来玩的心态，也不会缺课。但是，思想上偏幼稚，像是没开化，老师有时甚至觉得学校是幼儿园，而老师是保姆。来这些学校上学的流动儿童，大多是呆在福州三年以上的，有很多是直接从小学升初中上来的，他们对城市的物质文化这方面适应很快，对于城市文化层面的适应却很慢，他们大多学的是表面，视野很不开阔。因此，从总体上看，流动儿童的学习动机不强，语文的学习动机更是微乎其微。从问卷调查中看出，许多学生喜欢学习语文是因为语文课文很有意思，不像数学课本那么枯燥，还有学生喜欢语文是因为语文老师很幽默风趣，上课很有意思。是因为喜欢语文老师而喜欢学习语文，一旦遇到比较凶、比较严肃、他们不喜欢的语文老师，就会对语文学习失去兴趣。他们对学习语文的动机与兴趣大多是因为外界的原因，而不是因为自身的原因想学习语文，没有看到语文学习给自身带来的变化，也没有看到语文学习在社会生活中的地位。学习是需要学生的自身的努力，自发性的学习才能取得好的学习效果，而对学习没有兴趣，动机不强，即使在老师的强制要求下，也不会取得好的效果。

（4）学习畏难情绪强，缺乏意志力

畏难情绪就是指在语文学习中遇到困难就产生厌烦、急躁或沮丧等负性情绪，想找借口或理由逃避、拖延。这些流动儿童在学习的过程中会出现畏难情绪，而且非常严重。福州二十中的语文老师在受访中就谈到，学生们在遇到难的题目或者是没见过的新题型就会给自己消极的心理暗示：这题太难了，我肯定不会做。从而轻易放弃。其实很多题目看似很难，但是如果学生认真去推敲，问题或许很容易迎刃而解。但是，他们太缺乏自信了，意志力也比较薄弱，缺乏为实现目标而克服困难的勇气和决心，缺乏自觉求索的信念。因此，一遇到挫折就可能一蹶不振，语文成绩越来越差。教师和家长在平时的学习和生活中应慢慢培养学生抗挫折的能力，放手让学生自己独立去完成一些有难度的事情，培养学生坚强的意志品质。

（5）学习惰性强，缺乏主动性

初中流动儿童的学习惰性主要有以下表现：上课时不愿发言，沉默异常；遇见问题不愿主动思考，完全依赖老师讲解，生搬硬套，从不理解其中道理，即使老师讲解出现问题也不会发现；学习没有自觉性，老师布置什么就做什么，不会进行主动学习，学习过程非常被动。这些表现极大地影响了学习效果，将学习变成了一种毫无生趣的“例行工作”。福州二十中的流动儿童基本上有上述的表现，特别是到交作业的时候，老是有学生说自己的作业忘在家里了，事实上这些学生们都知道作业的重要性，但他们总是不能按时将作业在第二天准时交到课代表手中，而且每一次总会有自己的借口。这种惰性行为对于学生的学习是非常不利的，而且惰性一旦养成，也不是一朝一夕能改变的，古人云“天道酬勤”，老师和学生都要时时鼓励他们，持之以恒，这样才能让学生真正学会思考，勤于思考，善于思考，成为学习的主人。

第四节　提高初中流动儿童语文学习适应性的教学模式及管理对策

教学模式，不同学者有不同的诠释。最早比较系统的研究者布鲁斯·乔伊斯定义为“构成课程和课业、选择教材、提示教师活动的一种范型或计划”。[1]有学者认为教学模式是在一定的教学观念指导下，根据教学实践经验，为达到课程目标，站在特定的维度，针对特定学科内容或某些学科内容而形成的，具有比较稳定的结构和程序，能体现主要的教学风格特点，揭示某些教学规律，提供可操作的教学活动范型[2]。本研究认为教学模式是在一定教学思想和教学理论指导下建立起来的，是教学过程中比较稳定的教学程序及其方法、策略体系。语文教学目标的实现需要借助于有效的教学模式和科学的教学策略来实现。语文课堂教学在培养高素质人才方面承担着极其重要的任务。

---

〔1〕 王尚文，吴克强. 中学语文教学研究[M]. 北京：高等教育出版社，2010.
〔2〕 欧阳芬，彭隆辉. 初中语文课堂教学课型 [M]. 长春：吉林大学出版社，2008.

本课题研究者通过对福州二十中的教务主任和部分语文老师的访谈中了解到，对于一个班级中90%的学生是外来务工人员子女，不能用一般的教学模式来应对，需要寻找新的适合流动儿童的实际特点和能力发展的语文教学新模式。研究者通过与一线任课教师们互相交流，在他们长期的教学改革实践中，通过各种渠道研究初中流动儿童的学习特点，摸索总结、概括出一套适合初中流动儿童语文学习的、有自己特色的语文教学模式，即"推—拉—帮—引"的"以教促学"教学模式。这种"推—拉—帮—引"的"以教促学"教学模式和教学策略，即采取通过凸显以师生为双主体，以启发式教学为主要方法，以直观观察、简单模仿和鼓励创新为手段，以掌握学习策略为重点，以灵活个性化的差异教学为特色，循序渐进、逐步提高的一种教学策略。教师采用有效的教学策略，通过"明目标—划阶段—分层次—小步子—抓双基"的语文教学过程和学习阶段，使初中流动儿童在老师的帮助和引导下能够完成语文学习任务，提高语文的双基及写作能力，提高学习效果，培养语文综合素质。

一、促进语文学习适应性的"推—拉—帮—引""以教促学"的教学模式和教学策略

这种"推—拉—帮—引"的"以教促学"教学模式是本课题研究者根据对福州二十中的语文教师访谈的具体内容、详细观察、课堂教学改革实践，不断总结、提炼概括出来的。在实际语文教学中，他们也是这么实践着，而且还在不断深化教学改革，反复尝试，以促进提高初中流动儿童的语文学习适应性。

1. 推

在明确教学目标的前提下，教师要运用各种手段和方法去激发、推动流动儿童语文学习的动机，培养学生的学习兴趣，教师要成为学生热爱学习、学会学习的推动者。

首先，心理辅导鼓励信心。流动儿童对学习缺乏动机与兴趣，学习依赖性强，缺乏主动性，这时候就需要老师在身后推着他们，给他们鼓励，而不是任其自由发展，否则学生可能就会自暴自弃，放弃学习。针对这种情况，福州二十中的做法首先是每周给学生开设一节心理辅导课。在学习上进行辅导，包括帮助学生建立正确的学习观念与态度，培养好的学习习惯和方法，激发和培养学习动机和兴趣，适应学习环境，提高学习能力，克服厌学、焦虑、注意力不集中、学习适应不良等学习困扰与障碍。对学生进行困难与挫折辅导，帮助学生学会认识困难和挫折，学会寻求帮助，引导学生掌握心理自我调节

的技能，提高挫折耐受力，学会应付意外事件。其次，实施语文课前三分钟演讲。针对流动儿童在课堂上喜欢沉默的行为，在语文课前要求学生进行三分钟的演讲，训练他们的说话能力，同时可以提高他们的自信心。而且，演讲的内容很广泛，包括诵读优秀诗文、介绍作家作品或背景资料、故事演讲、名言警句赏析等等，这样也有助于提高他们的阅读与写作能力。再次，运用先行组织者的教学策略，引发学生的学习兴趣。所谓先行组织者，是指安排在学习任务之前呈现给学习者的引导性材料，它比学习任务具有更高一层的抽象性和包摄性。提供先行组织者的目的就是用先前学过的材料去解释、融合和联系当前学习任务中的材料。奥苏贝尔认为，能促进有意义学习的发生和保持的最有效策略，是利用适当的引导性材料对当前所学新内容加以定向与引导。由于这些流动儿童缺乏学习的主动性，对语文的学习又缺乏兴趣，因此，语文老师不能再一味地向学生灌输知识，而是要运用先行组织者，帮助学生认识到当前所学内容与自己头脑中原有认知结构的哪一部分有实质性联系，让学生意识到学习不是那么的难，学生对难的知识总是发生畏惧，一旦他们觉得不是那么难的时候，学生就会继续学习下去，继而慢慢地产生兴趣，从而促进他们的学习效果。

2. 拉

当学生在学习中遇到困难想退缩、放弃的时候，语文老师要扮演牵拉者的角色，当学生的学习方法偏离了正确的轨道，老师要用科学的学习方法指导学生，把学生拉回到语文学习中来。

教师适当地拉着流动儿童学习前行。流动儿童的学习基础普遍差，当这些学生明白了学习动机，产生了学习兴趣，想好好地学习的时候，这时候，他们会遇到问题，就需要老师在前面拉着学生走，帮助去解决。许多流动儿童不喜欢写作，认为写作中存在很多问题需要解决，而他们不知道如何解决，这时语文老师就需要了解班里流动儿童写作的基本水平和普遍问题，制定写作课程计划，然后在写前指导，向学生明示学习目的与内容，帮助学生解决某一特定文体在写作时所面对的问题。语文老师还需要告诉学生要写好作文就需要平常的积累，包括素材、词语、句子的积累，需要许多的课外阅读，这样，学生在对待写作的时候不会再那么手足无措。

教师的拉要和学生之间的帮相互结合。福州二十中在班级里还建立了“一帮一”的学习小组，在学习好的学生与学习差的学生建立“一帮一”的辅助网络，让学困生自己选择喜欢的、接对的同学，让优等生帮他们解答疑难，温故知新，帮助他们扫除学习的“拦路虎”，克服消极、畏难情绪。同时，教师在备课时也要注意设计帮扶学困生的环节，设计一些符合这些学生实际水平、能解答的问题，促使他们积极地参与到课堂的学习当中。

3. 帮

根据学生个体学习能力与学习基础的差异，实施分层次的帮扶式教学，帮助流动儿童“培优”、“补差”，进行针对性的学习辅导。帮助学生从已有的水平上提高，寻找语文学习问题的所在，针对性地实施帮助与引导，启发不同层次的学生在原有学习基础上都能够获得提高。

分层教学，培优补差。分层次教学，就是以学生为主体，满足每一类学生学习的需要，提倡培养创新精神的教学方法，促进全体学生在原有基础上最大限度地发挥潜能、充分发展，以全面提高学生整体素质。分层次教学的出发点是由于学生客观存在着个别差异。这种差异反映在学生原有知识的储备、性格爱好、学习兴趣等方面。在福州二十中，班级里学生也存在这样的差异，因此，学校设立了培优班和培差班，这是根据孩子差异的表现及形成原因来划分层次，分别教学。教师要在备课过程中，从教学目标、教学内容、教学方式等方面都坚持符合优、良、差各类学生的实际情况。不仅在备课中体现分层，在讲授、练习、检测等方面也要体现出分层教学，这样才使课堂教学更和谐高效，使不同的学生在语文学习上得到相应更好的发展。

4. 引

当学生对语文表现出兴趣，但学习还停滞在低水平上，这时教师就应该运用“最近发展区”原则，引导学生树立更高的学习目标，在原有水平上提高到更高的层次。

教师要引导学生树立正确的学习目标，根据不同的阶段确定教学目标和教学重点、难点，为学生自主学习提供方向。《语文课程标准》关于写作的总目标是“能具体明确、文从字顺地表述自己的意思。能根据日常生活需要，运用常见的表达方式写作”。在阶段目标部分，第一学段称为写话，第二、三学段都称为习作，到第四学段才称为写作。第四学段就是指 7 到 9 年级，这个学段对写作的要求就比较高，“写作要有真情实感，力求表达自己对自然、社会、人生的感受、体验和思考”。

教师要引领学生从低层级逐步达到高层级学习水平。写作方面，流动儿童的作文经常还是停留在低层次水平上，是原生态的，教师就要慢慢引导他们向第四学段的要求行进。在识字、写字和阅读方面，语文老师也应该在《语文课程标准》的指导下，运用“最近发展区”原则根据学生已达到的程度，在不同阶段给予其不同的语文学习目标，使他们一步步前进。

总之，这种“推—拉—帮—引”教学策略是基于以初中流动儿童为主体的语文教学实际情况总结概括提炼出来的。教改实践证明，其具有一定的教学效果，它既具有典型性、特殊性，也具有一定的普遍性，体现了适合初中学生特点以及教学规律的语文教学模式的特色。这种教学模式和教学策略的实施，有助于提高初中流动儿童的语文学习能力。

二、实施“推—拉—帮—引”以教促学的语文学习适应性的教学过程和学习阶段

针对初中流动儿童而实施的“推—拉—帮—引”“以教促学”的教学模式，主要通过“明目标—划阶段—分层次—小步子—抓双基”的语文教学过程和学生学习阶段来完成。

1. 明目标

明目标就是语文教师在集体备课或写教案之前，就很明确本学期、本单元乃至于每节课的教学目标与教学任务。在总目标的指引下，设计教学环节、安排教学过程，引导学生达到学习目标，完成学习任务，并在教学的同时培养学生的信心。

教师尽量帮助学生理解每节课、每单元的学习目标，达到学习要求。在调查访谈中我们了解到，流动儿童不知道自己的学习目标，学习意识不强，意志力弱，一遇到困难很容易放弃。许多学生的思想偏幼稚，想法单一，他们不了解解决问题的方法不止一种，从起点到终点可以是直线，也可以是曲线，一种方法行不通可以找另外一种方法，而非就此放弃。在这阶段教师要帮助学生明确学习目标，培养学习信心，培养他们掌握克服困难、解决问题的能力，遇到困难不言放弃。用目标引导他们行动并驱使他们体验克服困难的内心感受和成功快乐。

教师及时肯定学生的进步。语文课堂上经常会要求学生默写和背诵，学生在默写和背诵时若有进步的，老师应及时给予表扬和鼓励，使他们对语文学习树立信心，相信自己能学好。而不是对他们进行批评，如果这样的打击多了，他们就会对学习失去信心，失去学习兴趣，从而导致放弃语文课的学习。因此，对于学生取得的进步应该进行积极的表扬，鼓励他们在课堂上多说，说错也没关系，让他们获得克服困难的内心体验，这种体验可以使学生从

内心获得一种愉悦，是一种积极的情绪体验，从而不会因为再遇到学习困难而放弃。

2. 划阶段

促进初中流动儿童的语文学习适应性是需要分步骤、划阶段来实现的。初中阶段语文学习更要重视学生养成良好的语文学习习惯，引发语文学习的兴趣，扩大阅读视野，体验欣赏美文意境，形成写作意识，练就写作技能。

语文学习习惯是影响语文学习成效的一个重要因素。习惯是由长期的经验或反复训练形成的一种固定的行为倾向。养成良好的语文学习习惯既是促进语文学习，提高学习效果的重要因素，又是语文教学的一项重要任务。在以流动儿童为主的学校里，老师更是注重培养学生的学习习惯。初中流动儿童的学习主动性普遍较差。在学生访谈中，大部分学生没有在课前进行预习的习惯，只有在老师的督促下才会去做。古语云："凡事预则立，不预则废。"战士打仗之前要进行备战，农民种地之前要进行备耕，教师上课之前要备课，学生上课之前当然也需要有充分的准备。小学阶段，自主能力差，主要靠老师的讲来传授知识。到了中学以后，随着年龄的增长，学生已经具备了一定的自主能力，中学语文老师的教学目的不再是单纯的传授知识，同时还要交给学生学习的方法，培养学生的学习能力。

教师要及时给学生提出具体要求。学生语文能力的提高是经过分阶段逐步抬高层次的。福州二十中的老师了解到这些学生课前不会做预习，因此，教师会在课堂上留出几分钟时间，根据课堂教学的内容，要求学生预习新知识或复习学过的内容，以免学生在上课时完全处于盲目状态，跟不上老师的讲课进度，同时会要求学生在课上记笔记。从学生访谈中可以知道，大部分学生会按老师的要求去预习课文、记笔记，可见，通过教师引导还是有一定成效的。

教师要及时引导学生把学习习惯转为学习兴趣，培养写作意识。学生在老师的强制要求下养成的学习习惯是在被动的状态下形成的，一旦没有老师约束，这种习惯很容易被学生遗忘掉，因此，要让学生主动学习，必须培养学生的学习兴趣。兴趣不是天生的，是主客观相结合的产物，需要后天环境的激发和耐心的培养。因此，要培养学生的语文学习兴趣，首先要让他们明白语文学习目的和重要性。语文是个人在社会生活中重要的交际工具，语言可以传递信息、交流思想，能够协调人与人之间的关系，同时，语文课还是学校所开设的各门课程中的基础工具课，各门课程的知识内容都是以语言文字来表达，离开语言文字这一载体，各科的知识都将化为乌有。其次要用丰富多彩的学习内容和表现形式去吸引学生，这样就会逐渐增加对语文学习的兴趣。在学生访谈中，提到“为什么喜欢语文课”，许多学生回答是因为老师上课很幽默，有很多活动，很有意思。因此，老师在上课时，进行一些娱乐性的活动，如猜谜语、说笑话、演戏剧等，在欢乐中学到知识，可以大大提高学生对学习语文的兴趣和学习效果。

3. 分层次

分层次就是要根据流动儿童的学习能力与原来的学习基础，划分优、良、差等不同层次，实施培优补差，有针对性地学习辅导，实施个别化的因材施教，促进学生语文学习能力的提高。

学校根据流动儿童生源的实际特点制定适宜的学习目标与学习要求。学校的培养目标在于培养合格的中学生，但是，这些学生有的符合福州中考报名条件的，也是要参加中考的，家长也希望孩子能考到好的高中，而且在二十中学习的学生不全是学习差的学生，这些学生中也有学习成绩好的，因此，学校在各个年级办培优班和培差班。

培优班的学生是抽取年级的前 80 名，组成培优班。对培优班的学生，语文课上采取以下教学策略：

(1) 培养学生的语文学习兴趣，拓宽知识面，并指导学生的学习方法。

(2) 将课本内容拓展延伸，与中考题目紧密衔接，进行“应试培优”。

对培差班的学生，语文老师采取的方法与培优班的不同。首先，老师要有不放弃学生的理念。具体教学的时候采用下面的策略：

(1) 培养学生预习和复习的习惯，要求课堂上做笔记。

(2) 加强新旧知识结合，学生的遗忘率较高，对于学习过的知识要不断重复，让学生记住。

(3) 抓紧课堂上的时间让学生学习复习，学生放学回家基本不学习。

4. 小步子

小步子原则是著名的心理学家、行为主义的代表人物斯金纳提出的程序教学思想的原则之一，小步子教学是将较大较难的目标分解为若干较小较容易的目标，先让学生完成一步简单的、可看到成果的任务，从而确立信心；再让学生完成一步难度不高、成果明显的任务，从而信心大增；让学生一步又一步完成力所能及的任务，一次又一次看到成果，进而取得学习的成功。

教师的教学要把总目标细化成每个子目标、小步骤去逐步实现。福州二十中的流动儿童学习基础薄弱，语文老师在教学中首先要把教学目标分解与细化，并做到教学目标小尺寸，让每个学生明白本堂课要学习的内容。其次，课堂教学要以学生的实际为起点进入教学，能有效地吸引学生，唤起学生的求知欲，帮助他们获得成功的体验。最后，教学过程小步子，教师根据学生的实际情况，将教学的步子减小，尽量考虑使学生成功，从而使学生每步都有进展，让学生摆脱失败者的心态，给予学生鼓励性评价，培养其自信心和意志力。

5. 抓双基

抓双基重在对初中流动儿童语文基础知识、基本能力的训练与强化。针对流动儿童学习基础弱的现状，二十中的语文老师，正在努力做的就是抓双基，对学生进行强化记忆、反复记忆，逐步提高。主要从以下几方面做起：

（1）强化字词教学

对课内字词的教学主要采取强化预习和检查、强化应用训练的方式进行。在学习新课之前，老师要布置学生去预习，对于文中出现的生字、生词要先去查字词的意思，有大致的了解，如果有学生没有按要求去做，可以在课前或者课上留出几分钟的时间，让学生有时间准备，而不是盲目的听课。课后，布置作业，强化学生对字词的识记与理解。其次，严格落实对语文基础知识的传授与检查。文学文化知识、文体知识、修辞句式、文言实虚词等要结合阅读教学清楚地讲授。针对学生审题能力偏弱的情况，加强语法知识的教学。

（2）加强口语交际能力

口语表达是人们交际活动中最重要、最简便、最有效的一种手段，也是语文能力的重要组成部分。朗读是练习口语的一种好形式，既可以练习普通话，又能连接口语和书面语的联系，使口语更加规范化；同时还可增加词汇和句式的储备，培养敏锐的语感，锻炼口才。在语文教学过程中，通常会让学生集体朗读课文或者学生个别朗读，老师发现错误可以及时纠正。除了朗读，还可让学生口头回答老师的提问，不仅锻炼口才，还有利于锻炼思维。学生在课堂上不愿意回答问题，老师想方设法地鼓励他们去说，说错也无妨。

三、提高流动儿童语文学习适应性的教学管理对策

流动儿童因受学校、家庭、学生自身等原因的影响，在语文学习方面产生了学习适应不良的情况。本研究试图从教学管理的角度，探讨提高初中流动儿童语文学习适应性的对策。

1. 学校层面

（1）重视教学质量管理

学校是育人的专门机构，教学是育人的途径，所以学校必须以教学为主，高度重视教学质量。教学质量管理总体上可以分为三个阶段，即确立标准、检查评估、实施控制。

① 确立教学质量标准。教学质量总体标准是学校教学的培养目标，是具有普遍性和方向性的质量标准。二十中根据自己学校的性质制定出学校的教学质量目标就是培养合格的中学生。对于教学过程中“教”的质量标准，就是教师工作的质量标准，从计划、备课、上课、作业批改、辅导、考试等不同阶段加以确立。教学过程中“学”的质量标准，即学生学习的质量标准，从预习、听课、复习、作业、考试等不同环节加以确立。只是根据流动儿童的具体学习情况，定的质量标准会稍低，比如：学生作业的质量要求：能够按时完成作业。没有要求学生经过自己的思考独立地完成作业，而即使是抄别人的作业，只要把作业写完了，也算是完成作业。

② 强化教学质量的检查评估。教学质量标准确立之后学校领导者应该组织教学质量检查。通过检查，掌握教学过程各个阶段各个环节的质量完成情况，以便及时进行协调和控制，进而实现教学质量标准。教学过程性评价是对教师备、教、改、考、辅、评等教学过程进行评估，主要依据教师教学常规检测记载及学生评价反馈结果，关键测评点为课堂教学过程中师生表现出来的精、气、神，重点测评要素包括教师教学过程中所表现出来的方法与手段的创新性、实效性，学生学习兴趣的保有度，教师对学习习惯、方法与能力的培养等。流动儿童自身对学习缺乏动机和兴趣，在课堂上就更需要老师用一些能引起学生学习兴趣的教学方法，让学生能够把注意力集中到课堂上，从而完成教师的教学任务。因此，对教师的教学过程要重点进行检查评估。

③ 实施有效监控。学校对教学管理的控制时要建立健全一个精干高效的教学管理系统，要有合理的人员配置，科学的管理制度。对教师质量的监控，要帮助老师提高思想道德素质，提高他们的业务能力，也要关心爱护老师。流动儿童的学习基础差，学习习惯也不好，很多孩子还不听话，这些特点无疑是老师们所不喜欢的，但老师们不应该对其产生不耐烦的心理，反而更应该有耐心地去教育他们，所以老师的素质非常重要。但是，当长时间地对待这些学生，特别是学生又没什么长进的时候，老师也容易受到挫伤，产生职业倦怠，学校也应该多给老师关心，爱护老师。对学生学习质量的监控，要控

制学生的出勤率，减少学生的迟到、早退现象，培养学生的学习习惯，控制学生学习过程的各个环节，即制定计划、预习、听课、复习、考试等。学校还要做好协调工作，加强各方的信息交流，以最大的合力促进教学质量标准的实现。

(2) 加强习惯养成教育

习惯养成教育是一所学校最重要的常规教育内容之一，而对于一所以流动儿童为主的公办学校，习惯养成教育就显得更加的重要。这些流动儿童来自全国各地，在习惯养成上各不相同，要提高流动儿童的学习适应，就要加强他们学习习惯的养成教育。

福州市二十中在学生习惯养成方面进行了一系列的探索，取得了一定的成效。课前需要坐到教室里，把书放在桌子上，等待老师来上课，这是再简单不过的要求了，只是刚开始还是有学生迟到，不拿课本，说忘在家里了，然后老师又要求其回家拿课本或者借一本课本，经过这样长时间的培养，学生基本上能按要求去做。课后，要把这节课的书收好，然后拿出下节课要用的书。课后学生要捡纸，就是每个人把自己课桌周围的纸屑捡干净，保持教室的清洁，这是在培养流动儿童的保持清洁卫生的习惯。说普通话，就是鼓励学生摆脱方言的束缚，坚持用校园语言进行沟通和交流。研究者去福州第二十中进行访谈调查的时候，在教室里也听过几次课，发现教室里非常干净，学生说话基本都是普通话，可见，这样的养成教育对于促进流动儿童的学习适应性是有一定帮助的。

(3) 建立多元评价体系

以往的教学评价大多是终结性评价，一味强调结果的重要性，忽视学生素质提高的过程，因此，要建立多元评价体系，关注学生学习和提高的过程，从过程中去看学生的发展。

流动儿童的学习基础薄弱，没有良好的学习习惯，加上新的环境、新的老师和同学，在城市公办学校里，本身就处于弱势地位。现有的评价多以学习成绩为依据对学生进行评价，成绩好则什么都好；成绩不好，则样样都不行。流动儿童的意志力又比较薄弱，遇到挫折就容易放弃，这样的评价体系会使他们对学习失去信心，造成学习适应的不良，甚至会导致他们辍学。多元智能理论指出，每个个体的智能发展是不平衡的，因此，我们允许他们不同速度的发展，培养一个全方位的综合素质必须有时间上的过渡。关注学生的学习过程，不是只讲过程不重视结果，而是要淡化不同个体的横向比较，要从个体的纵向比较中去发现学生的进步与提高。学校应该为流动儿童建立档案库，收集个体进步的数据与资料，呈现他们成长的每一步跨跃；可以以单元检测、课时训练为方法，时刻关注学生的学习效果，但千万不要认为一单元一测就是关注过程，要将评估纳入日常的教育教学之中，使之成为其中的某一环节。要实质性地注重学生个体的求知过程，切实发现他们的优点，促进他们的提升。总之，从过程中去深刻体会评价的功能，采用适当的评价方法，很好地发挥评价的激励与发展功能。

2. 教师层面

(1) 建立良好师生关系

师生关系是教师与学生的互动交往关系。良好的师生关系对流动儿童的语文学习适应起积极的促进作用。在与学生的接触中了解到受欢迎的教师的品质主要有：尊重学生人格，理解信任学生；和蔼可亲，平易近人；对待学生有耐心，有事业责任心；兴趣广泛，知识丰富，对学生一视同仁。要建立良好的师生关系，需要双方共同努力，但主要应从教师方面着手。

首先，教师自身要有良好的素质。教师要有良好的思想品德，以德服人，以德感人。用自己的高尚情操和模范的行动去教育、感染学生。“其身正，不令而行。其身不正，虽令不从。”就是这个道理。其次，对学生要有正确的态度。恃才傲物、方法简单、态度粗暴的教师，学生是不会喜欢的。热爱学生，没有爱的教育是无效的教育。师生感情好，老师表扬，学生认为是鼓励，老师批评，学生认为是爱护。教师要尊重学生的人格，要把学生看成是有个性、有思想、有感情的人。即使是批评，也要讲究方式方法。再次，要了解学生。教师要全面了解自己的学生，了解他们的家庭情况、个性特征、兴趣爱好，了解他们的喜怒哀乐、朋友往来，了解他们对老师的要求，对学校的期望。教师只有在与广大学生普遍接触的基础上才能对学生有所了解。最后，要主动交往交流，增强师生的相互理解与信任。流动儿童大多数从农村来到城市，来到陌生的城市，对许多事物会比较好奇，但他们又不像城市儿童那样视野开阔，很容易产生自卑心理和孤僻的性格。因此，老师平时要善于抓住机会，多和他们交谈，也可以在作文中了解他们的内心世界。在师生交往与交流之中，教师既可以增强对学生的了解和理解，学生也会增强对教师的理解，拉近彼此的距离，提高对教师的亲近与信任程度。

(2) 凸显针对性教学

在我国，因地域、城乡教育发展的差异，学校在语文课程设置、教材的选用、教学进度方面各有不同，这样也使得流动儿童来到城市学习时的学习基础出现差异。语文教师要先了解这些流动儿童的普遍的学习情况,可以通过他们入学时的考试来大致了解。从学习成绩可以看出流动儿童的学习基础会比城市儿童偏弱,针对这种普遍偏弱的情况,语文老师可以着重抓双基学习,强化双基训练。然后根据学生已有的学习基础对其划分优、良、差,进行针对性的教学与辅导。对于那些学习基础较差的学生,他们在听课的过程中可能跟不上老师的教学进度,学习的内容难以消化,老师可以对他们专门进行集体性的辅导,帮助他们补齐以前缺学、漏学的知识,同时帮助他们理解和消化现在学习的知识。优等生的学习基础相对好一些,语文教师对他们的要求相对要高一些,不仅仅教学要抓双基,抓基础知识、基础能力的训练,而要对他们进行适当的拔高训练,提高他们的语文学习综合能力。

(3) 重视教法研究

教无定法,方法是人想出来的,而不同个性的人,自然会对教学方法的选用产生不同的见解。语文老师要找到适合自己和学生的教学方法,不能硬性地整齐划一,不能机械仿效,更不能随心所欲。首先,要根据自身素质选择教学方法。任何一种教学方法,只有适应教师的素质条件,并能为教师充分理解和把握,才能够在实际教学过程中充分发挥出它的功能和作用。因此,语文教师在选择教学方法时,要根据自己的实际优势,扬长避短,选择与自己最相适应的教学方法。其次,依据学生实际特点选择教学方法。心理学研究和教学实践都表明,学生的实际特点与教学处理之间存在着相互作用。学生是学习的主体,任何教学方法效果的验证都是要通过学生才能够反映出来的。所以,我们无论准备采用什么教学方法,都必须以学生为主要对象,以学生对教材的承受能力为主要根据。语文老师应该了解初中流动儿童的实际特点,包括学生现有的知识水平、智力发展水平、学习动机状态、特定年龄阶段的心理特征、认知方式与学习习惯等,在此基础上,选择适合学生的教学方法。再次,依据教材选择教学方法。许多教学方法是依照教材内容而选择的,不同的教材,教学方法要不同,因此,要针对教材不同内容和要求,选择最适合的教学方法。最后,依据教学环境选择教学方法。教学环境状况对教学方法功能的全面发挥也有一定的制约作用,特别是现在教学手段的充分运用,会更进一步地开拓教学方法的功能和适用范围。语文老师应该最大限度地运用和发挥学校教学设备和教学空间条件的功能和作用。

(4) 提高教师专业化水平

现代社会的发展,要求终身教育和继续教育贯穿于教师的教育生涯。如果一个教师不从自身的专业知识、专业能力等方面不断提升自己，当然无法适应社会发展和教育发展需要，会在停滞不前中被淘汰。一位语文老师在访谈中提到，她是有20年教龄的老师，可是在对流动儿童的教育教学中会遇到各种各样的问题，认为自己还需要提高专业化水平。

因此，提升教师专业化水平，促进教师专业发展，要从三方面做起：首先要加强教育科学理论知识的学习。语文教师要正确把握语文学科的性质，掌握语文教学的目的、原则、内容、过程、方法。要了解语文教育的历史，掌握语文教学的理念及语文教学中实施德育、美育、情感教育的规律。同时，要想语文教学取得实效，就必须掌握心理学的知识，了解青少年学生身心发展的规律和特点、个性差异，了解学生良好的个性、健全的人格的形成途径，这样才能有的放矢，真正提高教育质量和教学效果。其次，要提升语文教师的专业技能，特别是教学技能，包括课前准备技能、课堂实施技能、学习指导技能、教学手段使用技能、教学评价技能、教学研究技能。这些技能可以为教师达成语文教学目标，取得良好的教学效果提供可能性和心理支持。除了提升这六大基本技能外，还必须加强管理能力和与人交往能力，以适应不断改革和发展的需要。最后，要培育教师的专业情意素养，包括专业理想和专业道德。语文老师要热爱语文教育事业，具有无私奉献的精神，还要“学高为师”、“身正为范”，不断从政治思想、学识修养等方面提升自己，成为一个令学生敬仰的人。

3. 学生层面

这一层面虽然是学生层面，但是由于学生缺乏学习主动性和独立性，还是需要老师的引导和督促，学生要配合老师，更好地进行语文学习。

(1) 激发学习动机

① 设立学习目标。学习目标是学生学习的结果，是奋斗的方向。学生没有学习的目标，导致学习的盲目和被动状态是所有学习问题的潜在因素。因而，设立明确、适当的学习目标显得尤为重要。学生要在老师的帮助下使学习目标具体化，知道如何去做，而且学习目标的难度也适合学生的能力，通过其自身的努力是可以达到的，更能够激发学生的学习动机，调动学生的学习积极性。同时也要注意确立特殊的学习目标：即目标的近期性和缩小化。因为一个长期性的学习需要通过特殊目标的实现而得以落实。

② 培养语文学习兴趣。“哪里有兴趣，哪里就有知识”，流动儿童应该认识到语文知识对自己的意义，从而产生学习的需要，而且在满足这种需要所

从事活动的过程中产生愉快的情绪体验,从而产生进一步的学习需要。同时,语文教师应利用教学内容与方法的新颖性,引发学生对学习内容的直接兴趣,调动学生的学习积极性。如果照本宣科、死搬教条,只能导致学生厌学情绪的产生。可以在教学中利用多媒体课件,提供丰富的教学背景和素材,可以模拟场景,提供课题学习中的具体场景让学生去感受、去体验等。

③ 充分利用反馈信息有效进行奖惩。教师在教学时给学生的反馈(尤其是对学生考试成绩的评定)信息会给学生的学习动机的形成产生很大的影响。无论教师的反馈是正面的或是反面的,都会成为学生对自己成败归因的根据。利用作业、考试、上课问答、个别交谈等方式了解学生的学习情况,然后对学生进行评价。让学生知道自己的进度、成绩以及在实践中应用知识的成效,以便激发进一步学好的愿望;通过反馈知道自己的缺点和错误,可以及时纠正。在表扬和批评中更多选择表扬,因为表扬更能激励学生学习的积极性,而批评的不当反而会挫伤学生学习的积极性和自信心,使他们容易气馁,容易放弃。

(2) 促进学法指导

学法是指学习应该遵循的原则,包括认识学习规律、掌握学习方法和培养自学能力三个方面。流动儿童在学法方面非常欠缺,基本上没有自己的语文学习方法,因此,要加强学法的指导。语文教师应在语文知识学习、语文能力、智力、审美修养、品德修养等方面明确知道目标,知晓对学生这些方面的指导最低应该到达何种程度。要让学生掌握语文课堂预习、听课、记课堂笔记、练习、复习等常用的学习方式方法,掌握学习迁移的方法、记忆的规律和方法、多种思维的方法等。在识字写字方面让学生把握识字写字的基本原则,如音形义相结合以字形为主的原则,掌握识字写字的一般方法,养成良好的识字写字学习态度与习惯。在阅读与写作上,也要让学生掌握其基本原则,掌握阅读写作的一般方法,养成良好的阅读与写作习惯。由于流动儿童的学习缺乏主动性,教学过程中要不厌其烦、反复的提醒,使他们在潜移默化中慢慢地掌握与应用。学生自身应该有意识地去认识语文学习的规律,掌握科学的学习方法,并且将这些规律和方法运用到语文学习中去,要有耐心和毅力,不要有懒惰思想,要不断地自我提醒,这样语文学习才能出现成效。

4. 家长层面

(1) 家校配合管理

教育是一个系统的工程。对一个学生的教育,不能完全依赖学校,也不能完全依赖家庭。重视对流动儿童家庭教育、学校教育的结合，不断进行沟通与交流，这样便于及时了解学生的情况，避免出现学校与家庭之间的“盲区”。

学校可以通过组织家长会让家长与教师面对面的交流，及时、全面地了解学生的情况。由于流动儿童父母素质偏低，他们有的时候并不知道如何与子女进行有效的沟通，和子女一旦产生分歧，很容易对其进行打骂，关系会迅速恶化。通过请教育专家做专题讲座，召开家庭教育经验交流会，定期和家长联系沟通等方式进行家长教育，以提高流动儿童父母的素质。通过家长教育，增加家校之间的沟通与协作，使学校和家长能更加全面和深入地了解孩子的思想学习动态，及时矫正他们不好的思想和学习行为习惯。

(2) 加强亲子沟通

由于外来务工人员在城市生活首先面临的是生存压力，因此，他们每天在外面忙着挣钱养家，却忽视了对子女生活上和学习上的照顾与关心。英国学者研究表明，“教育的贫乏现象主要并非贫穷的结果，父亲的态度及母亲的照顾比物质需要的水准更为重要。”[1]流动儿童的家庭应当想方设法消除家庭内部的隔阂，在良好的父母关系基础上，重建一种和谐、融洽的亲子关系，创造一个良好的家庭环境。由于流动儿童的父母经常忙于生计，与子女沟通的次数相当少，而学校就可以组织开展亲情活动，邀请家长参与到亲子活动中去，这样可以增加他们与子女沟通的次数，从而加强父母与子女之间的交流。要充分发挥语文老师的作用，通常老师比家长更了解学生的学习情况，老师要经常与家长联系，交流学生的学习情况，同时要督促家长去多关注自己孩子的学习。研究结果表明，父母对子女的作业的检查情况会影响他们的学习适应性，因此，父母还应该对孩子的学习进行合理监控，并保持与教师的密切联系，帮助孩子制定适当的学习内容与计划，对其多进行积极的鼓励和评价，不能放任自流。

结　论

本研究以福州“初中流动儿童”为对象，以教育学、心理学、管理学等相关学科理论为背景，在前人研究的基础上，通过问卷调查与个案访谈分析，立足

[1] 周芳.流动人口子女家庭教育存在的问题及教育干预[J].教育科学研究，2002(11)：54.

于理论与实际的结合，从社会、学校、家庭及流动儿童自身等方面，较深入细致地分析探讨了流动儿童学习适应不良形成的原因，并进一步提出了改进的教学管理对策。通过对初中流动儿童语文学习适应性的探讨与分析，本子课题的研究得出以下有价值的主要结论：

(1) 本研究所编制的“流动儿童学习适应性问卷”有较好的信度和效度，可以作为研究初中流动儿童语文学习适应性的有效工具。

(2) 初中流动儿童语文学习适应性主要由五个维度构成，即学习动机、学习方法、学习效果、双基学习、写作学习。

(3) 流动儿童与城市儿童学习适应性总体差异显著；学习方法和双基学习存在非常显著的差异；学习动机和学校效果也存在显著差异；写作学习差异不显著。

(4) 流动儿童性别总体差异不显著，但在学习效果上差异显著，而且五个维度得分上，女生得分都高于男生；流动儿童年级总体差异不显著，在双基学习上差异显著，但是初三年级各个维度得分最高；不同父母检查作业情况下流动儿童语文学习适应性总体存在显著差异，在学习方法和双基学习方面存在显著差异，其他三个维度差异不显著。

(5) 流动儿童学习适应性不良主要受到社会、学校、家庭、学生四个方面因素影响。

(6) “推—拉—帮—引”以教促学的教学模式和教学策略有助于提高初中流动儿童语文学习能力，提高学生语文学习适应性。

(7) 语文教师要根据初中流动儿童的实际情况采用适合初中流动儿童的教学模式，研究者提出了针对初中流动儿童现状的教学管理策略。

本研究主要是根据福州二十中、鳌峰中学等学校的教学实践经验，概括出了初中流动儿童的语文教学模式。这种“推—拉—帮—引”以教促学的教学模式有其自身的优点，通过分层教学，具有针对性，能有效地促进流动儿童提高语文学习适应性。但是它也存在不足之处，这种教学模式不能面向全体流动儿童，学生学习自主性的挖掘还不够，老师的精力很有限，不可能照顾到每个学生，而且，对于教师来说心理容易受到挫伤，降低成就动机，滋生职业倦怠。这些都有待于后续的研究和教改实践来改进。

第七章　流动儿童教育教学的现状、问题与管理对策

第一节　流动儿童教育教学的现状调查与存在问题

本课题组是以福州市作为抽样调查的重点，以点带面来推断研究我国流动儿童的一般性特征。课题组成员针对流动儿童（尤其是务工子女）先后两次做了较大范围的调查研究。

第一次是在 2007 年 4 月至 2009 年 12 月，在福州市家庭教育研究会课题组的协助下，研究者选择了福州市晋安区鼓山学区吸纳务工子女较多的 8 所小学（前屿小学、远洋小学等 8 所小学）进行整群抽样。第一次调查中，在福州市这 8 所小学各年级中，有分配性地随机抽取 750 名学生及家长发放问卷进行调查。发放学生问卷和家长问卷各 750 份。

第二次调查是在 2010 年 1 月至 2012 年 6 月，在本课题组的总体设计和研究部署之下，课题组成员选择了福州市吸纳务工子女较多的几所中小学（郭宅中心小学、晋东小学、鳌峰中学、盖山中学、第二十中学等）进行了调查访谈与整群抽样。在这几所中小学各年级中有分配性地随机抽取 1 050 个学生发放问卷进行调查，回收有效问卷 1 048 份。

同时，研究者在福建省、福州市妇联等机构大力支持下，通过走访的形式，对福州市流动儿童，特别是务工子女的教育现状做了一番现状调查和学生个别访谈、入户访谈。

一、流动人员子女教育的基本情况调查

福州市流动人口发展迅速，数量剧增。据福州市人口和计划生育委员会 2013 年 7 月 8 日最新公布：根据全员流动人口计划生育信息管理系统（FIS）

数据汇总，截止至2013年6月30日24时的福州市流动人口发展情况如下[1]：

全市流动人口176.3万人，其中跨省流入人口83.9万人，流出人口15.3万人。省内流入人口47万人，流出人口30.1万人。流入人口以跨省流入为主，占流入总量的64.09%。流出人口以省内流动为主，占流出总量的66.22%。福清市的流入人口和流出人口总量居全市首位。

跨省流入福州市人数居前八位的省份是四川、江西、贵州、重庆、湖北、河南、湖南、安徽八个省市，占跨省总流入人口总数的86.79%。流入人口主要集中在仓山(21.29%)、晋安(21.08%)、福清(14.91%)、长乐(9.59%)、鼓楼(7.53%)，其中跨省流入人口主要集中在仓山、晋安、福清、长乐。

福州市家庭户流动总人数58.41万人，占流入总人口数的44.63%；跨省流入人口中15岁以下的占比7.84%，省内流入人口中15岁以下的占比10.52%，均比2012年同期略减少，表明随父母流动的人口比例有所减少，跨省流动人口更加愿意在户籍地进行子女的义务教育，省内流动人口因为距离较近、教育资源等原因更加愿意将子女带在身边。

1. 颁布政策，保障入学

从2004年起福州市教育局及各区教育局，成立了进城务工就业农民工子女义务教育协调办公室，专门负责农民工子女义务教育工作，改变了以往农民工为子女就学到处奔波找学校的状况。福州市教育局还为农民工子女减免借读费。所有就近入学的农民工子女免除借读费，特困学生享受“两免一补”政策。

福州市公立学校全部面向流动儿童开放。从2007年起，福州市教育局就规定了福州市所有公立学校都向农民工子女敞开大门，农民工子女上学和当地学生一视同仁。

从2011年秋季开始，福州市对流动人员随迁子女就读公办小学一年级实行电脑派位招生。申请转学到福州公办小学则由进城务工人员持有关证件到暂住地片内小学申请入学，如片内小学生源已满则由暂住地所在区教育局对符合条件的流动人员随迁子女给予统筹安排。

2. 就学人数和就学渠道

在福州市接受义务教育的流动儿童数量非常庞大。据有关部门统计，截至2011年秋，在福州接受九年义务教育的流动儿童达12.3万人，其中在公办

[1] http://www.fzjsw.gov.cn/newsdetail.asp?id=2663.

中小学就读的比例为93.4%。福州市共有初中314所，在校生23.53万人；小学1 270所，在校生44.60万人，流动儿童占全市公办中小学义务教育学生数量的19.4%，其中小学9.6万人，占全市公办小学义务教育学生数量的21.5%；初中2.7万人，占全市公办初中义务教育学生数量的11.5%。而且，此数目正呈逐年增长的趋势。另根据此次调查问卷报告，流动儿童中有60.7%来自农村，另有29.3%的流动儿童来自乡镇，仅有10%的流动儿童是来自其他城市的城市流动儿童。

流动人员子女在榕的就学渠道主要有三种方式：公办学校、民办（贵族）私立学校和简易民工子弟学校。其中公办学校是目前流动人员子女就学的主要渠道，有两类公办学校：一类是位于城乡结合部原来的公立学校，另一类公立学校是流入地政府专门为农民工子女就学而成立并经教育部门批准的。后者在师资、校舍、教育质量方面也能得到保证。在福州市这类学校一般以两种形式存在：一是政府部门在农民工聚居区为农民工子女建立的学校；二是把原来本地的公立学校改造为专门招收农民工子女的学校。

3. 学校类型

公立学校为流动人员子女提供教育的主阵地。从2003年起，福州市坚持“以流入地管理为主，以公立学校解决为主”的办法，接收了大量的农民工子女入学。市政府在解决农民工子女的教育问题时，开放公办学校接收农民工子女就读，让公办学校发挥主导作用。从原来对农民工子女入学实行124所小学定点学校接纳，扩充到全部273所小学都要积极接纳农民工子女入学。[1] 2007年秋季，福州市教育局发出了《关于进一步做好农民工子女义务教育工作的意见》（以下简称《意见》），《意见》明确，从该年的秋季开始，在福州务工的农民工子女接受义务教育，也将和城市孩子一样，就近统筹安排上学，一定程度上实现“划片上学”，这部分学生将从以往的定点学校接纳改为全面接纳。同时规定中心城区和八县（市）城关地区除了满员的学校外，都要积极接收农民工子女入学，每学年各县（市）区教育局要提前公布具有接纳能力的学校名单。[2] 绝大多数的农民工子女已在福州市公立中小学就读。公办学校享有政府的财政支持，具有较强的经济能力来进行校园建设，其教育

〔1〕 农民工子女入学仓山、晋安偏挤[EB/OL]. http://www.hdzxw.com/hdpeople/xiaoyuan/200708/278078.html. 2007年8月24日.

〔2〕 榕农民工子女和城市孩子一样就近"划片上学"[EB/OL]. http://edu.fznews.com.cn/fzjy/2007－8－8/200788SMwYLzR6II93634.shtml. 2007年8月8日.

环境、教学设施及教育质量都明显地占有优势。但是,由于公办学校教育资源有限,农民工子女办理入学时需提供一定的就学登记材料条件与要求,仍有一部分学生就读于其他两类学校。

简易民工子弟学校为流动人员子女提供教育的补充。简易民工子弟学校,又称打工子弟学校,也是福州市农民工子女接受学校教育的一个渠道。这类学校大多出现在农民工居住密集的区域。这些学校教学条件简陋,安全隐患多,办学不规范。所以这类学校也被称为"黑校"。但是这类学校在一定程度上很受农民工家长的青睐。因为这类学校不仅收费低,而且还照顾到农民工的其他实际困难,如可以自由入学、退学的手续简单;孩子上学、放学方便;都是农民工子女,身份平等,在一起不会受到歧视等等。因此,这类学校在城市中还有一定的生存空间。鉴于这类学校资质不达标,逐渐被教育部门限制、停办或者接收为公办。

少数民办私立学校为经济状况好的流动人员子女提供优质教育。高价进入民办(贵族)私立学校的农民工子女所占比例是比较小的,只有那些在城市中家庭经济收入较高的流动人员子女,他们的父母一般从事私人企业、个体经商等职业。这类学校一般收费较高,被称为贵族学校。在沿海城市市场经济较发达的福州,如:阳光国际学校就属于这类学校。选择就读于该类学校的流动人员子女,他们很多以经商为职业,有一定经济实力。

4. 入学条件与程序

规定就学公立学校的条件,除了满足义务教育的条件之外,还要符合以下条件:

> (1) 父母双方身份证(离异的提供离婚证,丧偶的提供死亡证明);(2) 原籍户口簿;(3) 在现暂住地已居住半年以上的有效证件,如暂住证或房屋租赁合同等;(4) 夫妻一方与用人单位签订的正式劳动合同及工资表册复印件或工商营业执照;(5) 子女原学校出具的学籍证明或借读证明。[1]

只有同时具备以上条件的农民工子女方可向区县教育局申请入学,其申请

---

[1] 农民工子女登记就学[EB/OL]. 晋安数字教育网 http://www.fzjajy.com.cn/eduset/b1.asp? id=31.

时要提供“三证”，分别是父母身份证和原籍户口簿、暂住证、劳动合同(或劳动协议、工资册复印件、社区及劳动服务部门证明等材料)，非起始年级的学生，还要提供原就读学校的学籍证明。[1] 不仅如此，后来更出现了“开学注册，家长要晒工资条”的现象。[2] 农民工子女要进入公办学校，家长通常需要回老家乡镇政府开具关于孩子外出就学的多项证明，然后要凭务工证、暂住证和劳动合同等，到流入地街道办事处提出申请，经审核批准后才能到公办学校报名。规定入学程序安排，首先，要提供“三证”。进城务工人员就读须具备以下条件：① 原籍户口簿和父母身份证；② 父母一方与就业单位签订的劳动合同或工商营业执照；③ 父母双方半年以上的暂住证(即“三证”)。其次，作出时间安排。每年6月16日至30日(双休日除外)，进城务工人员到各区指定的报名点申请学位；8月13日前，各区公示接收学校、学位余额及报名地点；8月15日至17日，进城务工人员到报名点填报志愿；8月22日，各区进行电脑派位，并公示电脑派位结果；8月23日，各区对通过电脑派位未被录取的进城务工人员随迁子女统筹安排入学。[3]

二、学校教育、管理现状及存在的问题

学校教育作为教育的特殊环境是影响个体发展的重要因素。经过调查研究，我们发现，流动人员子女的学校教育、管理还存在以下突出问题：

1. 政策保障和公平教育的实施仍需改善

政策的贯彻实施难以公平。虽然福州市教育局已从2007年起就规定所有公立学校都向流动儿童开放，所有就近入学的农民工子女免除借读费。但是在实际招生过程中，真正能够接受流动儿童报名的公立学校都是“非重点”中小学，“重点”中小学是不面向流动儿童招生的。造成部分流动儿童“近的去不了，远的不想去”的入学难。实际上，那些优质学校仅把很有限的名额给流动儿童，尤其是农民工子女。比如福州市教育局有一项面对台商子女就学的政策，台商子女在福州市就学均为优质学校。

入学手续似简实繁。入学条件看似简单，只要三证齐全，但是对于很大

---

〔1〕 农民工子女也“划片上学”[EB/OL]. http://www.hdzxw.com/hdpeople/xiaoyuan/200708/274865.html. 2007年8月8日.

〔2〕 开学注册家长要晒工资条[EB/OL]. http://www.hdzxw.com/hdpeople/xiaoyuan/200708/279578.html. 2007年8月31日.

〔3〕 进城务工人员随迁子女就读公办学校常见问题解答[EB/OL]. 福州教育局网站http://www.fzedu.gov.cn/bmfw/ShowArticle.asp? ArticleID=17699. 2011年8月23日.

一部分的流动人口来说，并不容易满足：

（1）在务工合同方面，劳动合同文本应由福州市劳动与社会保障局统一印制的规范文本，并经劳动与社会保障部门鉴证。与市属以上单位（含市属）签订的劳动合同须经福州市劳动与社会保障局劳动仲裁处鉴证；与市属以下单位签订的劳动合同须经县（市）、区劳动与社会保障局鉴证。父母从事小本经营的个体经营者需提供工商营业执照。但是大部分流动儿童父母从事的是建筑、家政、服务行业等临时流动职业，难以甚至无法提供务工合同。

（2）在暂住证方面，“父母双方半年以上的暂住证”是指当年 3 月 1 日之前办理的有效暂住证，这个暂住证办理繁，由流动人员自己持身份证到当地派出所申报：提交户主的房产证、身份证或户口簿复印件；居住人员身份证，提供居住人员信息（暂住事由、政治面貌、婚姻状况、服务处所、携带儿童、联系方式、计生证明等）进行登记。[1] 许多家长每年报名时已经来不及办理暂住证，再加上部分流动人口租住的房子十分简陋，并不能提供租赁合同，无法办理暂住证。另外非起始年级还须提供原学校出具的学籍证明。

以上这些程序对于流动人口来说过于实际上并不合理，大部分流动人口文化素质较低，办理这些手续尤为费时、费钱、费神。

政府责权利不明确，经费投入有限。国家教育行政部门在《暂行办法》中提出：“流动儿童少年常住户籍所在地人民政府和流入地人民政府要互相配合，加强联系，共同做好流动儿童少年接受义务教育工作。”“流入地人民政府应为流动儿童少年创造条件，提供接受义务教育的机会。流入地教育行政部门应具体承担流动儿童少年接受义务教育的管理职责。”国家教育委员会和公安部在印发《暂行办法》的通知中还提出：“流动儿童少年就学以流入地管理为主。”表面看来地方政府划分十分明确，然而问题在于，国家在赋予流入地政府主要管理职责的同时，并没有赋予地方政府同等的权益，流入地的受教育者增多了，而中央拨付的教育经费并没有增加。我国目前教育经费的划拨采取属地管理、分灶吃饭的办法，即教育事业费大部分按受教育者的常住户籍地由中央和地方财政拨付，流动儿童的那一部分教育经费则由集体经济筹集。现在，流动儿童随其父母来到别的城市学习生活，而教育经费并没有随之带到城市，这样就给流入地区教育经费的支出造成了压力。

---

〔1〕 流动人口办理暂住证 居住在自购房或居民家[EB/OL]. 中国 · 福州政府网 http://www.fuzhou.gov.cn/jdly/zjbl/gz/fjsf/fjbl_2/zn/201106/t20110616_438735.htm . 2011 年 12 月 27 日.

专项服务于流动儿童的教育经费有限。以福州市为例，据统计，2011 年全市实现地区生产总值 3 068.21 亿元，[1]2011 年安排教育经费 25.31 亿元，增长 7%，基数外安排 4.5 亿元，合计 29.81 亿元。[2] 教育经费支出仅占同年 GDP 的 0.97%。2011 年，福州市义务教育阶段生均公用经费标准从小学 350 元/年、初中 550 元/年，提高到小学 490 元/年、初中 720 元/年；而当前的流动儿童数量较大，用在他们身上的教育经费无疑是一笔庞大的开支。按照福州市流动儿童数量推算，仅是给流动儿童的经费就要达到小学生 4.7 亿元，中学生 1.9 亿元，共计 6.6 亿元。本身就不充足的教育经费更是雪上加霜，给当地政府造成了巨大的财政压力。

2. 学校环境问题

课题研究者调查了其中 8 所学校，由于是公立学校，所以不存在类似于某些民工子弟学校办学条件差、安全隐患多、教育教学设施差的问题。但是这些学校均处流动人口相对集中的城乡结合部，人口混杂、位置较为偏远，学校外围环境较差。学校办学硬件环境均相对简陋，多数学生反映，其课余活动空间极小，课余活动单调，在校园里文化氛围显得淡薄。

（1）学校教学和管理难度大

班生数多、班级规模大。在我们调查的这几所学校中，因学生爆满，不少学校没有按照教育部门规定的班级人数（根据榕教办[2007]268 号文件规定中学班生数 54 人，小学班生数 56 为满足班级）进行设定班级的。针对这种现象，学校的校长也表示无奈。

> A 校校长告诉笔者："教育部门规定一个班级不能超过 56 人，但农民工子女报名人数众多，很多学校早已突破了这一界限，班生数过多给学校管理和老师上课带来了一定困难。"

下面是我们调查某所学校学生数据统计表：

---

[1] 2010 年福州市国民经济和社会发展统计公报[EB/OL]. 福州市统计局网站 http://www.fuzhou.gov.cn/tjj/njdtjsj/201104/t20110420_425663.htm. 2011 年 4 月 20 日.

[2] 榕义务教育生均公用经费提高，优势师资有望同享[EB/OL]. 福州新闻网 http://news.fznews.com.cn/fuzhou/2011－3－24/2011324VQD1QFV8NN22106.shtml. 2011 年 3 月 24 日.

表 7-1 学校班级数与人数的统计表

班级	一(1)	一(2)	一(3)	一(4)	二(1)	二(2)	二(3)	二(4)	三(1)	三(2)	三(3)	三(4)
人数	66	64	67	64	66	66	65	66	64	60	62	60
班级	四(1)	四(2)	四(3)	四(4)	五(1)	五(2)	五(3)	五(4)	六(1)	六(2)	六(3)	六(4)
人数	64	63	62	61	63	62	66	64	57	58	58	57

经费紧缺,师资不足。2006 年 3 月,国务院 5 号文件特别指出,输入地政府要承担起农民工及其子女义务教育的责任,将农民工子女义务教育纳入当地教育发展规划,列入教育经费预算,以全日制公办中小学为主接收农民工子女入学,并按照实际在校人数拨付学校公用经费。虽然政府有财政拨款,但是近年陡然增加的农民工子女就学人数造成了学校经费紧缺、师资力量不足的现象,这是目前很多学校正面对的一个重要问题。

> B校校长说:"因为今年招进了很多农民工子女,学校新招聘了 5 名代课老师。他说,本来一名老师可以教两个班级,但现在一个班六七十人,如果教两个班,作业批改都来不及,更无法更好地顾及班上的后进生。"

学生生源复杂,流动性大,管理困难。问卷调查显示,受调查的农民工从来源分布上来看,除了 16 人未填外,大部分是来自外省,共有 490 人,占总数的 66.40%;来自本省其他地区和本市其他地区合占 31.44%。

> "很多农民工家庭在流动前,都没有跟学校打招呼。等学校老师前往家访时才知道学生的家已经搬走了。这无形中增加了学校的管理难度,影响学校的正常教学秩序。"某校教师说道。

学生的来源地区极其多样。在流入地学习的教材和内容与在家乡的有所差异,因此学校教师的实际教学带来了很大的难度。部分农民工子女学习基础差和行为习惯差也造成了教学和学生行为管理难的问题。

公立学校在布点和容量上难以适应需要。大量农民工子女的涌入,加重了流入地政府的教育经费负担,暴露出经费不足、人员编制欠缺等问题。这直接表现为在接收农民工子女学校的办学硬件设施上不够完善,管理欠规范；教学资源短缺；教师工作量加重；人员配备紧；管理力量捉襟见肘等问题。根据榕教办[2007]268号文件规定，小学班生数56人为满员班级，再者，部分学校尚未实施课改，而且开设课程不足，如英语、电脑课等，初中实行英语教学零起点后，在校的毕业生与初中教学难以接轨，出现初中校在编班上采取独立编班和混合编班陷入两难境地。由于农民工本身工作流动性大，学生常随父母工作变动而悄然离校，给学籍管理造成很大困难。很多农民工子女在户籍所在地未能按正常年龄入学，会影响流入地学校的正常学龄人口入学率，不少外来学生到入学时还听不懂或讲不好普通话，学习基础较差，给学校组织教学造成困难。这些问题都直接影响了“双高普九”评估验收等工作。

（2）教师负担重，师资配置不平衡

教师负担超负荷。在接收农民工子女入学的公立学校工作的教师比其他公立学校的教师教学负担重很多。学生增多，教师数量却没增加，这使学校的教师资源更加紧张，教学负担加重，工资却没有提高，这会使教师们对流动儿童产生排斥情绪，积极性不高，都在抱怨工作量大。一方面他们要面对学习水平参差不齐、学习行为习惯不良的农民工子女，并保证其有较好的学习效果；另一方面要做好家访工作，切保家校联系紧密，关注这些孩子的心理状态，并保证其能健康、和谐发展。这些都令很多老师头疼不已。在这类学校的老师工资待遇跟其他学校是一样，没有一定程度上的额外物质的补偿或相关政策的鼓励。教师缺乏积极性，消极怠工，大都认为多收学生不如少收学生，而且容易造成学生入学难、转学难，特别是一些好的学校。教师带有这样一种教学态度，给教师自身教学情绪和教学效果带来了负面影响的同时，也不利于学生文化知识掌握和良好个性的培养。学生在这样的学习氛围中很难融入新的学习环境之中。长此以往，这样的教学效果可想而知。

3. 学生的不公平待遇现象仍然存在

据我们调查发现，学校做好农民工子女管理工作主要是以备上级部门的绩效考查。目前，把学生的升学率作为衡量一个学校优劣标准的现象仍然存在，这些公办学校之间的竞争也日趋激烈。因此，首先，在外部压力下，学校的教育也带有功利目的和精英教育的色彩。这表现在：老师对学习优秀和中等的学生较为重视，对学习成绩较差的学生则放任自流、缺乏责任感；教师在学生座位的安排上，常常把那些学习成绩好、父母社会地位较高的学生安排在较好的位置上，而把那些学习成绩较差、父母社会地位低的学生安排在较差的位置上。同时,在课堂交往中,教师常常对学习成绩普遍较差、父母社会地位低下的农民工子女视而不见、漠不关心,缺乏责任感。这使得农民工子女感到不被重视、自卑、缺乏自信心。其次,由于每个学生的个性、兴趣、能力和学习基础各异,特别是农民工子女的特殊经历,他们的学习基础与城市学生有很大的差距,相互之间也有差异。但多数教师有时没有意识到这些差异。

4. 学生与当地社会的融合存在困难

农民工子女与当地社会的融合存在困难主要表现在与当地同伴孩子的交往上,农民工子女遭受到部分城市居民子女的歧视和排斥。在本次问卷调查中,仍有52%的家长认为农民工的身份影响到了孩子的学习和生活。就学生所属社会群体而言,他们主要生活在家庭、学校及同辈群体构成的三重社会之中。[1] 笔者通过调查发现,与家庭和学校相比,同辈群体对学生更具有"高参照性",成为学生的"重要他人"。但是在农民工子女与同伴交往中,城市本地学生往往认为自己有优势,即认为他们的语言风格、行为方式、衣着、价值观等与个人生活有紧密联系的各种条件都优于农民工子女。在以城市为主导的价值观念下,农民工子女好像被贴上标签似的,游离于城市孩子群体主体之外,他们在公办学校感受到的更是一种身份文化。正如冲突主义的观点所认为的,学校教育向学生传递的绝不仅仅是知识和能力,而最关键的是一种身份文化。[2] 这些因素逐渐把群体分解成了两类群体,学生之间出现了"群"的差异。农民工子女因其社会背景、社会地位而被城市居民子女鄙视,成为"异类"人。

5. 家长与学校教育的配合差

任何学校教育的实施和获得教育效果需要家庭教育的配合。问卷调查显示,在问及"平均多久参加一次学校家长会"时,选择"只参加过一次"和"从未参加过"的家长竟然占到了全部家长的71.33%。可见农民工家长与学校的平时联系很少。访谈中,不少老师反映:"在家访时经常找不到学生家长。家长重成绩,强调学文化,对素质教育持无所谓的态度。孩子能够报名读书可以在学校门口排一夜队,但一旦进了学校就很少管了。认为孩子的全部教育都是学校的事情。"这是我们在调查中老师们和学校管理者所一致反映的问题。家庭教育几乎是空白。老师想去家访,一者找不到住处,二者联系不

---

〔1〕 吴康宁.教育社会学[M].北京:人民教育出版社,1997:63-65.

〔2〕 谢维和.教育活动的社会分析:一种教育社会学的研究[M].北京:教育科学出版社,2000:92-93.

到人，家长很少督促孩子。

三、家庭教育、管理现状及存在问题

第一次的大样本调查研究中，家长问卷共发放750份，回收有效问卷722份，回收有效率96.27%。家长中378人为学生的父亲，占总数的52.35%，314人为学生的母亲，占总数的43.49%，除了10个人未填写，还有20人为学生的祖父母(或外祖父母)，占总数的2.77%。

1. 重智轻德现象普遍，促使孩子全面发展的意识淡薄

教育观念是家长教育素质的核心，它对家庭教育目标、方向以及教育效果起着制约和指导作用，也是影响家庭教育质量的决定性因素。在学生问卷调查中，当问及“你父母最关心你的是什么?”，其中有562位学生，选择了“学习成绩”，占总数的76.15%(详见表7-2)。相似地，农民工家长在对子女各方面的重视情况也是有所偏重的。对学习成绩和身体素质的重视程度远高于对思想品行等各方面的重视，尤其是重视同学关系的家长仅有158人，占总数的21.88%(详见表7-3)。家长关心子女的学习成绩并无错，往往在过分关心学习成绩的时候，忽视了孩子思想品行、同学关系、特长爱好等其他方面的发展。而这些方面对于一个孩子的健康成长又是至关重要的。由此可知，重智轻德的现象在农民工家长中普通存在。

表7-2 家长对子女各方面的关心情况

	学习成绩	吃穿住行	品行修养方面	特长爱好	同学、老师的情况	其他
人数	562	64	56	26	14	16
%	76.15	8.67	7.59	3.52	1.90	2.17

表7-3 家长对子女各方面的重视程度

分类	重视		较重视		一般		不太重视		不重视	
	人数	%	人数	%	人数	%	人数	%	人数	%
学习成绩	506	70.08	126	17.45	84	11.63	6	0.83	0	0
思想品行	290	40.17	196	27.15	186	25.76	38	5.26	12	1.66
同学关系	158	21.88	150	20.78	278	38.50	114	15.79	22	3.05
特长爱好	204	28.25	158	21.88	206	28.53	116	16.07	42	5.82
身体素质	484	67.04	152	21.05	66	9.14	12	1.66	8	1.11

2. 家庭生活环境不理想，农民工子女的学习条件差

据此次调查数据显示，农民工子女家庭中的家长所从事的职业层次一般较低，经济收入不高，家庭居住环境不好，这些都将影响到农民工子女在家的生活、学习。

家长的职业层次低。受调查的家长职业分布主要为打工者和小业主，其中父亲务工者有 414 人，占总数的 57.34%，母亲除了有 268 人是务工外，还有 36.29%的母亲是没有固定工作或没有工作过的。通过走访及访谈进一步得知，这些家长很大一部分的人从事的职业大致是最低层的建筑工、小生意、服务业和无固定职业的，包括卖水果或卖菜、当保姆、摆摊、收废品、做工等技术含量较低的体力劳动或知识成分较低的工作，多为城市人不愿从事的脏、累、重的，甚至有些是城市人所轻视的工作。这些职业特点对其家庭教育造成了一定的影响：多从事脏、苦、累的工作，社会地位低，易受歧视，且子女易受心理伤害；劳动时间过长，使其花在家庭教育上的时间和精力有限；职业不稳定，流动性较强，子女经常需要适应不同环境；有的占用子女学习时间过多。

家庭的经济收入不高。由于农民工所从事职业的低层次，导致了农民工家庭经济收入偏低的现象。据调查显示，月收入在 1 000—2 000 元的家庭有 358 户，占总数的 49.58%，1 000 元以下的有 122 户，占总数的 16.90%。可见农民工家庭的经济收入是偏低的。而经济收入不高就直接导致家庭经济困难，使其家庭教育物质条件都较差，无法给子女提供较好的学习条件。在学生对问卷中“你父母已经为你创造的学习条件有哪些?”这一问题时，有 186 位学生选择了“能力有限，仅能保证学费的缴纳”，有 314 位的学生选择了“买学习用具”，这两项合计占总数的 67.75%，这也说明了农民工家庭能为其子女提供良好学习条件的能力是相当有限的。但是当家长被问及“对于孩子的教育费用，负担重吗?”这一问题时，有 436 人选“一般”和“不重”，占总数的 60.39%。

家庭居住环境不好。由于受到经济收入的限制和如今城市房价的高涨，农民工在城市购房困难，因此大部分农民工家庭一般是选择居住在租价较为便宜的、空间较为陕小的、城郊边上的出租房。调查数据中，有 558 户农民工家庭，住房面积不足 80 cm^2，占总数的 77.29%(详见表 7 - 4)。住房面积的限制也影响到了其子女是否有独立的学习房间问题。没有独立的学习房间的学生有 470 人，占总数的 63.69%。

表 7-4　农民工家庭住房面积情况表

	30 cm² 以下	31 cm²—50 cm²	51 cm²—80 cm²	80 cm² 以上	未填
人数	192	202	164	150	14
百分比(%)	26.32	27.98	22.71	20.78	1.94

3. 缺乏科学教育的理念，家庭教育方式存在偏差

作为一个成功的家长来说，你想要造就的人是你的孩子，造就的不仅仅是优秀的成绩，更重要的是一个有着正常思维和正常心理的完整的孩子。值得我们注意的是，根据调查数据显示，在管教孩子时，除了半数左右的家长是采用讲道理的方式，其余近半的家长都是采用"严厉批评"、"打骂"、"不问、不管"等方式(详见表 7-5)。要想孩子成才不是利用棍棒，还是要利用科学的教育方法。做父母的，守好你的棍棒，不要轻易拿出来，守好你的骂，不要轻易拿出来。棍棒一出、恶语一出，你可能就会轻易地伤害一个孩子幼小的心灵。家风虽然近于无形，但却有很大的力量，能从多角度、多方位、多层次上影响孩子。作为父母都希望自己的孩子身体棒棒的，然而却不知道往往由于自己的不良生活方式，使孩子从小就埋下了悲剧的种子。据调查数据显示，在"你父母平时在家做些什么?"这一问题上，有 116 位学生认为自己的父母平时在家经常和朋友打麻将或打牌(详见表 7-6)。打牌娱乐只是短暂性的休闲，是生活的调味品，而如果把当它成一种习惯性行为，那么这将成为不良的生活习性，影响子女产生不良的生活观。

表 7-5　家长管教孩子的方式

	讲道理	严厉批评	打骂	不问、不管	未填
人数	388	190	134	20	6
百分比(%)	52.57	25.75	18.16	2.71	0.81

表 7-6　家长业余活动情况表

分类	人数	百分比(%)
经常和朋友打麻将或打牌	116	15.72
看电视、一起讨论事情	280	37.94
各干各的事，较少交流	152	20.06
在家时间少，回来就休息	140	18.97

4. 家庭情感环境差，影响到农民工子女的身心健康

根据家庭成员的关系，家庭类型可分为核心家庭和扩大家庭。核心家庭是指一对夫妇及其未婚子女组成的家庭。据调查，农民工进城打工时，一般将年长的父母留在家中，自己带着配偶、子女进入城市，这样他们在流入地组建的家庭结构便由传统的联合家庭或主干家庭变为核心家庭。在核心家庭中，影响子女家庭教育的情感环境主要包括亲子关系和夫妻关系。

首先是亲子关系的影响。根据调查的数据显示，福州市的农民工家庭中一般是多子女家庭，大多数农民工子女都是非独生子女。在被调查的学生中，458 人有兄弟姐妹，占总数的 62.06%，有 272 人，占 36.86%的目前为独生子女，无兄弟姐妹。与独生子女相比，农民工家庭的父母在平时生活中，不可能全心全意地把心思放在一个孩子的身上，而相反地，他们有所分配地放在多个孩子身上，甚至还会要求年长子女照顾弟弟、妹妹，或分担家务劳动等，这些原因都影响到了家长与子女之间的感情交流。

心理学研究表明：良好的环境能使孩子的智力迅速发展；父母的性格开朗、诙谐，家庭常有笑声，孩子心理就比较健康、性格活泼；家庭氛围沉闷呆板，孩子心理受压抑，容易形成孤僻性格；家庭动荡不稳定，父母经常吵架，往往形成孩子冷漠的性格；父母热爱学习，懂得艺术，家庭里就充满读书的气氛，孩子就好学上进。从社会的需要和教育的目的来看，民主、平等和合作的家庭教育方式是最值得倡导的家庭教育方式。然而根据调查数据的显示，农民工子女家庭沟通的情况较少。在回答“您平常与孩子沟通吗?”选项时，有 360 位家长选择“偶尔沟通”，占总数的 49.86%，56 位家长选择“几乎不沟通”，占总数的 7.76%，这两项合计共超过了半数，可见农民工子女与父母之间缺乏彼此之间的感情交流(见表 7-7)。

表 7-7　家长与子女沟通情况表

	几乎不沟通	偶尔沟通	经常沟通	未填
人数	56	360	302	4
百分比(%)	7.76	49.86	41.83	0.55

其次是夫妻关系的影响。夫妻关系的和睦程度直接影响到夫妻双方对子女的教育态度。和睦的夫妻关系，有利于双方共同承担子女的教育责任，形成和谐、稳定的家庭，促进孩子的身心健康发展。但据调查，在流动儿童中父母的感情情况并非很乐观。在回答“你父母之间的感情好不好?”时，有 376

个学生，选择“很好”和“好”，占了差不多半数，但仍然有半数左右的学生认为自己的父母感情不好，甚至是到夫妻关系失和的地步（详见表 7－8）。

表 7－8　夫妻之间感情

	很好	好	一般	偶尔吵架	老是吵架	很少说话	未填
人数	202	174	160	158	22	18	4
百分比（%）	27.37	23.58	21.68	21.41	2.98	2.44	0.54

四、社会教育、管理现状及存在问题

学生的生活环境包括学校、家庭、社会三个方面。社会教育的基本涵义有广义和狭义之分。广义的社会教育与广义的教育在涵义上几乎无异，是指有意识地培养人，有益于人的身心发展的各种社会活动。狭义的社会教育，是指学校和家庭以外社会文化机构以及有关的社会团体或组织，对社会成员所进行的教育。[1] 据此定义，本文所指的社会教育主要是指狭义的社会教育，具体集中地表现为社区环境教育等。负面的社会教育则会伤害流动儿童、少年的身心，影响他们人格的培养以及未来的发展。目前农民工子女的社会教育现状不容乐观。

1. 农民工生活环境嘈杂

农民工家庭居住环境远离了城市的喧哗，但并不能享受村庄的宁静，相反地，一些城郊处由于外来人口混杂、交通不便、治安不稳定等客观原因存在了一些安全隐患。还有的农民工的居住情况呈现出“城中村”、“村中村”的趋势，大多数农民工杂居在城乡结合处，形成城市中的农村。农民工通常会和自己的老乡住在一起，从而又形成“村中村”。城与村、村与村之间很少往来与交流，这便形成了所谓的“居住隔离”现象。[2] 再者，由于农民工子女在穿着打扮、语言交流和生活方式等方面存在着较明显的乡土特色，因而往往被城市人特别是城市孩子轻视甚至嘲笑，给孩子留下了不平等的影响，造成了严重的心理伤害。

2. 农民工子女课余生活单调

据我们调查，大部分的农民工文化素质偏低，科学、健康的娱乐文化很

〔1〕 郑蓉. 当前我国流动人口社会教育的调查与分析[J]. 江西社会科学，2004(02)：163－166.

〔2〕 常燕. 我国流动人口子女的教育问题研究[D]. 扬州大学，2006：20－21.

少,除工作时间之外,他们大多集中在一起赌博、酗酒,社会风气较差,大部分农民工子女常年生活在这样的环境中,很容易受到社会不良风气的影响甚至染上一些恶习。这就使得很多家长为了安全起见,不让子女随意只身出门,无形中这些农民工子女失去了很多与外人接触和到外面游玩的机会,使他们的校外活动少了很多,自然令其生活暗淡不少。在我国,社会教育机构主要有以下几种:文化馆、图书馆、博物馆、科技馆、少年宫、纪念馆和其他机构,如电影院、剧院、戏院等大众活动场所。据调查,目前专为农民工子女提供的或开放的公众设施极少。在调查中,受调查的学生放学后的活动安排很单调。在回答"放学后,你一般干什么?(多选题)",有 656 个学生是"做作业",占到总数的 88.89%。其次"看电视、电影"的有 206 人,占总数27.91%,可见单一的室内活动是大多数农民工子女的课余活动安排(详见表 7-9)。

表 7-9　农民工子女课余活动情况表

	做作业	看电视、电影	跟同伴们一起玩	玩游戏(电子、网络类)	读书、看报、杂志	帮父母做家务	逛街或上网吧	其他
人数	656	206	94	74	150	190	74	4
%	88.89	27.91	12.74	10.03	20.35	25.75	10.03	1.08

第二节　流动儿童教育教学存在问题的原因探析

流动儿童,特别是农民工子女的教育状况,受到来自国家、社会、学校以及农民工子女自身的多种因素影响,原因错综复杂。

一、社会因素

农民工子女教育管理问题反映出的诸多问题与户籍制度、财政制度、社会群众观念、公民权利等一系列来自于农民工群体外部的宏观因素相联系。

1. 制度方面的障碍

(1) 户籍制度与城乡发展发生冲突

首先,社会结构变化。改革开放以前,城市发展建立的城乡二元分割的社会结构使中国的城市化长期处于停滞状态。改革开放后,随着市场机制的引入,阻隔城乡联系的各种制度障碍受到巨大冲击,人们跨地区的流动逐渐活跃，且“流动人口单身化”向“流动人口家庭化”转变的趋势日益明显。人口的流动呈现出一种非渐进性却呈爆发性的态势。这突如其来的人潮让人不知所措。在城市发展上，资源容量不足、准备不够，凸显医疗、住房、就业等一系列新问题；在教育方面，随着流动儿童数量的剧增，城市的义务教育群体的结构发生改变，传统的以本地常住户籍人口儿童为对象的义务教育的制度受到挑战，教育公平日益凸显。

其次，中国长期执行的城乡分割的户籍制度与人口流动需求不相适应、不相协调。1958 年 1 月，全国人大常委会通过了《中华人民共和国户口登记条例》，标志着现行户籍制度正式确立。该《条例》第 10 条第 2 款规定：“公民由农村迁往城市，必须持有城市劳动部门的录用证明，学校的录取证明，或者城市户口登记机关的准予迁入的证明，向常住户口登记机关申请办理迁出手续。”在这种户籍制度下，中国居民被强制划分为城市居民和农村居民两大地位悬殊的社会群体。农民虽可以“自由”进入城市，但是户籍制度依然对农民的身份、就业、教育、生活水平等起到钳制作用。以重建社会秩序为目标的户籍制度，在文化传统及发展战略选择的路径依赖中，逐渐演化成社会控制、资源配置、利益再分配的重要手段。时至今日，我们生活中的诸多方面仍受制于户籍制度，从衣食住行到生儿育女，从升学求职到政治参与，都或多或少受户口因素的制约。[1] 流动人员子女上学难问题是受户籍制度影响的结果。在今天，人口的合理流动并共享城市资源已成为一股不可阻挡的潮流，对传统不变的户籍制度形成了冲击，户籍制度已不再坚不可摧，它与现代社会发展需要极其不相称。因此，对户籍制度进行创新，有利于解决人口流动问题，体现关心弱势群体的需要，已势在必行。

(2) 现行教育财政体制存在不合理

现行的户籍制度建立于计划经济体制下，严格限制城乡间的人口流动。由于户籍限制，流动到城市的农村人口很难获得城市户籍，其子女因此无法拥有公平入学的权利与机会，而现行的基础教育体制实行地方负责、分级管理的体制，各地的教育经费是按照户籍学生人数由区县财政下拨，地方政府承担着义务教育的主要财政责任。在如此之教育财政分权的背景下，流动儿童教育机会的供给主要以流入地政府为主，接纳流动儿童就学会给流入地带

---

〔1〕 陆益龙. 1949 年后的中国户籍制度：结构与变迁[J]. 北京大学学报(哲社版). 2002(02)：123－130.

来巨大的经费和办学压力。客观地看，随着流动儿童的日益增多，给流入地城市的基础教育造成的压力越来越大。因为流入地的公立基础教育设施都是按照当地常住人口来规划和设计的，流动儿童的大量进入，使学校布局和办学规模已难以适应；急剧增长的流动儿童入学需求加重了地方财政负担。虽然政府坚持以全日制公办中小学为主的方式来解决流动儿童的就学问题。但是办教育要钱，国家没有这方面的拨款，流入地政府又主张不向流动儿童家庭收取借读费，于是这一部分多出来的教育经费转移到了本地的经济预算内。这无形之中便增加了当地政府的经济承受能力。因此，流入地政府财政实力直接影响流动儿童教育的可持续发展。目前国家实行的这种义务教育财政体制事实上阻碍了地方教育资源、教育要素的彼此流通，制约了农民工子女教育的发展。

（3）相关法规、政策缺乏统一性

目前涉及农民工子女上学的全国性法规主要有《中华人民共和国义务教育法》及其《实施细则》；1998 年 3 月 2 日国家教委、公安部发布《流动儿童少年就学暂行办法》，2003 年国务院办公厅先后发布的《关于做好农民进城务工就业管理和服务工作的通知》（国办发〔2003〕1 号），以及《关于进一步做好进城务工就业农民子女义务教育工作的意见》（2003 年 9 月）等等。这些法规虽然为保障农民工子女入学提供了支持，但是，我们也必须看到，随着时间的推移，有些规定存在不明确、不合理以及相互冲突的地方，需要重新清理。因此，应尽量简化证明手续，只要具有合法的居住身份以及固定的居住地点，就应允许其子女就近入学。目前不少地方对流动儿童少年及农民工子女入学附加多项限制条件，如规定进城务工就业农民工子女入学必须有“父母的原籍户口簿、本市暂住证和劳动合同或工商营业执照、纳税证明”等。有些规定显然是不合理甚至有歧视性的，如劳动合同及纳税证明。事实上，即使是城市居民，有不少也没有劳动合同及纳税证明。目前应尽量简化证明手续，只要有“暂居证”证明其合法的居住身份及固定的居住地点就应允许其子女就近上学。过多的附加条件不仅难以确保其可靠性、真实性和公平性，也会抬高进城农民工子女入学的门槛，最终将农民工子女拦在城市校门之外。我们建议要专门针对“留守儿童”或“流动儿童”等教育问题制定专门政策。

2. 观念方面的束缚

社会大众缺乏足够的重视和公平对待。根据现代大教育的理论，教育包括学校教育、家庭教育和社会教育三个方面。对于农民工子女的教育来说，家庭教育是基础，学校教育是主导，影响最广泛的是社会教育。但是如今社会对农民工子女的教育还缺乏足够的重视和公平对待。主要表现在社会对农民工子女社会教育问题关注不足，他们接受社会教育的渠道不多。目前，社会对农民工子女教育问题的关注多集中在学校教育方面，关注农民工子女能否享受国家九年义务教育，即是否有入学的机会，而对入学后的学校教育过程和社会教育关注较少。就农民工家长而言，他们也并没有在流动过程中顺利实现社会角色的转换。他们离开了原居住地，却无法真正地融入城市，成为名副其实的城乡边缘人。农民工子女被困在狭小的社会范围内，居住隔离、文化隔绝，他们接受整个社会教育的机会和渠道减少，他们融入城市现代化、成为城市人的步伐也大大受阻。

城市居民的城乡差别观念严重。很多流入地的公民大众并不欢迎大量的农村流动人口的涌入。一些城市居民认为，农民工进城，为城市建设做出了巨大的贡献；另一方面，还有一些人对农民工进城有一种排斥的心理，认为他们增大了城市就业压力，破坏了市容市貌，扰乱了社会治安，影响了社会稳定，从而影响到他们的生活。而且一旦把农民工子女的教育问题解决好了，会使农民工更愿意留在城市，并且将吸引更多的农民到城市来，更加不利于城市的稳定。同时，农民工子女的大量入侵并享用原本不多的学校教育资源，考虑到农民工子女就读学校的环境、师资等因素，城市孩子的父母通过找关系、花巨资将孩子送往所谓的一级达标学校，掀起了学校选择的大潮，加速了教育不公平和腐败的进程。更有甚者是对农民工子女另眼相看，这使得农民工子女在接受教育过程中，经常受到来自不同方面、不同程度的歧视或不公平对待。

二、学校因素

除了历史及制度的原因外，政府和教育管理部门管理观念的缺失、学校管理不善、教师教育教学过程、家庭环境和农民工子女自身经历等内部因素都对他们教育问题产生影响。

1. 学校管理不善

(1) 学校管理理念不完善

我国中小学校管理长期以来都是以行政管理方式存在。行政管理的方式实际上是力求人们按领导或组织的要求去行动，这实际上是对管理对象的一种控制或操纵。[1]这种现象在农民工子弟学校显得更为突出。针对农民工子女生源复杂、行为习惯差的特点，为了体现学校的严格管理，很多学校都制定了许多的条条框框，一旦学生违规，随之而来的就是所谓的“严是爱”之类的惩罚。再者，由于传统的惯性和现行的评价制度都以各种升学考试的成绩作为评价学校教育质量的重要指标，众多学校领导者除了积极地贯彻上级部门的政策、注重学生的安全教育之外，把全部的精力放在学生的应试学习和考试分数上；关心多少学生在竞赛中获得的名次等。教师教学就直接以“满堂灌”、“填鸭式”等作为其课堂教学形式。

（2）学校职责不明确

很多学校管理者的认识不到位，管理水平不高。学校靠政府行政指令运行，他们只对上级教育行政部门负责，只求满足上级部门的需要，结果造成学校办学的动力和效益不是来自于流动儿童的直接需要，而是来自上级主管部门和教育系统自身封闭的评价系统。我们与多位学校领导及教师的访谈发现，长期以来形成的偏见导致了公立学校对于招收农民工子女入学的积极性不高，惟恐影响到学校的整体教育质量。有些公立学校的教师认为农民工子女学习基础和行为习惯普遍较差，不利于学校的常规管理，对借读生的考试成绩不计入教师的业绩考核中。而有的学校则把学生的成绩作为对教师工作考核的主要标准。而农民工子女的基础差、起点低、学习程度参差不齐，教不好责任自然落到任课教师及班主任头上，许多教师都不愿承担这个责任。还有的部分校领导在学校管理方面，只是盲目地按照上级政府颁发的各种文件的要求组织学校管理，缺乏明确的办学思路与办学特色。这束缚了学校主动适应社会的灵活性和自我调节能力，又造成学校教育与社会脱离，流动儿童无法适应社会发展的需要。

2. 教师队伍不稳定，师资水平不高

精神分析心理学家艾里克森(E. H. Erikson)的“人格发展阶段”理论认为，人的心理发展是一个连续的、渐进的过程，这个过程可分为8个阶段。[2]每一阶段儿童都有相对应的重要影响人物。在学校教育中，教师向学生传道、授业、解惑的同时，也把自身的思想、道德、行为、心态等方面修养和素质显露在学生面前，并对学生产生潜移默化的影响。可见教师的素质对学生的

---

〔1〕 黄侨明. 新课程背景下中小学校管理职能的新思考[J]. 基础教育参考，2004(12)：42.
〔2〕 郑雪. 人格心理学[M]. 广州：暨南大学出版社，2001：146－149.

知识教育和人格培养作用是任何人都不能替代的。因此,学校的师资水平直接关系到教学质量的好坏,是学校生存与发展的基础。衡量学校师资水平高低的指标很多,如教师的学历层次、职称分布。接收农民工子女的公立学校的师资力量在整体上是好的,但也不乏有一些对流动儿童带着偏见的老师。

3. 学校教育与家庭教育相分离

农民工子女的家庭教育与学校教育相分离,其表现形式是家庭教育与学校教育缺乏合作,且家庭教育滞后于学校教育,家长在配合学校教育上处于受动性的位置。通过前面一节的现状分析,笔者认为主要有以下两个原因:一是农民工家长思想意识上两种教育的分离;二是农民工的家庭特质决定了两者的分离存在客观上的必然性。苏霍姆林斯基说过:"教育的效果,取决于学校与家庭教育的一致性,如果没有这种一致性,那么学校的教学和教育过程就会像纸做的房子一样塌下来。"因此,在分别重视家庭教育和学校教育的同时,还要重视二者的合作。农民工子女的家庭教育与学校教育相分离影响了学校教育的效果。

三、家庭和学生个人因素

1. 家庭环境差,缺乏良好的学习环境

库利在《人性与社会制度》中曾提出"镜中我"(looking glass self)理论,强调家庭在培养儿童行为习惯和生活方式上的重要性。孩子在父母的"同感"中获得自我意识,并试图成为父母所期望的"自我"。[1] 因此,家庭环境对其子女受教育状况有影响。由于受经济条件限制,农民工大多是租房居住或几个家庭联合租住。在这种情况下,农民工子女通常缺乏基本的学习空间与学习条件。由于农民工家长没有很多的文化知识,教育背景差,难以对子女的教育给予积极的指导和影响。很多家长为了挣钱而忙碌奔波,闲暇时间有限,与子女沟通较少,无暇管教子女,亲子关系出现问题。种种原因都对农民工子女的学习带来了障碍。

2. 家长文化程度低,缺乏科学的家教理念

社会学和教育学的研究早已证明,父母文化水平的高低与家庭教育水平高度相关。一般来讲,文化水平高的父母往往在子女教育上更为科学、合理

〔1〕 杜越等编. 城市流动人口子女的基础教育——政策与革新[M]. 杭州: 浙江大学出版社,2004: 101.

和有效。农民工的整体文化水平偏低，难以给子女的教育给予积极的指导和影响，间接影响了农民工子女的学业成就；家庭教育的不科学，使农民工子女存在这样那样的心理和性格缺陷。调查数据显示，受调查的农民工家长中有约半数左右的人具有初中文化程度，受过高层次教育的人少，具有大专以上高学历者只占极小比例。虽然根据调查数据显示，“能对孩子进行学习上的辅导的家长”有472人，占总数的65.37%。不能对孩子进行学习辅导的有250人，其中由于文化不高、能力有限原因的有90人。可见，大部分农民工家长对于小学知识还是应付得了的。但是进一步了解得知，对于初中以上水平的知识，家长们就自认应付不了了。在调查中我们还发现，出于对自身的文化水平、职业状况、经济收入和社会地位的不满意，多数家长都非常重视对子女的学业状况，对子女的教育期望很高。有334位家长希望能将子女培养到“大学毕业”，占总数的46.26%。可见其教育期望挺高的。但是期望的目标有时并不是那么容易达到的。家长们表示在孩子教育问题上，目前存在着一些困难。其中最大的困难就是“孩子不听话，难管教”，共有234个家长这样认为，占总数的32.41%，“自己文化不高，教育不了孩子”的家长有200个，占总数的27.70%，其次，“孩子上学费用太高，负担不起”的家长有116个，占总数的16.07%。以上三项合计共占总数的76.18%。但当被问及遇到这些问题该如何解决时，大多数家长对培养子女的教育角色认知不足、对家庭教育的职责与任务认识不清，一味地把子女的教育成长问题寄希望于国家、政府、学校等方面能够给予更多的关心和帮助。

3. 孩子的心理健康水平偏低，角色适应和自我认同障碍

流动儿童心理状况不容乐观。他们随父母在流动的过程中，一方面沿袭父辈传统的农村生活方式和社会习俗，另一方面又在繁华的大城市中耳濡目染城市的现代化生活，切身地体会着农村与城市生活间的悬殊差距。他们在适应新环境的过程中，由于在文化、语言、生活习惯等方面的差异，容易产生角色转变的冲突，自我认同的危机也导致心理问题。频繁转学也使得他们时时面临着一个环境适应和文化适应的问题。每到一个新学校，他们都要重新适应新的同学、新的老师、新的环境，这都需要一个适应的过程。陌生的环境在他们的心理上产生了巨大的压力，使得他们不同程度地存在胆小、敏感多疑、谨小慎微、孤独感、自我评价消极、合作意识差等性格缺陷和心理行为方面障碍。

如上所述，农民工子女教育过程中的诸多复杂问题主要由下列原因造成：有户籍制度与城乡发展矛盾、现行教育体制的缺陷、立法及制度性保障上

缺失；也有教育主管部门、城市政府、公办学校及城市居民观念上的束缚等外部原因；有公办学校管理不善的因素；也有家庭及其学生自身局限性的问题。这些因素的综合作用造成了流动儿童的教育存在诸多问题。

第三节　流动儿童的教育教学措施与管理对策

流动儿童，特别是农民工子女的教育问题是学校教育的重要一环。要彻底解决这些问题就必须对整个管理制度改革，需要采取有力教育措施，进行多方面的制度创新。

一、政府层面

1. 转变观念，正确认识流动儿童的身份和教育问题

首先，统一并规范对农民工子女的称谓，一致改称“流动儿童”。现行的法规和政策有的称“农民工子女”，有的用“外来工子女”，说法不一。在笔者看来，目前人们经常使用的“农民工子女”、“外来工子女”和“进城务工子女”，虽然对象比较明确，但是这一称谓如同“农民”、“农业户口”等一样有着明显而强烈的社会身份特征和歧视色彩。随着城乡户籍制度的改革，带有身份特征的“农民工”已变得不合适。这些进城务工的农民在城市里与其他市民并无不同，不宜再赋予身份性的标志。可以采取城市人口统计和管理中所用的“常住人口”或“暂居人口”这样中性和客观的称谓。

其次，政府要充分认识到我们的教育是“全民教育”，把流动儿童教育纳入公立学校范围，尽快采取积极扶持的措施，在师资、安全、卫生等方面的要求不降低的前提下，放宽准入条件，吸纳社会资金举办农民工子女学校。对现有的学校遇到的困难，教育局应采取积极协调、帮助解决办学中的问题。全社会齐心协力，才能使农民工子女的教育环境得到净化。

再次，社会大众要改变观念。流动儿童“懂事”，有自强、自立意识，但也有孤僻、自卑的性格倾向和不良的负性情绪，他们需要得到健康、积极、向上的教育。农民工子女也是公民，他们的父母也是国家的建设者，我们有义务为他们提供教育的责任。

2. 健全法律法规，从根本上保障流动儿童学校教育问题

虽然我国宪法明确规定公民有受教育的权利，但在多种现实因素的影响之下，农民工子女的受教育权实际上仍然不能得到保障。尽管政府已经出台

相关规定，例如2003年由国务院出台的《关于进一步做好进城务工就业农民子女义务教育工作的意见》，要求流入地政府要负责进城务工就业的农民工子女接受义务教育工作，各地对农民工子女的教育收费与当地学生一视同仁，并将涉及农民工子女教育的有关费用纳入正常的财政预算支出范围。但由于其政策的模糊性，仍缺乏具体的可操作性。虽然许多城市的主管部门也都承诺着手解决农民工子女教育问题，但仍有不少地方也只是以种种借口适当地减免对农民工子女教育的各项收费，实际上管理收效甚微，问题依旧存在。究其原因，《意见》的实施缺乏强制性保障，对于违反《意见》规定的行为没有相应的制裁措施。因此，出台有关农民工子女教育细则，明确责任归属已迫在眉睫。

我们要尽快制定相关法规，对流动人员子女的义务教育问题作出规定，用法律规范行为。通过立法，明确规定流动儿童受教育的权利、方式以及资金和物质的筹集等各个方面，保障农民工子女的受教育权。同时还有必要制定一部《教育违法行为处罚条例》，对不遵守法规应受何种处分处罚作出具体规定，切实规范、强化和落实各级政府及其教育行政部门、学校、教师和学生及社会组织或公民个人对违反教育法律制度所负的法律责任，强调违法必究。

3. 改革政府教育投入机制，提高教育拨款的公平性与使用效率

改革教育财政的拨款方式，建立公平和高效的财政投入体制。目前政府义务教育的财政拨款主要投向公立学校，民办学校及民工子弟学校并没有获得必需的财政支持。增加财政拨款可鼓励支持民办学校及民工子弟学校的发展，激励更多的公办学校接受农民工子女上学。事实上，民办或民工子弟学校也有权获得相应的财政支持。尤其是在现代社会中，义务教育作为一种特殊的公共产品主要由国家和政府投入。但是，这种投入并不一定必须投入公办学校或建立公办学校来承担义务教育。农民工的子女也不一定必须选择公立学校就学。他可以选择上公立学校，也可以上民办学校或民工子弟学校。对于选择民办或民工子弟学校的学生来说，他们也有权利获得公立学校学生所获得的相同的公共财政支持。而接收农民工子女的学校也应获得相应的财政支持。为此，可以实行"生均拨款制度"，不分公立学校或民办学校，按照其接纳农民工子女的学生数量拨付相应的财政经费。也可实行"教育券"的方式，将政府预算内义务教育经费直接按生均经费直接分配给学生，由学生自由选择学校。对户籍所在地的子女，他们可以凭其户籍享受政府发放的教育券，选择各自的学校并在入学时向学校交上教育券；对于非户籍的农

民工子女，他们凭父母暂居证向当地政府领取教育券，自由选择学校。学校凭"教育券"到政府财政部门兑付现金，用以支付办学费用。此种方式不仅有利于学生及不同的学校公平地获得政府的财政支持，而且学生自由选择学校，也有助于打破地区和户籍的限制，为农民工子女入学创造条件。

政策制度保障和实践运作有机结合。研究并制定相关的教育政策、法规，通过基础教育体制的改革与发展，尽快地缩小城乡之间、不同省份地区之间的差别，更好地发挥教育主动促进社会发展与经济建设的功能，使教育本身能够成为调整和实现流动人口合理、有序流动的有效机制，而不仅是被动的适应。将农民工子女教育问题作调研与决策过程相同步。

4. 建立合理的教育评价机制，完善教育管理体制

调整政策，综合价值观，分析多种就学途径的利弊，实施科学的教育决策。教育行政部门可以引入由政府与学校、家长、社会等多方人员力量共同组织起来的公信教育评价机构，建立完善公平、合理、动态的教育评价体系和监督机制。为学校在教学设施、师资力量、教学质量等方面提供指导服务，帮助学校提高对教师的教学行为及对学生的学籍管理、学习监控等管理质量。同时，公信教育评价机构还要加强对学校的督导与评估，在调查研究的基础上，制订符合农民工子弟学校特点的评价、监测指标体系。如果一个学校达不到标准，公信教育评价机构有权决定任何使之改变为达到标准的措施，包括扶持、整顿、合并等。因为社会有公共责任保证这些流动儿童是否在接受符合标准的教育。

二、学校层面

流动儿童的增加给学校教育教学带来诸多问题。调查中，教师普遍反映的问题是：流动儿童的社会生活经验不足；家庭教育资源缺乏；流动儿童的心理欠健康；流动儿童与本地学生的融合困难等。这些问题的解决需要学校、教师对流动儿童的教育教学管理上创新。

1. 学校领导及教育工作者应树立科学的管理理念

要做好流动儿童的教育工作，学校领导要具有远见卓识，教师要有平等的教育观念，进行有效的学校管理很重要。学校管理者可以从以下几方面做出努力：

树立全面质量管理的观念。在对流动儿童的学校管理活动中，教学处于中心地位，但决不是"唯一"的工作。学校的工作是多方面的，有教学工作、思

想政治工作、体育卫生工作、后勤总务工作等。这些工作互相依存，共同影响着学校工作的质量。进行全面质量管理的原则，从教育学角度看是如何全面贯彻教育方针，全面提高教育质量的问题；从管理科学的系统原则来说，则是一个如何处理好整体与中心的关系问题。在农民工子女教育管理上，我们一定要把握好管理的重心，防止"重普及入学，轻发展；重知识，轻能力"现象的产生。结合农民工子女的特点，学校领导管理人员必须把学校看作一个系统，全面安排学校的各项工作，注意影响学校教育质量的各种因素的关联性，从总体上进行综合部署，以便实现提高教育质量、办好学校的目的。学校管理者决不应只抓教学管理而忘掉学校中的其他工作，而应在学校人力组织安排上，在财力、物力的使用上，在各种工作关系上全面安排协调好。

确立"以人为本"的管理理念。所谓人本原理，是指人及人的工作积极性是现代管理的核心和动力，管理者在管理工作中必须以人为核心，以做好人的工作、充分调动人的积极性为根本，进而提高管理功效、实现预定目标。〔1〕因此，学校要充分发挥人的个性、潜能和创造力，就必须构建平等、民主、和谐、科学的人际环境。在学校里，无论是校长，还是教师、学生，他们都是平等的学校主体，只是分工不同，而不是传统的管理者和被管理者之间的关系。各主体之间只有在充分信任、相互理解的基础上才能深入交往、相互关爱，才能让每一个主体真正地关心集体利益，树立主人翁责任感，积极主动地发挥个人长处，共同协调发展。这要求学校的领导和教师应贯彻国家和各级政府各项政策精神，树立起尊重、公平和服务的科学教育理念。此外，学校领导者也要注重教师和教育管理人员平等意识的培养，使教育者对流动儿童一视同仁，充分认识他们在生活习惯、语言习惯、学习方式、心理特点等方面的特点和特殊需求，研究探索具有接纳性的教育教学方法，让他们享受到高质量的国民基本教育。尊重农民工子女受教育的权利及多样性；公平地对待每一个农民工子女，创设公平的文化氛围；在教师队伍中树立平等的教育观；尽可能地为农民工子女排忧解难，构建无歧视的、和谐的教育环境，这些都是贯彻"以人为本"理念的最好体现。

2. 适当地运用激励机制进行有效管理

激励是管理心理学的一个概念，"主要是指激发人的动机，使人有一股内在的动力，朝向所期望的目标前进的心理活动过程。激励也可以说是调动积

---

〔1〕 常思亮. 教育管理学[M]. 长沙：湖南大学出版社，2006：27－28.

极性的过程”[1]。针对目前承担农民工子女教育使命的教师积极性不高的状态，如何激发教师的动机，如何调动教师的积极性，科学地把握教师的激励策略十分关键。首先，政府、教育机构和学校可以一方面通过普遍提高全体教师的经济收入和福利待遇来调动教师积极性；另一方面通过建立一定的物质奖励机制，对工作成绩突出的教师给予必要的物质奖励，以鼓励教师为农民工子女的工作作出更大的贡献。其次，学校领导除了要以身作则和率先垂范为广大教师提供积极工作、努力进取的参照外，还可以多与教师谈心、家访、交朋友与教师建立正式或非正式的情感联系，了解他们的发展愿望和遇到的种种困难，帮助其解决问题，使他们热心地投入教育教学工作之中。最后，通过组织教师外出参观先进学校，请外校教师来学校传授经验，注重教师的专业成长，建设培训机构，定期开展教师培训活动，及时向教师提供有关教改的信息资料，有效激励、督促教师加强信息交流，深入课堂教学改革，促进教师的专业化成长。

3. *加强学校文化建设，提高学校管理效能*

所谓学校文化，就是一所学校在长期的教育实践中积淀和创造出来的，并为其成员认同和遵循的价值观念体系、行为规范准则和物化环境风貌的一种整合和结晶，它表现为学校的“综合个性”。[2] 学校文化是教师、学生、家长和管理人员通过共同努力，在处理危机和取得成绩的过程中逐渐创立起来的传统和仪式的复杂模式。[3] 学校文化管理的核心理念就是以人为本，在操作层面可以具体化为追求发展、崇尚尊重、适应变化、达成和谐四个方面。[4] 学校的文化管理强调老师、学生和学校的三方面的发展。很长时间以来，受工业管理的效率至上观念的影响，学校管理也把效率作为目标追求，升学率、重点率、优秀率、及格率等成为学校管理的主流词语，把各种效率当做教师和学生的发展，从而使学校发展进入了一个误区。针对流动儿童教育，教育工作者应根据“系统思考”的思维对师生的发展进行战略规划。学校和教师要充分意识到流动儿童的多样性和差异性，以开阔的胸襟来包容和尊重他们的特殊性，营造积极、和谐、健康的校园文化，为有效地开展农民工子女的学校教

---

〔1〕 苏东水. 管理心理学[M]. 上海：复旦大学出版社，1987：225.

〔2〕 阎德明. 现代学校管理学[M]. 北京：人民教育出版社，1999：181.

〔3〕 (美)特伦斯·E·迪尔. 校长在塑造学校文化中的角色[M]. 北京：中国青年出版社，2006：13.

〔4〕 孙鹤娟. 学校文化管理[M]. 北京：教育科学出版社，2004：90.

育开创条件。

以环境建设为载体，提升学校文化品位。各学校（园）要在校园绿化、美化、净化的基础上，有计划、有步骤地实施《校园文化建设方案》，重点做好显性文化建设，包括楼道文化、教室文化、草坪文化、墙壁文化、板报橱窗文化。学校要通过完善校训、校歌、校徽等设计，体现学校特征和教育理念。

以各项活动为载体，丰富校园文化生活。注重全方位地挖掘校园文化活动的途径，各类活动要做到班班行动，人人参与，丰富学生的课余生活，陶冶学生的情操。活动要凸显学生的个性特长，让每一名学生在活动中认识自我、发现自我、挑战自我、完善自我，大胆张扬个性，发挥自己的潜能和创造力，实现活动中锻炼人、活动中塑造人的活动目标。

以制度化建设为载体，形成学校制度文化。学校必须建立健全的各项规章制度。同时，建立评价体系和奖惩机制。制度化建设要体现三个特点：一是要“全”，制度要涉及学校管理的各个方面；二是要“细”，内容具体明确，可操作性强；三是要“严”，真正做到纪律严明，赏罚分明。

4. 设立“农民工子女助学专项基金”，增大学校经费投入

经济困难的流动人员家庭需要资助。现在虽已取消农民工子女就学借读费，但是对于收入较低的个别农民工家庭来说，要想给孩子一个更好的学习环境仍有很大困难。家长可以通过出示由所在社区或居委会开出的贫困证明向学校申请救学资金。对农民工中的贫困家庭孩子实行特殊资助政策，经济上部分补偿。一些家庭若仍感到支付其他学习成本（杂费、课本费、校服费、午餐费、活动费）有困难，可以将流动人口子女与城市“低保”家庭子女接受义务问题结合起来考虑，对贫困学生实行倾斜资助政策，比如优先实行“两免一补”（免除杂费，免除课本费，补助生活费）政策，将有利于他们在公立学校中顺利地完成学业。因此，除了管理好学校的常务资金项目之外，学校还可以设立“农民工子女助学专项基金”，专供相关的民众组织、公司企业及社会有心人士捐款，把通过筹集和拉赞助方式所获取的资金，作为资助农民工子女的教育费用，以缓解学校经费不足、教育资源缺乏的问题。在实施“农民工子女助学专项基金”项目之前，学校可以成立一个由领导、教师、家长等多方人员组成的“农民工子女助学专项基金”监督管理机构，对“农民工子女助学专项基金”实行专项管理，并制定一系列完善的、严格的、可操作性强的制度。如建立年度申报制度、审批制度、公示制度，保证受“农民工子女助学专项基金”资助的农民工子女的真实性和可靠性。学校指派专人负责助学资金

的管理和使用，建立资金管理使用手册，明晰每一笔资金的使用情况，并及时向上级部门上报基金管理和使用情况，严格按照资金管理制度进行管理，确保资金的合理正确使用。实行年度审计制度，保证资金使用的透明度和纯洁度。

5. 加强教学管理，提高流动儿童的教学质量

课堂管理是关键。课堂管理就是指教师通过协调课堂内的各种人际关系有效地实现预定教学目标的过程。[1] 课堂管理具有激励学生潜能的释放以促使学生学习的促进功能和使学生的心理活动始终保持在课业上，以保证教学任务顺利完成的维持功能。依此看来，针对农民工子女的学习特点，教师在课堂教学中不仅考虑到农民工子女已有的、较差的知识水平，还要考虑到他们的接受能力。教师不仅要关注好学生，还要更多地关注农民工子女，尤其是那些学习兴趣不浓、学习基础较差、心理有障碍的农民工子女，应该多向他们提问，多给他们发言和交流的机会，让他们真正融入课堂中，感受到学习的快乐。教师可以采用开放式评价或者过程性评价，建立学生成长档案，让每一个孩子在自己不断积累中找到成长的快乐，让他们找到自己和别人的闪光点。面对农民工子女，教师应在生活的诸多方面给予他们无微不至的关怀，尽力补偿他们失去的亲情，使他们不受歧视和冷落，随处感受到来自外界的温暖。学校积极探索构建富有特色、富有成效的教学模式，以提高农民工子女学习质量。如学校可进行农民工子女学习程度摸底，针对不同情况开展辅导补差工作；采取归类集中辅导、分散个别辅导、复式教学辅导等方式，使之尽可能接近平均水平。学校要加强对英语、信息技术等薄弱学科的应对性措施研究，并在师资、课时、设备等方面予以倾斜。

班级管理要多元化。班级是学生学习、生活的重要场所，是培养学生的摇篮。而班级文化作为学生潜在学习的内容，更是一种无形的教育力量。[2] 它就像“润物细无声”的春雨，滋润着学生的心田，陶冶着学生的情操，塑造着学生的人格。通过创设良好的物质环境，和谐的班级氛围等，不仅可以提高学生的智能水平，而且能够潜移默化地影响着学生思想、个性和情感的发展，表现出暗示性和渗透性的特点。因此，学校领导及教师应采取多种形式的有效措施，组织形式多样的集体活动，利用小组合作的学习方式，给农民工子女

---

〔1〕 教育部人事司. 教育心理学考试大纲（小学版）[M]. 上海：华东师范大学出版社，2002：169.

〔2〕 张雨薇. 加强班级文化建设优化育人环境[J]. 边疆经济与文化，2005(10)：117－118.

提供参与、表现的机会，在集体中促进学生之间的交往，消除农民工子女的自卑心理，让他们在集体活动中培养积极的情绪和良好的性格，锻炼他们的社会交往能力，让他们找到归属感，真正地融入所处的环境中。

举办多样的班级活动，激发学生各项才能的发挥。教师可以组织学生开展学艺性的活动，如辩论、书法、壁报等比赛；也可开展体育性的活动，如游泳比赛、拔河比赛、越野赛跑、球类比赛等；还可开展才艺性活动，如手工制作、歌唱比赛、拉拉队比赛等。再者，教师可以组织学生参观工厂、服务社区、帮助老人等等，让学生走出学校的大门，接触社会、了解社会，拓宽视野，为他们提供更多接触社会的机会，提高他们的知识水平和道德水准。

6. 注重德育和心育管理，引导流动儿童的个性和谐发展

农民工子女居住的地区往往在城乡结合部，那里人员较杂，社会环境复杂，社会风气较差，管理较难，学生易沾染上一些不良的行为习惯。为了改善这种状况，把他们培养成为爱国的、具有社会公德、文明习惯的遵纪守法的好学生，加强学校的德育、心育管理非常重要。

全面规划、全员管理。德育是一个由诸多因素组成、综合影响的过程，有教育者、受教育者，需明确德育的目标、任务、内容、方法和途径。其中教育者又是多方位的，有学校领导、各科教师、班主任、团队干部、后勤人员，有家长，还有有关的社会成员等。再者，“学校无小事，处处有教育”。学校要根据农民工子女的全部活动，进行全面规划、统筹安排，不仅要充分发挥各个职能部门和全体任课教师的育人作用，而且要调动所有教职工参加德育管理，开展全方位、多层次、多渠道、渗透性，形成全员教书育人、服务育人、管理育人的德育工作新格局。使农民工子女感受到全员的爱与呵护，引导农民工子女的身心健康发展。

重视心理咨询与辅导工作。农民工子女尚处于身体和心理的发展之中，家庭的流动、陌生的环境、城乡生活的巨大差别等因素都会给成长中的心灵带来不同程度的影响，甚至产生孤独、恐惧、焦虑、自卑等各种不适应的症状和心理障碍，进而影响到正常的学习和生活。因此，学校应当重视学校中农民工子女的心理健康问题，在学校内部开展农民工子女的心理咨询与辅导工作，为农民工子女创造正常的学习和生活环境提供有力的保障。

7. 加强师资队伍的建设，提高教师的整体素质

我们一直强调学校教育要一切为了学生的发展，没有教师的发展，就不可能有学生的发展，学生的发展是学校发展的最终体现。教师的发展是提高

学校凝聚力的核心要素，是教师自身幸福的源泉，是学生发展的保障。所以学校要重视教师的发展。对学校组织来讲，需要努力组建一支师德高尚、素质优良、群体结构合理的教师团队；对教师个人而言，则需要不断学习和研究，加强师德修养，丰富专业知识，提高教育技能与艺术水平。当然，要使学校成为一所好的学校，决定因素很多，最关键只有两条：一是有一支过硬的教师队伍；二是有一个好校长作为龙头的领导集体，着重解决爱岗敬业和团结协作问题，把每个班子都建设成特别能吃苦、特别能奉献、特别能“战斗”的坚强领导集体。在教师队伍建设方面着重抓两件事：一是抓学习，促素质提高。二是搞竞赛，促进教学技能和水平的提升。如以普通话、三笔字、说课、评课、现代信息技术的运用等为内容展开多项竞赛活动。

教师自身的素质直接决定其教育行为。教师人格对于学生来说是一种无形的影响，是看不见的“隐蔽的课程”，它对学生的潜移默化，并不亚于正式课程。[1] 因此，学校应对教师进行德育专业培训，唤起教师对德育的热忱，尤其要注重班主任的选择、配备和要求。班主任与农民工子女接触的机会最多，做的是学校与家长沟通的桥梁工作，对保证班级的教育质量、对农民工子女世界观的形成起着极为重要的作用，学校领导必须重视班主任工作的管理。

8. 加强校际合作，实现教育资源配置的最优化管理

由于种种现实原因的制约与影响，简易民工子弟学校在解决农民工子女教育问题中承担了一定的角色。因此，我们在关注公立学校的管理现状的同时，也要适时地关照简易民工子弟学校的发展状况。

充分发挥公立学校的传、帮、带作用，带动打工子弟学校的良好发展。这是对策之一。公办学校享有政府的财政支持，具有较强的经济能力来进行校园建设，其教育环境、教学设施及教育质量都明显地占有优势。因此，我们可以采取公立学校与简易民工子弟学校“手拉手”，送课进校，教师交流等多种形式，力求以城市公立学校带动打工子弟学校的发展。从组织形式、管理制度、工作方式等多方面入手，设计和形成一整套城市公立学校与打工子弟学校协同发展的长效机制，使公立学校与打工子弟学校“理念共享、资源共享、方法共享、成果共享、利益共享、荣辱共担”，并努力将这些举措落实到实践中去。这种“捆绑式”发展的最大意义在于它以制度化的方式确保了两种学校拥有共同的领导团队，并通过统一的领导，促进了教师之间、学生之间实质性

〔1〕 吴志宏. 中小学管理比较[M]. 上海：上海教育出版社，1998：222.

的交流和学习。无论是教育教学研讨、示范课观摩、师生联谊、社区宣传等丰富多彩的活动,还是日常交往的点点滴滴都在潜移默化促进着学生的交流、教师的成长,让农民工子女真正平等地享受与城市孩子一样的教学资源。这种校际网络可以使在一定空间中有限的教育资源达到较为优化的配置。

三、家庭层面

环境虽不能创造人,但可以影响人。家庭环境的影响对成长中的流动儿童的发展尤为重要。一个和谐、健康的家庭环境,能使家庭教育产生良好的效果。家长实施家教的过程,也是家长自我教育的过程。近朱者赤,近墨者黑。家长自身素质的提高,是家教成功的基础。因此,以家长文化素质为中心的家庭文化建设在家庭教育中起着重要的作用。孩子的修身养性,养成良好的品质和行为习惯,是家长潜移默化、言传身教的结果。

1. 树立科学的家庭教育理念

社会在发展,理念在更新,家教也要与时俱进。前苏联教育家苏霍姆林斯基曾提出:学校应该成为孩子的"家外之家",家庭则是"校外之校",家庭是人生的第一所学校,也是终生学校;父母是人生的第一位老师,也是终身老师。流动儿童家长要根据社会发展树立新的家庭教育理念,学会平等地对待孩子,尊重孩子的人格和权利,了解孩子的年龄特征和学习特点,尊重孩子的心理需要。这些理念就是要把孩子当成发展的主体。多"塑造"少"改造",多倾听少唠叨,多耐心少暴躁,多激励少责骂,做到既要民主也要权威,既要言传也要身教,既要境教(创设具体情境进行形象教育)也要情教(以真挚关爱之情感动孩子向上进取之心);要竞争不要唯竞争,要听话不要唯听话,要分数不要唯分数。[1]理念是行动的先导,是行动的灵魂。只有确立正确的、先进的家庭教育理念,才会有有力的行动和积极的教育效果。

2. 实施有效的家庭教育方法

流动儿童家长要适时地学习家庭教育的科学知识,掌握正确的家教方法和技能,改变自身在家庭教育上的随意性、盲目性。平等地对待子女,既不能动辄严厉惩罚,也不能过分溺爱,更不能放任不管。要耐心地倾听孩子说话;坚持与孩子民主、平等的讨论,不武断、也不无原则地迁就孩子;鼓励子女多

〔1〕 市关工委报告团. 新时期中小学生家长家教心态分析与对策思考[P]. 福州市第十一届家庭教育理论研讨会,2005: 21.

与他人交往，多参加社会公益活动。家庭教育方法恰当与否，很大程度上决定了家庭教育的成败。具体来说，有效的家庭教育方法大致有榜样示范法、环境陶冶法、自我教育法、学习指导法、实践锻炼法、启发诱导法等五种。[1]家长还可从自己的职业特点、家庭条件等实际情况出发，有意识地培养良好的、具有特色的家庭文化环境。如让孩子亲身体验家庭的任何困难，让孩子亲身感受父母工作的艰辛。家长首先自己要正确面对生活的困难，不能让孩子养成埋怨或坐享其成的心理。条件允许的话，可以让孩子拥有自己的"小天地"，开辟小书房或起居室，安置一些写字台、家庭图书、字画、图片、花草、盆景等物品。这对孩子拓宽知识面，培养高尚情趣，使其身心健康都是非常有益的。

3. 建立合理的家庭生活方式

家庭环境中家长的行为习惯、生活品性、处事方式等对孩子起着潜移默化的渗透作用。生活方式是人类的健康之桥，具有良好的生活方式是对生命负责的表现。家长科学的生活方式和一个良好的家风是孩子健康成长的保证。因此，流动儿童家长需建立和睦的家庭氛围和合理的家庭生活方式。家长除了要处理好与孩子的相处问题外，更要处理好夫妻之间的关系。婚姻稳定是幸福美满家庭的重要因素，也是子女健康成长的关键。家庭成员间关系融洽、彼此心理相容、体谅，并有明确的家庭奋斗目标和健康的生活态度有助孩子形成良好的个性。

四、社会层面

对流动人员子女的良好教育，需要家庭、学校、社会三者共同联合，全方位合力共管，达到教育影响的一致性。通过整合社会教育资源，组建社会教育中心，充分发挥社会教育资源的系统优势，以达到社会教育学校化的目的。社会教育是教育的一个方面，它的范围很广，既是家庭教育、学校教育的延伸，也是家庭教育、学校教育的有力补充。社会教育包括除学校教育以外的其他形式的各种教育，各级党政部门和工、青、妇组织要为社会教育营造优良的环境和条件，为流动儿童就读的学校提供开展社会实践活动的便利。

1. 净化大众传媒，创造良好的社会环境

对社会环境的净化与整治是全社会的责任，关键还在于落到实处。这要

[1] 杨宝忠. 大教育视野中的家庭教育[M]. 北京：社会科学文献出版社，2003：280.

求各级有关政府部门要加大打击力度，令社会不良现象无所遁形。整治清理学校周边的不良环境，如对接待未成年人的网吧、游戏厅等加大处罚力度，以免让有些年幼无知的流动儿童误入歧途。还可以把农民工及其子女纳入社区管理的重点对象行列，为流动儿童提供一些特别的社区教育。如，带领他们熟悉社区环境，为他们提供权益教育以及与城市常住地孩子沟通的机会，认识当地政府、社会、经济、法律等，让他们真正地融合于这个城市中，产生一种归属感、认同感，真正地热爱这个城市。提倡开展健康向上、丰富多彩的社区、街道或邻里互助活动，创设并形成健康活泼的居住环境、人文环境，有益农民工子女的身心健康。

2. 统筹协调社会力量，形成教育合力

统筹协调社会力量，利用社会一切教育资源。学校教育关系到农民工子女的成长和未来，影响深远。素质教育的实施不仅靠学校，还需要家庭教育和社会教育的鼎力相助。解决流动儿童教育问题，充分发挥学校、家庭、社会各自的教育优势和协调机制，形成教育合力。将社会教育放在与学校教育和家庭教育并重的地位上，构建学校、家庭、社会三结合的教育模式，做到家长的示范、带动，学校的配合、帮助，社区的协助、指导，逐步提高农民工子女的教育质量。我们可以尝试构建一种立体型的农民工子女教育模式。该模式是一种开放式的教育模式，针对农民工子女教育的封闭性，其特点主要表现为：教育内容多元化、教育对象主体化、教育途径开放化、教育资源社会化。人的本质是一切社会关系的总和，社会、家庭和学校教育三者具有不可剥离的粘和性。这种模式成分认识到社会背景、学校教育、家庭环境对农民工子女教育的影响力，并与学校、园所、社区等社会系统形成资源共享，共同促进，构建具有可持续发展意义的农民工子女教育体系。如，教育作为一种社会现象是社区生活的有机组成，社区里的地域特点、生活服务设施、行为规范、居民生活方式及地方乡土观念等都构成一定可开发的教育资源。有形的有绿化地带、图书馆、电影院、公园、商场、托幼机构、学校、医疗设施甚至经济实体等，无形的如居民的文明程度、职业类别、共同的教育价值观、社区各类机构对教育的关心程度、参与意识及管理模式等。[1] 立体型的流动儿童教育模式可以采取以下几种实施形式：

---

〔1〕 黄爱玲，李金莲. 社区家庭教育理论与实践问题的探索[J]. 教育与考试，2007(5)：74-78.

(1) 民众组织牵头，形成以“协调群团力量—融合民间资源—引导学校与家长共同参与”的多元化的流动人员子女教育网络。动员社会各种群团、民间组织出资，各学术组织的专业人员积极参与引导学校与农民工家长实施科学的教育。

(2) 依托社区，完善“政府—社区—学校—家庭”一体化的流动人员子女教育干预网络系统。各级教育职能机构、妇联组织、学校和社区加强横向联系，通过适当的行政手段联合构建该教育干预网络系统。

(3) 依托社会建立家长学校，对流动人员开展科学家教的指导活动。社区与学校可以通过办家长学校、开家长会、辟家教专栏、组织教育经验交流等形式向农民工家长介绍家教案例，传递家教知识与方法，供他们交流、参考和借鉴，使农民工家长能够正确处理家教中各种“轻”、“重”的关系，提高农民工家长的家教水平。据相关调查显示，虽然现在很多学校都挂上了“家长学校”的牌子，但是真正把家长学校做起来的非常少，大部分都把开家长会代替了家长学校。因此，我们还可以借助社会力量和民营资本，通过社会来办家长学校，一来减轻学校压力，二来也给一些处于家教困惑中的家长指点迷津，并制定相应的考核标准来对这些家长学校进行评估，以此引起社会公众的真正重视。

流动儿童，特别是农民工子女的教育问题，是构建社会主义和谐社会的重要组成部分，社会教育、家庭教育和学校教育的有机结合是造就一代新人的必要条件。学校教育是主体，社区教育是学校教育的继续和扩展；而家庭教育则是学校教育和社区教育的基础。尊重孩子、理解童心是父母给孩子成长过程中的赠言；“顺天之木，以至其性”是老师给孩子最好的礼物；理想的教育能给孩子充分发展自己的机会，使人具备勇气、敏感与才智；为了祖国的未来，为了全民教育事业，为了农民工子女“同在蓝天下，共同进步成长”的殷切期望，全社会必须一齐努力！

结　论

首先，流动人员人员子女，特别是农民工子女的教育教学问题是一个复杂的问题，要通过多学科、多角度的综合研究方式，采用定量与定性相结合的科学研究方法，从学校、家庭和社会三个方面研究。本研究者通过对福州市 8 所小学的农民工子女的教育教学管理状况做调查研究，力图以点带面地反映福州市及沿海地区城市当前农民工子女的教育管理现状，并从外部和内部两个层面分析原因。作者分别从政府、学校、社会、家庭和学生个人层面上提出了相对应的管理对策，希望能达到以小见大、以点带面的辐射作用。

其次，农民工子女的教育问题，是一个系统性工程。它不仅远超出义务教育的范畴，而且已超出了纯粹的教育范畴，它与城市管理、税收政策、公民权利等一系列社会、政治、经济问题相联系。因此，流动人员子女，尤其是农民工孩子的教育问题必须由各级政府、学校、农民工家长、城市社会等多方面入手，协调配合，进行长期的、持续的综合治理，才能真正解决其教育管理问题。

第八章　提高流动儿童适应性的学校文化建设与管理

随着我国社会经济的迅猛发展，全国人口流动规模日益扩大，大量的流动人员涌入城市，有效地推动了城市建设和发展。然而地域间的流动所产生的环境变化为流动儿童在迁入城市的生活和学习方面带来不少问题。如何通过学校教育提升流动儿童适应性，已成为教育工作者亟待解决的问题，本章就学校文化层面对其展开探讨。

第一节　促进流动儿童适应性的学校文化建设内容

创设良好的学校文化环境能为促进流动儿童城市生活适应性和流动儿童城市学习适应性提供必不可少的外部条件。

一、学校文化的内涵、特性与功能决定了它具有促进适应性的作用

1. 学校文化的内涵

学校文化是一个十分复杂、宽泛的概念，国内外学者从不同的角度对其进行界定。1932 年美国学者 W. 华勒首次提出学校文化（School Culture）这一概念，他认为学校文化形成的来源，之一是年轻一代的文化，之二是成人有意安排的文化。前者是由学生群体中的各种习惯传统、价值观念以及受影响而产生的情感心理和表现行为等构成。而后者则代表了教师的成人文化，由教师群体的各种习惯传统、规范准则、价值观念和心态行为等组成。[1] Heckman 将学校文化理解为教师、学生和校长所持有的共同信念，这些信念支配着他们的行为方式，并指出学校文化和学校本身的传统与历

〔1〕 W. 华勒. 教学社会学[M]. 北京：中国对外翻译出版公司，1932：28.

史也有密切的关系。[1] 1981年台湾学者林清江将学校文化界定为学校中各组成分子所构成的价值及行为体系。[2] 顾明远先生将学校文化定义为经过长期发展历史积淀而形成的全校师生(包括员工)的教育实践活动方式及其所创造的成果的总和。[3] 陶西平先生认为,学校文化是指在一个学校内,经过长期发展历史积淀而形成的,以校内师生为主体创造并形成共识的价值观念、办学思想、群体意识、行为规范等构成的价值观体系,是一个学校精神与氛围的集中体现。[4] 范国睿教授将学校文化概括为学校长期的教育实践和与各种环境要素的互动过程中创造和积淀下来并为其成员认同和共同遵循的信念、价值、假设、态度、期望、故事、轶事等价值观念体系,制度、程序、仪式、准则、纪律、气氛、教与学的行为方式等行为规范体系,以及学校布局、校园环境、校舍建设、设施设备、符号、标志物等物质风貌体系。[5] 季苹教授提出学校文化的表象是学校中大多数人在组织中表现出来的做事方式和处世态度,其核心是这些做事方式和处世态度的"内隐规矩"和"内隐概念"。[6] 俞国良教授认为,学校文化是指学校中的主体在整个学校生活中所形成的具有独特凝聚力的学校面貌、制度规范和学校精神气氛等,其核心是学校在长期办学中形成的共同的价值观念。[7]

综合国内外学者对学校文化的界定,不难发现学校文化主要包含以下几个方面的内涵:第一,以学校为空间范围;第二,与学校传统和历史、社会影响有关;第三,以全体师生员工为主体;第四,是学校价值观念、行为规范、制度管理及环境风貌等要素相互整合的产物;最后,学校文化的形成是一个生成的、动态的过程,它是在学校具体的教育实践中逐渐积淀、创新而成的。在此基础上,学校文化可被界定为受社会文化、民族文化和本土文化影响,学校全体师生员工在长期的教育实践中逐渐积淀和创新而形成的独特的、并被其成员认同和遵循的价值观念、行为规范、管理制度和物质环境等成果的总和。

---

[1] Heckman, P. E. *School Restructuring in Practice: Reckoning with the Culture of school* [J]. International Journal of Educational Reform, 1993, 2(3): 263-272.

[2] 林清江. 教育社会学新论[M]. 台湾:五南图书出版公司,1995:202.

[3] 顾明远. 论学校文化建设[J]. 西南师范大学学报,2006(5).

[4] 陶西平. 培育学校良好的教育生态[N]. 中国教育报,2006,6(20):5.

[5] 范国睿. 学校管理的理论与实务[M]. 上海:华东师范大学出版社,2003:35.

[6] 季苹. 学校文化自我诊断[M]. 北京:教育科学出版社,2004.

[7] 俞国良. 学校文化新论[M]. 长沙:湖南教育出版社,1999.

2. 学校文化的特性

(1) 教育性

学校是一个传递人类优良文化、促进学生全面发展的场域。教育性是学校文化乃至学校教育的基本特性。学校文化浸润并教化着每一位师生员工。学校全体师生员工在体验、认可、生成学校文化的过程中,涤荡着自身的价值观念、思想认识,改变自身的行为倾向和生活方式。这些无不闪烁着学校文化教育性的光芒。

(2) 民族性

学校文化具有民族性。它不仅体现在不同民族之间文化的差异性,更体现了文化的历史传承和对民族文化的发展和促进。而作为精神文明建设主要阵地的学校,更肩负着延续民族精神的重要使命,不仅要传承民族文化的精华,而且要提取现代学校文化中的优良部分以丰富民族文化,以确保其生命性。

(3) 时代性

不同时代都具有不同时代的文化特征。而文化会随着社会变迁、时代变化而变化。这也正是文化向前发展的动力之一。学校文化不仅保留民族文化精髓,还要体现时代精神。学校文化应在稳定的基础上与时俱进,这有助于培养具鲜明时代特色和可塑性的人才。

(4) 区域性

由于受到区域环境、历史背景和区域文化的影响,不同区域的学校会形成不同程度的文化差异。学校文化的区域性总是从办学理念、管理观念、教育行为和教师素养等方面表现出来。它不仅是区域之间教育差异的因素之一,也是构建特色学校的理论基础。

此外,学校文化中存在着教师文化、学生文化、校长文化等亚文化,使学校文化呈现出多样性。随着学校教育实践的发展,相对稳定的学校文化也将显现出其发展性的本质特征。

3. 学校文化的功能

(1) 育人功能

苏霍姆林斯基曾说过,用环境、用学生自己创造的周围情景、用丰富的集体精神生活的一切东西进行教育,这是教育过程中最微妙的领域之一。良好的学校文化正是以这种微妙的浸润和熏陶方式,通过理念文化的价值调节、教学文化的认知引导、管理文化的行为规范、环境文化的物质感化,对师生员工的价值观念、行为倾向等方面进行积极影响,以达到培养人、教育人的目的。学校文化的育人功能不仅有助于打造高文化品味的学生，而且有利于锻造一支高素质的教师队伍和管理人才。

（2）管理功能

在教育实践中，学校文化所蕴含的共同的价值取向和共同愿景具有强大的凝聚力和内驱力，推动全体师生员工的个体观念和价值追求的调整，逐渐使其烙上学校文化印记，融入并形成积极向上的学校集体。学校文化是凝聚和激励师生员工的精神力量，是学校发展的坚强动力之一，能加强师生员工对学校的认同感、归属感，能积极将师生员工凝聚在一起，形成推动学校发展的合力，共同投身于学校的教学管理。此外，良好的管理文化，有利于学校的决策，保证学校管理的有效性。

（3）传承、传播和融合功能

学校作为传递人类文明的场所，承担着传承民族传统文化、传播社会主流文化和世界其他国家优秀文化，促进多元文化之间的理解、交流、融合和创新的重要任务。而学校文化的内在特性也要求学校发挥文化的传播功能，在传承和融合的基础上，不断丰富自身的精神内涵和文化内容，炼化不同区域文化背景的学生和教职员工，促进师生员工的身心发展和素质提升，并打造和宣传具有学校特色的教育品牌。

二、促进流动儿童适应性的学校文化构成

由于文化的复杂多样，国内外学者从不同维度对学校文化进行研究，出现二因素说、三因素说、四因素说、多因素说。如根据表现形式，将学校文化分为显性文化和隐性文化；依据文化的分类，将学校文化分为精神文化、制度文化、物质文化（和行为文化）；由于学校文化的多元性和复合性，将学校文化划分为组织文化、课程文化、教师文化、学生文化、环境文化，或将学校文化划分为教师文化、学生文化、学校行政人员文化、学校有关的社区文化、学校物质文化、学校中的规章与制度等。[1] 结合教育教学和文化特点，我们认为就促进流动儿童适应性而言，学校文化由理念文化、教学文化、环境文化和管理文化四个部分组成。

1. 学校理念文化

学校理念文化是以学校的办学思想为主体，主要体现为学校的办学理念、

〔1〕 陈耀玲.浅析学校文化的分类[J].太原大学教育学院学报，2012(12).

办学目标、培养目标等，从观念上确定学校的教育追求、人才培养标准、实现途径，是学校文化的核心内容和深层表现。它既要符合学生的发展要求，又要符合社会的发展需要，还与学校历史、地域特征紧密相连。就流动儿童而言，正是这种合乎社会、融合都市特征、结合学校特质的观念文化是现代学校教育对流动儿童城市理念、城市价值观、认同感和学校归属感最有效的构建。

2. 学校教学文化

学校教学文化是教师与学生在教学实践中逐渐形成的教学价值观、思维方式和行为方式所体现的文化特质。它贯穿于教学过程始终，但又可从价值高度对教学过程进行审视。从教育要素视角上看，教学文化涉及教师、学生和教学影响三个维度的文化。而这三者在教学行为中主要表现为课堂文化和课程文化。教学是学校的中心任务，是学校文化建设的基石和重要途径。就流动儿童而言，教学文化的构建对流动儿童的价值观形成、学习态度、学习技术、身心健康等方面有着巨大的指向、浸润和激励作用。

3. 学校环境文化

学校环境文化是以物质环境为载体，凝结在学校师生员工所共同创造的环境条件和物质设施上的文化特质，它主要体现为校园的布局设计、园林绿化景观、教育教学设施等。学校环境文化一定程度上受到区域自然条件的影响，是自然环境和校园社会环境的结合体，它为师生员工特别是流动儿童带来直接的感官刺激、教育感化和情感熏陶，也直接影响流动儿童对学习环境的适应程度。

4. 学校管理文化

学校管理文化是指受全体师生员工认同并遵循，蕴含于学校各种组织管理机构和管理制度中，体现学校独特管理理念和行为方式倾向的文化特质。在学校管理实践中，它可通过学校机构设立、运行机制、管理方式、规章制度、班级管理等方面表现出来。作为学校文化的重要组成部分，管理文化是学校文化体系中最具权威性的因素，是学校文化建设和学校发展的保障系统，也是流动儿童城市社会生活的融入以及学校学习有序进行的重要保证。

第二节　提高流动儿童适应性的学校文化建设措施

流动儿童有别于一般的城市学生，他们对于陌生的迁入城市的学习和生活既新奇又容易产生困惑,内心常出现不同程度的不适甚至是抗拒。为了让他们在不同的城市文化背景下更好地学习和生活,应采用合理有效的运行模式和具体的文化途径来实施学校文化建设。

一、提高流动儿童适应性的学校文化运行模式

就提高流动儿童城市生活和学习适应性而言,学校文化发挥功效有其特殊的运行方式。文化的涵化和濡化是文化传播和教化的主要方式。从学校和流动儿童适应性角度分析,学校文化涵化是流动儿童在学校文化的潜移默化下,逐渐理解、汲取学校理念文化、教学文化、环境文化和管理文化养分,并将其转化为自身价值观念、文化态度、行为倾向。它体现为流动儿童身上所承载的文化与迁入城市学校文化接触而引起前者文化的变化。学校文化濡化不同于涵化,是指在学校中,学校文化的纵向传播过程,使得社会、学校、学科文化的核心价值观、思想意识、行为倾向等有效地传给下一代。它主要表现为学生特别是流动儿童文化习得和传承的机制。而据适应性相关研究所得,个体从不适应到适应要经过认知调节、态度转移和行为选择等环节。[1]因此,提高流动儿童城市生活和学习适应性的学校文化可以按照如下模式加以运行,详见图 8-1。流动人员子女在迁入城市生活和学习要经历从不适应到适应的过程。学校文化则从理念文化、教学文化、环境文化、管理文化这四大领域通过文化的涵化和濡化对流动儿童就城市生活和学习进行认知调节、态度转移和行为选择,使其逐渐认可和接受迁入城市的主流文化,适应新的学习环境和学习方式,提升其城市生活和学习适应性。

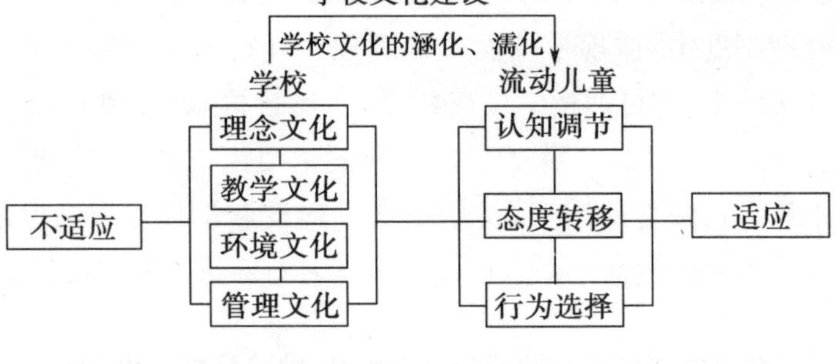

图 8-1　提高流动人员子女适应性的学校文化运行模式图

〔1〕 贾晓波. 心理适应的本质与机制[J]. 天津大学学报,2010(1).

二、促进流动儿童城市生活和学习适应性的学校文化建设途径

在具体的教育管理实践中，提高流动儿童适应性的文化运行模式需要通过具体的建设途径才能有效地发挥，主要可从以下几个方面进行。

1. 理念文化——区域文化与民族文化的淬炼

作为学校文化核心和灵魂的学校理念活动，深层反映了一所学校师生员工的价值观，并深入体现了学校的学风、教风、人际氛围和文化传统。当前位于城市的大部分中小学校无不结合社会人才培养的需求和学校的具体情况，在教育实践中提出闪耀着现代学校教育的"光辉成果"的办学思想。这在一定程度上有利于流动儿童的社会认同感、城市价值观的构建。然而在现代学校教育理念的基础上，加入区域文化与中华民族文化共同淬炼，方能满足流动儿童城市生活和学习适应性的需求。区域文化是指某个区域由于地理环境和自然条件的特殊性，经过历史的积淀而逐渐形成的与地理位置相关的文化特征。区域内，任何一种文化形态都难以离开区域文化的传承。任何一所学校，其文化或多或少都会受到社会文化、区域文化的影响。学校应自主挖掘本区域的历史文化，强化学校文化的区域特色，积极吸收区域文化的精神实质来蕴养学校文化。反映着不同文化特征的区域文化，不仅为学校发展寻求深层次的理念支撑，更能提升师生员工的城市认同感，成为全体师生员工凝聚力的源泉。

流动儿童作为一个特殊的群体，其独特的流动性容易带来区域文化之间的碰撞和冲突。如何解决矛盾？将中华民族文化融入学校理念，融入流动儿童的学习生活是解决矛盾的重要途径。狭义的民族文化指的是中华民族在历史长河中经过不断的沉淀、传承和发展而自然形成的共有的人文精神及其物质体现的总和。春秋战国时期的百家争鸣，不仅反映各阶层的利益，更体现着华夏大地上地域文化间的强烈冲突，如体现楚文化的道家、发源于邹鲁地区的儒家、深受宋文化影响的墨家、齐燕相连的濒海地区文化影响下的阴阳家、诞生于黄河中游的纵横家文化等。区域文化也正是随着百家争鸣逐渐融合、发展，逐渐形成了具有多元性、整合性的以儒家为主导、各家补充的中华民族传统文化。随着历史的推进和文化的变迁，逐渐形成了民族文化的精髓——中华民族精神。其核心内容可以概括为：整体和谐、爱国主义、自强不

息、崇德尚义、革故鼎新、人文主义。[1] 只有融入中华民族传统文化的学校理念文化方能有效地炼化区域文化的差异。因此创建体现以地域文化、民族文化为主导方向的理念文化，将区域精神与中华民族传统内涵淬炼进现代学校中，全面提升办学理念、教育思想、学校精神、发展目标、道德建设、精神风貌等，以不断同化流动儿童对迁入城市的学习与生活的价值观、认同感与归属感。

2. 教学文化——课堂生命与和谐课程的互动

教学是学校工作的重点，而以教师、学生为主体，在教学过程中逐渐形成的教学文化对流动儿童城市学习和生活适应性有着重大的影响。教学文化是教师和学生价值取向和行为动机的统一体。教学组织形式、教学方式方法、师生关系、课堂氛围等方面都隐隐地教化着流动儿童的价值观、学习态度和行为，通过一段时间的积累，有助于提升其对迁入城市学习适应性。因此在具体的课堂教学中，教师应注重情感的投入、兴趣的培养、良好习惯的养成以及对流动儿童心灵的浸润，蕴涵生命意识、生活激情、人文关怀于其中，视所有学生为“有生命的人”、“发展中的人”、“独立自主的人”、“具有群体性的人”，将尊重、合作、探究、分享贯穿于课堂始终，并形成习惯，通过一系列积累与积淀过程，逐渐形成富有生命性的课堂教学文化。生命性课堂文化呼唤着和谐的课程文化的配合。和谐是中华民族精神的重要内容，也是中华民族文化所推崇的境界。和谐课程在注重教育目的和培养目标的基础上，强调学生特点、社会要求和学科发展的统一，重视传统文化与现代知识的融合，注意区域文化和校本文化的协调，通过“三维目标”将课程资源科学地、合理地整合在一起。

课堂生命与和谐课程的互动要求教师和学生围绕着课程文化进行对话和融合。在不同性质文化的交往中，应采用悬置偏见和换位思考方法。这种由戴维·伯姆所提出的文化对话的理论正是解除流动儿童异区域文化屏障的有效之道。在文化对话中悬置文化偏见，需要教师和流动儿童不要将自己的文化强加给对方，学会倾听不同的文化观点，有必要时摒弃自己固有观念，尝试去理解、接受他人的不同观点，打破由文化偏见造成的思维束缚。而换位思考则需要教师从流动儿童角度进行考量，善于倾听、理解他们、认同他们，在引领流动儿童学生文化的同时，保护其文化的自主性和能动性。而流

[1] 孙要良，李基礼. 中华民族精神的内涵、核心及其表现形式[J]. 岭南学刊，2008(2).

动儿童也应辨证地看待差异，尽最大努力去接受并迅速融入主流文化。可以说，蕴含着生命价值的课堂与和谐课程的结合能更有效地同化流动儿童的学习态度、学习技术，并保障其身心健康发展。

3. 环境文化——城市气息与中国元素的融合

良好的学校环境文化可以使师生员工愉悦地融入环境，通过浸染与熏陶，受到美的教育。而体现着城市气息与中国元素的学校环境文化，能使流动儿童感受迁入城市的脉搏，加深中华文化的理解，促进教育精神的体悟，有利于其城市的认同感和适应性的提升，有益于良好学习习惯的养成。

如何将城市气息与中国元素融入学校环境文化？将现代建筑设施与复古景观在物质层面简单地拼贴，只能使学校获得空洞的躯壳，使学校环境文化失去更深层次的文化内涵和城市韵味。因此学校环境文化的构建可依据教育学、社会学、生态学、美学、植物学等基本原理，在深入挖掘城市自身的历史沉积和文化内涵，充分理解包含有形的物质符号和无形的精神内容的中国元素，灵活运用现代建筑工艺的基础上，结合学校现状，进行学校环境规划。具体策略如下：

第一，文化布局。在深入挖掘、整理和归纳城市文化和学校历史文化的基础上，提炼学校建设规划设计主题，大到整体布局、建筑风格，小至窗棂门钉，使学校环境不仅展现城市和时代脉搏，又体现“天人合一”、“和谐”、“人本”、“道德”、“践行”等传统文化内涵。

第二，生态创意。选择对本地自然条件有较强的适应性的树种，适当引入外来树种，打造富有生态特色和地域特色的景观，并结合地理及相关课程更好地让学生品味其地理气候环境以及赋予其中的精神和文化。

第三，教育蕴藏。环境设计和教学设施的布置需要体现教育性，符合学生身心健康发展的要求，保障教学的有效开展，并寓教育意义于环境。心理学家斯金纳认为，人在周围环境中形成的很多技能，诸如说话、走路、玩游戏、写字、驾驶，包括道德、人格的形成以及社会文化的延续等都是操作性作用的结果。因此学校更应充分利用环境文化对学生进行宣传、教化和引导。在具体的教育实践中，良好的教育环境氛围不仅可以使流动儿童的学习环境适应性增强，也为流动儿童的学习行为习惯产生积极的影响。

4. 管理文化——社会规范与人文关怀的兼容

学校管理文化以学校的管理体制和各种规章制度为外在表现形式，以国家政权、教育法律法规和其他社会强制系统为后盾。它所表现出来的制度性、规范性和社会契约意义影响流动儿童的社会认知，促进其社会化进程。然而，仅体现规范化的管理文化是难以符合学校发展和流动儿童身心成长的需求。众所周知，学校肩负着促进学生个性化和社会化发展的艰巨任务。良好的学校管理文化则应相应地体现社会规范与人文关怀的兼容。学校管理文化隐含着教育及社会生活的价值取向，对流动儿童思想道德品质的形成有重要影响，较大程度上促进流动儿童城市价值观的形成。而管理文化所体现的人文关怀可引导流动儿童心理健康的发展。

因此，就促进流动儿童适应性而言，应从以下几个方面来构建学校管理文化。首先应做到坚守学校管理制度的公平性，保障流动儿童的教育权益，摆正其对教育的认知和态度。其次，注重学校管理文化的价值导向。学校管理制度受社会、时代的影响。它所体现的时代伦理精神能促进流动儿童的健康发展和时代感、社会认知和社会价值观念的形成。再次，增强学校管理制度执行的规范性。严格执行学校制度不仅可以消除学校不合理的隐性规则，而且可以保障制度的有效性，也有助于流动儿童行为能力，特别是执行能力的文化培养。最后，应做到提高学校管理制度建设的民主性，正确引导学生特别是流动儿童参与学校相关管理决策、规章制度的制定，促进流动儿童对学校管理制度形成正确的态度，从而培养其学校认同感和归属感的形成。

此外，以上四种学校文化建设途径在不同的城市、不同的学校中应根据其具体情况采取灵活措施。教育者要针对该校的流动儿童年龄特点和心理发展特性，采用适用的、具有本校特色的教学模式、教育手段、多样化的宣传方式、各种活动形式有效开展。

第九章　结论与展望

本课题研究历时三年多，课题组成员分别到福州、厦门、泉州晋江、宁德福鼎、杭州、温州、浙江苍南等省、市、地二十多所学校调研。[1] 课题组成员先后抽样调查了10 260名被试，到流动人员比较集中的中学、小学进行调查，与学校教师、学生、家长深入访谈，召开座谈会，与学生做一对一的个别访谈，了解流动儿童城市生活适应性和学习适应性的真实状况和存在的突出问题，掌握第一手的翔实材料，并到定点协作的小学、中学做了近三年的教学改革实验和教学管理改革研究。我们采用定量分析和质性研究相结合的方法，融合教育学、心理学、学校管理学、家庭教育学的研究视野，获得了以下有价值的研究结论。

第一节　研究总结论

1. 我们在归纳学界各种关于适应性理论观点的基础上，作了重新梳理和概括，构建出作者独特的、有一定创新性的“流动儿童适应性理论”、“流动儿童城市生活适应性与学习适应性的理论体系”；阐述了流动儿童适应性的内在机制，揭示了流动儿童的适应性具有机械性、渐进性、建构性和多元性的表征，并创造性地建立了流动儿童适应性的系统性结构模型。作者提出流动儿童适应性分为多层次水平、多方面：

(1) 生物学意义上的生存适应；

(2) 心理学意义上的自我整合机能的适应；

[1] 本课题从2010年7月获得国家社会科学基金教育学一般项目“十一五”教育科学规划课题(《流动人员子女城市生活适应性与学习适应性研究》课题批准号BHA100060)立项后启动～迄今。＊本课题也是在课题负责人黄爱玲承担的2007～2009年全国家庭教育研究会十一五立项课题(《流动人员子女家庭教育的现状与教育对策》)研究基础上的拓展性、延伸性的深入研究。

(3) 心理学意义上的自我调控性的适应;

(4) 社会学意义上的融合性的适应。

流动儿童的适应性经过三个阶段:第一阶段,生物学意义上的机械适应;第二阶段:心理学意义上的主动适应;第三阶段,社会学意义上的融合适应。

2. 我们阐述了流动儿童城市生活适应性与学习适应性的内涵、构成及其关系,两者是既有区别又相互影响的关系。我们探讨了流动儿童城市生活适应性和学习适应性的影响条件,主要是受到社会、学校教育、社区等外部因素和流动儿童个体等内部因素的交互影响、相互制约。其中,社会化的实践活动是载体、平台,学校的教学与教育管理是手段,教学模式改革是促进流动儿童适应性的具体化表现。

3. 我们自编了《流动儿童城市生活适应性问卷》、《流动儿童学习适应性问卷》(初中卷)、《流动中学生学习适应性问卷》(中学卷修订版)、《流动儿童学习适应性问卷》(小学卷)等一系列心理问卷。

采用心理测量学的方法,对流动儿童的城市生活适应性和学习适应性问卷做了维度架构、因素分析:

(1) 自编的《流动儿童城市生活适应性问卷》是由六个维度构成:包括家庭生活适应性、校园生活适应性、社区生活适应性和环境生活适应性、经济适应性和角色适应性。该问卷能较好地反映初中流动儿童的城市生活适应性情况。

(2) 自编的《流动儿童学习适应性问卷》(初中卷)包含四个维度,分别是学习动机、学习自主性、学习策略和学习环境。

(3) 自编的《流动中学生学习适应性问卷》(中学卷,修订版)可分为学习自主性、学习能力、学习动机、学习环境四个维度。

(4) 自编的《流动儿童学习适应性问卷》(小学卷)包括了四个维度,分别是学习策略、学习习惯、学习环境和学习态度。

以上这四个心理问卷具有较好的信度、效度指标,符合心理测量学标准,可作为进一步研究流动儿童城市生活适应性和学习适应性及其与其他变量之间关系的有效测量工具。

4. 我们深入研究了流动儿童城市生活适应性与其他变量的关系,获得以下结论:

(1) 福州和厦门两地的流动初中生的城市生活适应性总体情况良好;流动初中生生活事件、应对方式和儿童城市生活适应性之间相关显著。生活事件、应对方式对儿童城市生活适应性有不同程度的影响作用;流动初中生最常遇到的生活事件主要为人际交往和学习压力方面;生活适应性与生活事件各维度都有显著相关;生活事件中的人际关系、学习压力能正向预测应对方式。生活适应性各维度与应对方式呈显著相关,其中幻想、忍耐、退避、发泄与生活适应性呈显著负相关。

(2) 生活满意度与城市生活适应性及其各维度都存在显著正相关,即流动儿童城市生活各方面适应性越良好,生活满意度就越高。

(3) 流动儿童疏离感总分与城市生活适应性各分维度均存在显著负相关,即城市生活适应性越高,儿童疏离感越低;城市生活适应性中的两个分维度:师生关系适应、家庭关系适应对流动儿童的疏离感有一定的负向预测作用。

(4) 流动儿童心理韧性总分及各维度与疏离感总分及各维度之间存在显著的负相关,即心理韧性越高,流动儿童的疏离感越低;心理韧性中的两个维度:个人力、支持力对流动儿童的疏离感有负向预测能力,解释率达到 42%。

(5) 流动儿童心理弹性各维度、自尊与个体歧视知觉表现出明显的相关关系;在心理弹性各维度、自尊与个体歧视知觉之间的关系中,学习能力处于这些因素的中心位置,但个体歧视知觉不是对学习能力的直接参考因素;高低不同心理弹性水平的流动儿童在自尊、个体歧视知觉上存在显著差异;高低不同自尊水平的流动儿童在心理弹性、个体歧视知觉上存在着显著差异;自尊是不同心理弹性程度流动儿童影响其个体歧视知觉的部分中介变量。

5. 我们深入研究了流动儿童学习适应性与其他变量的关系,获得以下结论:

(1) 城市生活适应性与学习适应性存在显著正相关关系,其各维度与学习适应性均存在显著正相关。流动儿童的城市生活适应性对其学习适应性有显著的正向预测作用,尤其是城市生活适应性中的师生关系适应、自我认识、邻里关系适应和环境适应对其学习适应性有显著的正向预测作用,即流动儿童的城市生活适应性越好,其学习适应性也越好。

(2) 小学流动儿童的父母教养方式与本地儿童的父母教养方式在情感温暖理解和严厉惩罚分维度上存在显著差异;父母积极的教养方式与小学流动儿童学习满意度呈显著水平正相关,且对其学习满意度有正向的预测作用,而消极的教养方式则相反;小学流动儿童的学习适应性与其学习满意度相关不显著,但在学习策略、学习习惯及学习环境的适应性上与学习满意度呈正相关。

(3) 学习适应性、学业自我效能感和心理健康之间相关显著。学习适应性对学业自我效能感和心理健康有不同程度的影响;学习适应性对心理健康有一定的预测作用。

(4) 学习适应性与学习主观幸福感二者之间呈显著水平正相关。学业成绩对流动中学生的学习主观幸福感方面起重要作用。学习主观幸福感在性别和年级上存在差异;流动中学生采用的应对方式次序为:问题解决、求助、退避、发泄、忍耐、幻想。流动中学生应对方式在性别和年级上存在差异;学习主观幸福感是通过中介变量应对方式对学习适应性各个维度产生影响,并起部分中介作用。

6. 我们重点研究了流动儿童语文学习适应性的特点,构建出促进语文学习适应性的有效教学模式。小学、初中流动儿童的语文学习适应性各自有其独特的年龄特征和学习发展规律。

(1) 我们总结出一套适合小学流动儿童的"树—养—学—促"的"以教促学"语文学习的教学模式。该模式通过"树信心—养习惯—学方法—促自主"四步骤展开教学,有助于培养流动儿童的自信心,养成良好的学习态度习惯,提高语文学习适应性。小学语文教师要根据小学流动儿童的实际情况采用适合性的有效教学模式,进行针对性的教学管理。

(2) 我们对初中流动儿童语文学习适应性做比较与分析。我们自编的《初中流动儿童语文学习适应性问卷》,有较好的信度和效度,它由五个维度构成,即学习动机、学习方法、学习效果、双基学习、写作学习。并在此基础上,提出"推—拉—帮—引"以教促学的教学模式和教学策略,以期提高初中流动儿童语文学习能力。该模式主要通过"明目标—划阶段—分层次—小步子—抓双基"的语文教学过程和学生学习阶段展开教学,有助于提高中学生语文学习适应性。

7. 我们通过对福州市 8 所小学农民工子女教育状况的抽样调研,调查了流动儿童教育教学管理的一般现状,以点带面地反映福州市及沿海地区农民工子女的教育管理现状、存在问题,并从外部和内部两个方面分析原因。我们强调要从政府、学校、家庭和社会层面上提出相应的、具体化的管理对策,以期能达到以小见大、以点带面的辐射作用,综合管理。

8. 我们论述了促进流动儿童适应性的学校文化建设与管理对策。首先,我们阐述了学校文化的内涵、特性和功能,分析了促进流动人员子女城市生活和学习适应性的学校文化构成。其次,我们阐述了提高流动人员子女城市生活和学习适应性的学校文化建设措施。创新性地构建提高流动人员子女城市生活适应性和学习适应性的学校文化运行模式，提出促进流动人员子女城市生活适应性和学习适应性的学校文化建设的途径。

第二节　研究展望

我们认为流动儿童适应性问题的研究趋势与发展走向表现为以下几方面：

1. 未来研究越来越趋向于从多学科、多角度融合的研究视野，综合研究流动儿童的城市生活适应性和学习适应性问题。整合教育学、心理学、社会学、学校管理学、家庭教育学等各学科的研究资源，综合各学科特有的研究范式，把定量和定性研究方法相结合系统性地研究流动儿童的适应性问题。

2. 未来心理学的研究，倾向于从认知心理学角度探究流动儿童适应性的个体心理机制，从信息加工理论的角度深入研究个体学习适应的脑认知活动过程，开展各种促进提高流动儿童适应性的干预性实验研究。

3. 未来学校管理学的研究，倾向于从宏观角度转变为微观角度，探讨如何通过班级文化管理、课程文化管理、团队文化管理对促进流动儿童适应性发挥积极影响作用。

4. 未来教育学的研究，倾向于从语文学习适应性研究转变为数学、英语等所有学科学习适应性的延伸性拓展研究，从课程论、学科教材教法角度研究具体学科学习的适应性问题。

5. 未来研究内容可进一步拓展。对流动人员子女的适应性研究，不仅局限于本研究所涉及的变量，还可以扩大到所有的内外因素、相关变量之间的关系研究。

6. 未来研究对象可进一步扩大。研究对象可扩大到幼儿园、小学、中学阶段所有 18 岁以下的流动人员子女，即不同年龄段的婴幼儿、童年、青少年学生们。

后　记

《新型城镇化——流动人员子女适应性研究》终于在课题组成员的全力合作之下出版了。当我写毕并统稿修改完书稿的最后一个字，感到如释重负般的一种轻松，积极思维后的一种愉悦体验。虽然我们才疏学浅，这本著作仍不乏粗糙，但是它的完成和出版凝聚了全体作者的努力耕耘和辛苦汗水，反映了我们对流动儿童城市生活适应性和学习适应性问题的思维结晶。

多年来，我一直关注流动人员子女(亦称流动儿童)的教育和心理问题的研究。从2004年开始，我就多次承担福建省、福州市家教学会、省市妇联儿童部组织的“留守孩家庭教育、心理特点及教育对策”课题研究，2007～2009年承担全国家庭教育学会“十一五”规划课题、全国妇联儿童部立项的“流动人员子女家庭教育现状及教育对策”、“新迁入城市的流动人员子女心理发展、家庭教育现状及教育对策”的课题研究。2010年7月，我们申报国家社会科学基金教育学一般项目“十一五”教育科学规划课题《流动人员子女城市生活适应性与学习适应性研究》并获得立项后(课题批准号BHA100060)启动研究迄今，我们的研究团队一直围绕着流动儿童的适应性问题展开一系列子课题研究。

本课题由黄爱玲教授拟定总课题的研究目的、研究设计、研究思路、研究方法、研究过程，并布置确定各子课题的选题、研究目的、研究方法、研究过程，指导各子课题执行研究任务，开展研究过程，统计分析处理研究数据，讨论分析研究结果，并获得有价值的研究结论。本书由黄爱玲负责拟定全书的体系、编写大纲、审阅修改各章节内容和负责全书统稿。全书由我们课题组成员合作完成。各章节的作者如下：第一、二、三章，黄爱玲；第四章，第一、二节(陈敏)，第三节(林霞)，第四节(冯茜)，第五节(赖妙玲)，第六节(郑久波)，第七节(黄爱玲)；第五章第一节(胡海沅、杜秀芝、韩丽娜)、第二节(雷美娟)、第三节(韩丽娜)、第四节(胡海沅)、第五节(杜秀芝)、第六节(黄爱玲)；第六章第一、二节(刘超凡、黄爱玲)，第三、四节(崔琳杰、黄爱玲)；第七章，李金莲、黄爱玲；第八章，邱心玫；第九章，黄爱玲。此外，胡海沅、韩丽娜、陈敏、郑久波、杜秀芝、李夏丹在研究文献的汇总、整理方面做了许多准备工作。胡海沉协作黄爱玲对本书的格式校对、排版也做了很多细致的工作。在此，我对以上作者的辛勤劳动表示衷心的致谢！

我们非常感谢福州市妇联儿童部陈向红主任、王畅，省妇联儿童部陈晶、亚力部长及儿童部的其他同仁们。多年来，她们为配合我们完成流动人员子女家庭教育及心理发展问题的研究，一直尽量从多方面提供便利条件，为我们联系定点学校，为课题研究提供服务支持。非常感谢课题组的陈伙平教授、邱心玫老师，我们齐心合作，为完成课题组的研究任务而付出努力。

我们非常感谢本课题组的合作实验学校福州市第二十中学教导主任郑相华、教科室主任游兴奇、学校办公室主任心理辅导老师朱林老师，以及福州市郭仔中心小学校长黄丹芬老师、郭仔中心小学的副校长陈彬、副校长刘超凡老师。他们都亲自参加子课题研究和教学改革、教研活动。他们学校既是作为我们总课题研究的合作学校，也是子课题研究的承担单位，为我们课题研究提供了实验基地和实践平台，三年多来，我们课题组成员多次与这两所定点合作实验学校的校长、教导主任、任课教师召开教研备课会等，研讨研究的思路与进展，下班听课、讨论问题。他们提供了很多教改信息和在一线教学中所发现流动儿童的各种现象与问题，为我们的理论研究提供了丰富的教育教学实践素材。他们为本课题研究任务的顺利完成作出了重大贡献，在此，我们一并表示衷心的鸣谢！

我更要感谢的是东南大学的陈良华教授和刘庆楚编审。陈良华教授的睿智、深刻、独特视野给我的写作思维启发非浅；刘庆楚编审的和蔼、理解、支持才得以使这本专著及时顺利出版。当我气馁的时候，这些良师益友们在精神上的鼓励化作我坚持科研的动力。在此，我对他们表示衷心感谢！

我们还要感谢本书所提到的在福州、厦门、泉州晋江、宁德福鼎、杭州、温州、浙江苍南等省、市、地近二十所学校随机抽样调查的 10 260 名被试，由于他们的配合和较好的信度，使得我们这个课题研究所获得的数据结果和访谈结果才有价值，谢谢他们！

本书在写作过程中参阅和引用了国内外大量的相关研究文献，在此对所有的引文作者致以深深的谢意！

这本书反映了我们总课题和部分子课题的研究成果，也是我们在研究中的初步思考。由于我们能力有限，书中难免存在不少疏漏、偏差之处，敬请各位专家、同行审阅、赐教、斧正！

黄爱玲

于福建师范大学教育学院

附录一 流动儿童学习适应性(访谈提纲)

一、基本情况

姓名、性别、年级、学号,父母背景(职业、教育程度)。

二、城市生活情况

同伴关系(您有几个好朋友?班上是否有矛盾?您如何处理矛盾?);

师生关系(您喜欢上什么课?您认为老师是否关心你?您喜欢老师的教学方法吗?老师的哪些特点是您不喜欢的?);

家庭关系(您的家庭教育情况,父母与孩子的沟通、联系情况,父母与老师的联系、沟通的情况);

生活方式(您的业余时间是怎样安排的?)。

三、学习适应性

自我认识(平时各科作业完成的情况);

学习方法(您在哪些科目上有学习困难?);

学校老师的学习成绩评价对您自己学习的影响;

学校老师教学方法对您自己学习的影响。

四、经济条件

经济方式(您家现在租房还是买房?您认为自己融入了这个城市了吗?)。

附录二　流动儿童学习适应性问卷

预测问卷（一）

亲爱的同学：

您好！非常感谢您参与我们的问卷调查。本次问卷调查采用不记名的方式进行，调查的结果只用于课题研究，以下测试是要了解大家当前的学习状况，以调整老师们的工作方法，所以请大家一定要如实回答！读懂题目，在最符合您的选项上画“√”。答案无对错之分，请不要有顾虑。注意不要漏填或重复选。

判断标准为：

几乎从不 (1)	偶尔这样 (2)	有时这样 (3)	经常这样 (4)	几乎总是 (5)

1. 我能自觉完成家庭作业	(1)	(2)	(3)	(4)	(5)
2. 没有父母督促，我也会主动学习	(1)	(2)	(3)	(4)	(5)
3. 碰到不懂的，我会主动请教其他同学或老师	(1)	(2)	(3)	(4)	(5)
4. 没有老师的监督，我也会主动学习	(1)	(2)	(3)	(4)	(5)
5. 做练习时，我会回忆相关知识以促进记忆	(1)	(2)	(3)	(4)	(5)
6. 为了便于记忆，我会联想到其他东西	(1)	(2)	(3)	(4)	(5)
7. 为了便于记忆，我会把知识归类	(1)	(2)	(3)	(4)	(5)
8. 为了提高记忆效果，我会边读边写	(1)	(2)	(3)	(4)	(5)
9. 为了记住知识，我会不断重复背诵	(1)	(2)	(3)	(4)	(5)
10. 老师或父母的鼓励使我更加认真学习	(1)	(2)	(3)	(4)	(5)
11. 我学习的力量最主要来自父母或老师的表扬	(1)	(2)	(3)	(4)	(5)
12. 为了前途，我应该好好学习	(1)	(2)	(3)	(4)	(5)
13. 教室里很安静，我能专心学习	(1)	(2)	(3)	(4)	(5)
14. 我们班级的学习气氛很好	(1)	(2)	(3)	(4)	(5)
15. 我很在意我在教室坐的位置是否舒适	(1)	(2)	(3)	(4)	(5)
16. 即使不喜欢老师上课的内容，我也会学习	(1)	(2)	(3)	(4)	(5)
17. 即使没有学习任务，我也会学习	(1)	(2)	(3)	(4)	(5)

续表

几乎从不 (1)	偶尔这样 (2)	有时这样 (3)	经常这样 (4)	几乎总是 (5)

18. 我经常在教室自习	(1)	(2)	(3)	(4)	(5)
19. 即使老师不要求，我也记笔记	(1)	(2)	(3)	(4)	(5)
20. 能坐在课桌前就能马上学习	(1)	(2)	(3)	(4)	(5)
21. 上课时，我会在书本上做笔记	(1)	(2)	(3)	(4)	(5)
22. 为了上课能听懂，我会预习功课	(1)	(2)	(3)	(4)	(5)
23. 为了节省课堂学习时间，通常课前我会准备好必要的学习用品	(1)	(2)	(3)	(4)	(5)
24. 上课时我会积极回答老师的提问	(1)	(2)	(3)	(4)	(5)
25. 上课时，我会跟着老师的思路走	(1)	(2)	(3)	(4)	(5)
26. 上课时碰到不懂的，我会问老师或同学	(1)	(2)	(3)	(4)	(5)
27. 为了考个好成绩，我要认真学习	(1)	(2)	(3)	(4)	(5)
28. 我经常设定学习目标	(1)	(2)	(3)	(4)	(5)
29. 学习上我有过成功的体验	(1)	(2)	(3)	(4)	(5)
30. 在家里，爸爸妈妈经常辅导我学习	(1)	(2)	(3)	(4)	(5)
31. 在家里，我可以不受干扰地学习	(1)	(2)	(3)	(4)	(5)
32. 为了更好地学习，曾经挪动家里的书桌	(1)	(2)	(3)	(4)	(5)
33. 我能规定好什么时间学习，什么时间做功课	(1)	(2)	(3)	(4)	(5)
34. 我经常根据具体的情况而改变学习计划	(1)	(2)	(3)	(4)	(5)
35. 我会计划复习以前学过的知识	(1)	(2)	(3)	(4)	(5)
36. 除了老师安排的学习任务外，我还安排其他学习任务	(1)	(2)	(3)	(4)	(5)

请您再检查是否有漏选的题，谢谢您的参与！

正式问卷（二）

以下测试是要了解大家当前的学习状况，以调整老师们的工作方法，所以请大家一定要如实回答！读懂题目。在最符合您的选项上画“√”。答案无对错之分，请不要有顾虑。注意不要漏填或重复选。

判断标准为：

几乎从不 (1)	偶尔这样 (2)	有时这样 (3)	经常这样 (4)	几乎总是 (5)

1. 我能自觉完成家庭作业	(1)	(2)	(3)	(4)	(5)
2. 没有老师的监督，我也会主动学习	(1)	(2)	(3)	(4)	(5)

续表

几乎从不 (1)	偶尔这样 (2)	有时这样 (3)	经常这样 (4)	几乎总是 (5)

3. 做练习时,我会回忆相关知识以促进记忆	(1)	(2)	(3)	(4)	(5)
4. 为了便于记忆,我会联想到其他东西	(1)	(2)	(3)	(4)	(5)
5. 为了便于记忆,我会把知识归类	(1)	(2)	(3)	(4)	(5)
6. 为了提高记忆效果,我会边读,边写	(1)	(2)	(3)	(4)	(5)
7. 为了记住知识,我会不断重复背诵	(1)	(2)	(3)	(4)	(5)
8. 老师或父母的鼓励使我更加认真学习	(1)	(2)	(3)	(4)	(5)
9. 为了前途,我应该好好学习	(1)	(2)	(3)	(4)	(5)
10. 即使没有学习任务,我也会学习	(1)	(2)	(3)	(4)	(5)
11. 能坐在课桌前就能马上学习	(1)	(2)	(3)	(4)	(5)
12. 为了上课能听懂,我会预习功课	(1)	(2)	(3)	(4)	(5)
13. 上课时碰到不懂的,我会问老师或同学	(1)	(2)	(3)	(4)	(5)
14. 为了考个好成绩,我要认真学习	(1)	(2)	(3)	(4)	(5)
15. 在家里,爸爸妈妈经常辅导我学习	(1)	(2)	(3)	(4)	(5)
16. 在家里,我可以不受干扰地学习	(1)	(2)	(3)	(4)	(5)
17. 为了更好地学习,曾经挪动家里的书桌	(1)	(2)	(3)	(4)	(5)
18. 我会计划复习以前学过的知识	(1)	(2)	(3)	(4)	(5)
19. 除了老师安排的学习任务外,我还安排其他学习任务					

附录三　流动儿童一般状况问卷

亲爱的同学：

您好！非常感谢您能够抽出时间，参与我们的问卷调查。本次问卷调查采用不记名的方式进行，调查的结果只用于了解一般概况，请您仔细阅读各问卷中的每一个句子，然后按照您自己的情况来回答，在最符合您的选项上画"√"。答案无对错之分，请不要有顾虑。注意不要漏填或重复选。

1. 您的性别是：① 男　② 女

2. 您的年级：① 初一　② 初二　③ 初三

3. 您是否是独生子女：① 是　② 否

4. 您是否从外地流入到福州(厦门)：① 是　② 否

5. 您来福州(厦门)有几年了：

① 不到半年　② 半年至一年　③ 一年到三年　④ 三年以上　⑤ 从出生就在福州(厦门)

6. 您是来自哪个省份：① 福建省　② 福建省以外的省份

来福州(厦门)前，你来自：

① 农村　② 乡镇　③ 城市　④ 其他(请您补充____________)

7. 您取得福州(厦门)户口有多长时间了：

① 一直没有取得城市户口　② 不到半年　③ 半年到一年　④ 一年到三年　⑤ 三年以上　⑥ 从出生就取得福州(厦门)户口

8. 您在本校学习的时间：

① 不到半年　② 半年到一年　③ 一年到三年　④ 三年以上　⑤ 一直在该校学习

9. 您就读的学校是：

① 本城市私立学校　② 本城市公办学校　③ 农民工子弟学校

10. 您现在和谁一块住：

① 父母单方　② 父母双方　③ 父母的同辈(如：叔叔、阿姨、伯伯、婶

子、舅舅、舅妈等） ④ 父母的长辈（如爷爷、奶奶、外公、外婆等） ⑤ 自己寄宿在学校 ⑥ 其他人（请您补充____________）

11. 您有几个兄弟姐妹：

① 只有我1个 ② 加上我2个 ③ 加上我3个 ④ 加上我3个以上

12. 父母会检查您的作业与学习情况么：① 经常 ② 偶尔 ③ 很少 ④ 从不

13. 父母会与您沟通学习和生活方面的问题么：① 经常 ② 偶尔 ③ 很少 ④ 从不

14. 父母平均每天陪伴您的时间是：

① 1小时以内 ② 1—2小时 ③ 2—3小时 ④ 3—4小时 ⑤ 5—6小时 ⑥ 说不清

15. 父母参加家长会的情况：① 经常参加 ② 有时参加 ③ 很少参加 ④ 从不参加

16. 父母对您的教育方法是：

① 习惯说教批评、责备打骂、体罚 ② 沟通、交谈、表扬 ③ 做出榜样 ④ 几乎不管我

17. 父母对您的学习成绩：

① 非常重视 ② 比较重视 ③ 一般情况 ④ 无所谓

18. 您对自己的成绩总体评价是：① 优秀 ② 良好 ③ 合格 ④ 不合格

19. 老师对您的学习成绩的总体评价是：① 优秀 ② 良好 ③ 合格 ④ 不合格

20. 您父母的工作是：父亲____________，母亲____________

① 当前没就业 ② 务农 ③ 打工 ④ 个体户（小买卖） ⑤ 公务员或事业单位员工 ⑥ 工人（如建筑工、搬运工） ⑦ 服务业人员（如饭店、家政服务员、清洁工） ⑧ 教师 ⑨ 医生 ⑩ 其他（请您补充____________）

21. 父母亲的文化程度是：父亲________，母亲________

① 文盲或小学 ② 初中 ③ 高中 ④ 专科 ⑤ 大学及大学以上

22. 您的家庭属于：① 单亲家庭 ② 再婚家庭 ③ 正常家庭

23. 您现在所居住的房子是：① 独租房 ② 合租房 ③ 购买的房子 ④ 自己建的房子 ⑤ 公司宿舍 ⑤ 其他________

24. 您家周围的环境是：① 很安静 ② 比较安静 ③ 有些吵 ④ 很吵

25. 您家周围环境的卫生状况是：① 很干净 ② 比较干净 ③ 有些脏乱 ④ 非常脏乱

26. 家庭每月经济收入：

① 1 000 元以下 ② 1 000—2 000 元 ③ 2 000—3 000 元 ④ 3 000—4 000 元 ⑤ 4 000 元以上

27. 您现在有几个最要好的朋友：① 1 个也没有 ② 1 个 ③ 2 个 ④ 3 个 ⑤ 4 个 ⑥ 4 个以上

附录四　流动儿童城市生活适应性问卷

同学们，以下是描述你的一些感受，主要是为了了解您在这个城市的生活适应性情况，您的填写与您的个人操行评定和学习评定没有关系。请选择最能代表您意愿的选项，并用“√”圈出来，其中“1＝几乎从不；2＝偶尔这样；3＝有时这样；4＝经常这样；5＝几乎总是”。注意：每题只能选择一个答案。

题　　目	几乎从不	偶尔这样	有时这样	经常这样	几乎总是
1. 我喜欢和父母谈心聊天	1	2	3	4	5
2. 我总是和兄弟(姐妹)一起聊天或玩耍	1	2	3	4	5
3. 我喜欢老师现在的教学方式	1	2	3	4	5
4. 我有困难时，邻居会主动帮助	1	2	3	4	5
5. 我和玩伴在一起做过许多有趣的事情	1	2	3	4	5
6. 我有许多的优点和特长	1	2	3	4	5
7. 我和父母彼此感觉非常亲近	1	2	3	4	5
8. 当我遇到生气的事情，我会告诉兄弟(姐妹)	1	2	3	4	5
9. 我经常受到老师的表扬	1	2	3	4	5
10. 同学们对我十分友好	1	2	3	4	5
11. 邻居经常邀请我到他们家做客	1	2	3	4	5
12. 城市有很多可以供我学习的资源(如书店、图书馆等)	1	2	3	4	5
13. 我想要的东西，父母都可以满足我	1	2	3	4	5
14. 我觉得自己很有魅力	1	2	3	4	5
15. 我的思维、理解能力比较强	1	2	3	4	5
16. 我坚持追求我的目标，直到实现	1	2	3	4	5
17. 我喜欢我的父母	1	2	3	4	5

续表

题　　目	几乎从不	偶尔这样	有时这样	经常这样	几乎总是
18. 兄弟(姐妹)关心我的喜怒哀乐	1	2	3	4	5
19. 我认为老师平易近人	1	2	3	4	5
20. 班级的很多同学都喜欢我	1	2	3	4	5
21. 我经常因为帮助邻居而得到大家的好评	1	2	3	4	5
22. 有人欺负我时,玩伴会挺身而出	1	2	3	4	5
23. 我喜欢城市生活,快捷便利	1	2	3	4	5
24. 我是别人学习的榜样	1	2	3	4	5
25. 我有自己的生活目标和方向	1	2	3	4	5
26. 兄弟(姐妹)偶尔发生争执但很容易和解	1	2	3	4	5
27. 老师对我是公平的	1	2	3	4	5
28. 我经常和邻居打招呼	1	2	3	4	5
29. 我乐意在这个城市一直待下去	1	2	3	4	5
30. 我喜欢与父母一起度过闲暇时光	1	2	3	4	5
31. 兄弟(姐妹)和我一起分享好东西	1	2	3	4	5
32. 我经常得到老师的鼓励和支持	1	2	3	4	5
33. 同学们喜欢推荐我做班干部或课代表	1	2	3	4	5
34. 邻居常常夸我是个好孩子	1	2	3	4	5
35. 我和玩伴经常互相帮助对方	1	2	3	4	5
36. 在我家,想买什么东西不必节制	1	2	3	4	5
37. 兄弟(姐妹)给我很大的帮助	1	2	3	4	5
38. 多数老师的课我还是喜欢上的	1	2	3	4	5
39. 同学们都认为我是个随和的人	1	2	3	4	5
40. 我经常和邻居们闲聊	1	2	3	4	5
41. 我和玩伴分享彼此心中的秘密	1	2	3	4	5
42. 我和城里的孩子相处融洽	1	2	3	4	5
43. 我是个口齿伶俐、能说会道的人	1	2	3	4	5
44. 我与父母有着共同的兴趣和爱好	1	2	3	4	5
45. 兄弟(姐妹)常常逗我开心	1	2	3	4	5

续表

题　　目	几乎从不	偶尔这样	有时这样	经常这样	几乎总是
46. 老师关心我的学习和生活	1	2	3	4	5
47. 我十分乐于帮助其他同学	1	2	3	4	5
48. 我对周围的邻居很熟悉	1	2	3	4	5
49. 和玩伴在一起我感到很快乐	1	2	3	4	5
50. 我觉得自己已经是城里人了	1	2	3	4	5
51. 我是个受人欢迎的人	1	2	3	4	5

参 考 文 献

[1] 卢元凯,方铭琳.学校文化建设与策划[M].北京：同心出版社,2010.

[2] 杜萍,杨尚鸿.农民工城市社会适应性的影响因素探析[J].重庆师范大学学报(哲学社会科学版),2011(1).

[3] 段成荣,梁宏.我国流动儿童状况[J].科学学与科学技术管理,2007(8)：53-59.

[4] 吴明隆.SPSS统计应用实务[M].北京：中国铁道出版社,2000：19-26,31-35,90-91.

[5] 王重鸣.心理学研究方法[M].北京：人民教育出版社,2001.

[6] 李坤崇等主编.学习适应性量表(增订版)指导手册[M].台北：心理出版社,1996.

[7] 段成荣,梁宏.我国流动儿童状况[J].人口研究,2004(1)：53-59.

[8] 王涛,李海华.农民工子女学习适应性研究[J].中国特殊教育,2006(11).

[9] 周步成.学习适应性测验(AAT)手册[M].华东师范大学心理学系,1991.

[10] 田澜.小学生学习适应性问题及其教育干预研究[D].西南师范大学硕士学位论文,2002.

[11] 张丽华,张莉.初中小学衔接阶段学生学习适应性的初步研究[J].辽宁师范大学学报,2006,29(2)：51-52.

[12] 戴育红.小学生学习适应性的研究[J].教育导刊,1997(1)：15-17.

[13] 何资桥,曹中平.进城农民工子女父母教养方式与学习适应性弹性发展的关系[J].中国健康心理学杂志,2009(5).

[14] 郑日昌,蔡永红,周益群.心理测量学[M].北京：人民教育出版社,1999.

[15] 温忠麟,侯杰泰,马什赫伯特.结构方程模型检验：拟合指数与卡方准则.心理学报,2004,36(2)：186-194.

[16] 刘海燕,刘爱芹,王奎峰.高师院校大学生学习状况调查与对策研究[J].山东师范大学学报,2002,47(4)：100-103.

[17] 张永凤.护生心理健康与学业自我效能感的相关研究[J].护理研究,2008(26)：2362-2364.

[18] 严桂芬.城乡结合部预初新生学习适应性研究——以松江区新桥中学为例[D].上海师范大学硕士论文,2009.

[19] 黄爱玲."留守孩"心理健康水平分析[J]. 中国心理卫生杂志,2004(5).

[20] 徐明.班集体与学生的孤独情绪[J]. 高等函授学报(哲学社会科学版),2006(5):75-76.

[21] 余凌.流动人口子女及其教育[J].南京人口管理干部学院学报,2003(4).

[22] 张亿全.流动儿童城市认知的经验研究[J].热点关注,2007(8).

[23] 聂洪辉.新生代农民工及流动儿童的城市融入探析[J].四川行政学院学报,2007(6).

[24] 陈黎.流动儿童的"自我"概念形成中的利弊分析[J].当代青年研究,2006(11).

[25] 马润生.城市流动儿童的社会认同困境及对策[J].山东省团校学报,2008(1).

[26] 林崇德,杨治良,黄希庭主编.心理学大辞典(下)[M].上海:上海教育出版社,2003:1068.

[27] 郭良春,姚远,杨变云.流动儿童的城市适应性研究——对北京市一所打工子弟学校的个案调查[J].青年研究,2005(3):22-31.

[28] 方晓义.流动儿童城市适应标准的研究[J].应用心理学,2008,14(1):77-83.

[29] 吴新华.城市流动儿童的社会融合与学校教育的指导策略[J].广东社会科学,2006(1).

[30] 张廷艳.中学生生活适应辅导及其内容探析[J].重庆职业技术学院学报,2005(7):152-153.

[31] 郭良春,等.公立学校流动儿童少年城市适应性研究[J].中国青年研究,2005(9):50-55.

[32] 胡韬.流动少年儿童社会适应的发展特点及影响因素研究[D].成都:西南大学硕士论文,2007.

[33] 袁中星.城市流动儿童文化适应的现状研究[C].第十一届全国心理学学术会议论文摘要集,2007.

[34] 熊少严. 城市流动儿童的社会融合与学校教育的指导策略[J].广东社会科学,2006(1).

[35] 王芳.小学民工子女的自我概念和行为问题[J] .中国校医,2005(4).

[36] 周皓,张宁.北京市流动儿童少年状况分析[J].人口与经济,2001(1).

[37] 顾唯页.城市流动儿童心理问题分析和对策[J].教育研究,2006(11).

[38] 白文飞,徐玲.流动儿童社会学研究综述[J].教育导刊,2008(5).

[39] 中国青少年研究中心课题组.北京市进城务工农民工子女城市生活适应性调查报告[R].中国青年研究,2007(6):64-69.

[40] 刘杨,方晓义,等.流动儿童城市适应状况及过程——一项质性研究的结果[J].北京师范大学学报(社会科学版),2008(3):9-20.

[41] 谢晨.对体育游戏促进打工子弟学校小学生社会适应的实验研究[D].北京:北

京体育大学，2009.

[42] 胡进.流动人口子女心理健康存在的问题及教育干预[J].教育科学研究，2002(11).

[43] Rabkin J, Struening E L. *Life events, stress, and illness*. science, 1979: 194; 1013

[44] 汪向东，等.中国心理卫生评定量表手册[M].中国心理卫生杂志，1999(12).

[45] 冯丽云，等.生活事件因素对青年学生心理健康水平影响的探讨[J].中国公共卫生，2000，16(1)：4-6.

[46] 贺莹莹.高中生生活事件、应对方式与心理健康的关系研究[D].成都：四川师范大学，2008.

[47] 郑延平，赵靖平，梁魏，等.中国生活事件调查[J].中国心理卫生杂志，1990，4(6)：262-274.

[48] 胡胜利.高中生心理健康水平及其影响因素的研究[J].心理学报，1994，26(2)：153-160.

[49] 程虹娟，张春和，龚永辉.大学生社会支持的研究综述[J].成都理工大学学报(社会科学版)，2004，12(1)：88-91.

[50] 王极盛，丁新华.初中生主观幸福感与生活事件的关系研究[J].心理与行为研究，2003，1(2)：96-99.

[51] 高冬东，李晓玉.生活事件与大学生焦虑状况的相关性.中国临床康复，2006，42(10)：25-27.

[52] 徐默远.长春地区高中生生活事件、应对方式、社会支持对心理健康的影响研究[D].吉林大学，2010.

[53] 肖计划.应付与应付方式[J].中国心理卫生杂志，1992(4).

[54] 黄希庭，余华，等.中学生应对方式的初步研究[J].心理科学，2000，23(1)：1-5.

[55] 张林，等.大学生心理压力应对方式特点的研究[J].心理科学，2005，28(1)：36-41.

[56] 袁立新.初中学生心理健康状况及其影响因素[J].心理学探新，1999，19(3)：59-64.

[57] 井世洁，乐国安.初中生的生活事件、应对方式与不良情绪的结构模型研究[J].中国临床心理学杂志，2004，12(3)：256-257.

[58] 张巧明.中学生应付方式的调查研究[J].中国健康心理学杂志，2006，14(3)：286-287.

[59] 刘萌，廖淑梅，刘明婷.初中生焦虑与应对方式的相关研究[J].中国健康心理学杂志，2009，17(10)：1252-1254.

[60] 胡芳芳，桑青松.流动儿童一般自我效能感、应对方式与社交焦虑特点及关系研究[J].安徽理工大学学报，2010，12(3)：78-79.

［61］ http://www.chinaqking.com/yc/2011/170841.html 学会学习 终身学习——谈城郊结合部外来务工子女语文自主学习能力的培养.

［62］ Albert Bandura. *Self-efficacy: The exercise of control*. New York: Freeman Press, 1997.

［63］ Covington M. *Selfesteem and Failure in School*. Berkeley, CA: The Social Importance of Selfesteem. U. C. Press, 1989.

［64］ Fergusson D. M. &Lynskey M. T. *Adolescent resiliency to family 34 adversity*. Journal of Child Psychology and Psychiatry, 1996(37): 281-292.

［65］ 刘霞，申继亮. 流动儿童的歧视归因倾向及其对情感的影响［J］. 中国心理卫生杂志，2009，23(8): 599-608.

［66］ 马前锋，蒋华明. 自尊研究的进展与意义［J］. 心理科学，2002，25(2): 242-243.

［67］ 周浩. 流动儿童心理状况及讨论［J］. 人口与经济，2006(1): 48-55.

［68］ 李雅儒，孙文营. 北京市流动人口及其子女教育状况调查研究［J］. 首都师范大学学报，2003(9).

［69］ 何资桥，蒋湘祁. 进城农民工子女学习适应性影响因素研究［J］. 中国特殊教育，2009(7): 83-87.

［70］ 邹泓，屈智勇，叶苑. 中小学生的师生关系与其学校适应［J］. 心理发展与教育，2007(4).

［71］ Baker, R W&Siryk, B. *Measuring adjustment to college*［J］. Journal of Counseling Psychology, 1992(31): 179.

［72］ AndersonL. E. *A new look at an old construct Cross-cultural Adaptation*［J］. International Journal of Intercultural Relations, 1994(18): 293-328.

［73］ Peter Muris, Cor Meesters & Petra Fijen. *The Self-perception Profile for Chiidren: further evidence for its factor structure reliability. andvalidity*. Personality and Individual Differences, 2003(35): 1791-1802.

［74］ Usher, E. L & Pajares, F. *Inviting Confidence in school: Invitations as a Critical Source of Academic Self-efficacy Beliefs of Entering Middle School Students*. Journal of Invitational Theory and Paractice, 2006(12): 7-16.

［75］ 施良方. 学习论［M］. 北京：人民教育出版社，1994: 2-5.

［76］ 田澜，肖方明，陶文萍. 关于中小学生学习适应性的研究［J］. 宁波大学学报(教育科学版)，2002，24(1): 41-44.

［77］ 贾晓波. 心理适应的本质与机制［J］. 天津师范大学学报(社科版)，2001(1): 19-23.

［78］ 陶沙. 从生命全程发展观论大学生入学适应［J］. 北京师范大学(人文社会科学版)，2000(2): 81-87.

[79] 樊富珉.社会现代化与人的心理适应[J].清华大学学报(哲社版),1996,11(4):43-48.

[80] 许峰.关于人的适应性培养的社会心理分析[J].教育研究与实验,2000(6):36-40.

[81] 聂衍刚,郑雪,张卫.中学生学习适应性状况的研究[J].心理发展与研究,2004(1):23-28.

[82] 徐富明,于鹏,李美华.大学生的学习适应性及其与人格特征及社会支持的关系研究[J].中国学校卫生,2005(04).

[83] 隋光远,李晶.初中优生和差生学习适应性的比较研究[J].心理科学,2004(03).